劳动经济评论

LABOR ECONOMIC REVIEW

第 1 卷　第 1 辑　2008 年 11 月
Volume 1　Number 1　November 2008

主编　罗润东　刘　文

经济科学出版社

责任编辑：吕　萍　周秀霞
责任校对：王肖楠
版式设计：代小卫
技术编辑：邱　天

图书在版编目（CIP）数据

劳动经济评论．第1卷．第1辑/罗润东，刘文主编．
北京：经济科学出版社，2008.12
ISBN 978-7-5058-7743-6

Ⅰ．劳…　Ⅱ．①罗…②刘…　Ⅲ．劳动经济-中国-文集
Ⅳ．F249.2-53

中国版本图书馆CIP数据核字（2008）第195214号

劳动经济评论（第1卷第1辑）
主编　罗润东　刘　文
经济科学出版社出版、发行　新华书店经销
社址：北京市海淀区阜成路甲28号　邮编：100142
总编室电话：88191217　发行部电话：88191540
网址：www.esp.com.cn
电子邮件：esp@esp.com.cn
汉德鼎印刷厂印刷
永胜装订厂装订
787×1092　16开　13.25印张　260000字
2008年12月第1版　2008年12月第1次印刷
ISBN 978-7-5058-7743-6/F·6995　定价：25.00元
（图书出现印装问题，本社负责调换）
（版权所有　翻印必究）

主编致辞

30年之前，中国经济是计划经济。产品市场处于短缺状态，劳动力市场尚未形成。劳动力的供给与需求被纳入国家计划经济体制之中，形成了"低工资、广就业、低效率、无流动"的就业模式。劳动力的收入、就业、保障等不是具有理论研究价值的学术问题，而是劳动与计划部门"指标"分配的政策性问题，充其量只被看做一项具体工作而已，因此劳动经济无从谈及。

30年之前，中国经济学是单一的规范经济学。理论研究通行的逻辑是从经典作家的著作中进行考据，得出"应该怎样"的结论。诸如劳动经济学等一大批实证性较强的经济学科还缺乏孕育的土壤，因为经济运行实践尚未提出诉求，劳动经济学无的放矢。

30年之前，中国劳动经济理论研究的交流平台少之又少。原因在于，劳动经济实践缺乏实际探索，劳动经济学科混沌未分，从而造成劳动经济理论研究者的观点难以实现充分交流和传播。

今天中国经济现实背景发生了重大变革。改革开放后至今，资本、劳动等生产要素的投入和使用已经在很大程度上向集约化发展，同时已经在更广阔的空间上融入了全球化浪潮。在这种新的背景下，单纯依靠经济增长对就业的拉动作用趋于减弱。劳动者的收入、就业与保障作为民生中的一大重要问题，日益受到各界关注。纵观30年发展，有三大因素分别在20世纪80年代、90年代以及21世纪初显著地影响了我国的劳动力流动、收入与就业，这些因素在今后中长期内还会继续不同程度地施加影响，它们是：农村剩余劳动力向城市转移、国有经济部门职工下岗、技术进步对劳动力就业的"门槛效应"。从未来中长期角度分析，这些因素的影响具有不平衡性，它们对中国劳动就业趋势变化影响的阶段与强度有所不同。例如，城市国有企业职工下岗及再就业问题虽然还会继续存在一段时期，但在各级政府积极就业政策的促进下，目前再就业人数与新增职工下岗人数已达到动态平衡。再如，随着我国经济市场化程度的进一步提升，制度因素对城乡劳动力流动以及城市内部劳动力流动的约束已退居次要地位。无论在城市还是在农村区域，劳动力自身的技能与人力资本状况对劳动力就业岗位选择的影响日益凸显，并且逐渐成为影响劳动力就业的新"瓶颈"。此外，随着中国经济市场化程度提高，它受全球化因素影响越发加大。在全球资本、劳动要素的大流动背景下，有迹象显示，我国劳动力供求关系格局开始发生逆转，与此同时，制造业的劳动力成本不断提高。不仅如此，资本主义条件下的劳资冲突在我国某些行业与区域已经有所显现，这对我们构建社会主义和谐社会也将形成一定挑战，如此等等。现实中涌现出的一大批类似问题亟待劳动经济学给出科学解释。

中国的劳动力问题正逐渐引起全球经济学家们的广泛关注，可以说，我国的劳动经济学研究正处在一个快速发展的黄金时期，人口大国的背景和独特的转轨经济模式为劳动经济学理论研究提供了极有价值的材料。作为一门新兴的交叉学科，劳动经济学被系统引入国内的时间较短，近几年逐渐引起较大关注。相对于中国劳动力市场所面临的挑战来说，目前国内在这方面的研究尚有很大潜力，这也正是我们创办《劳动经济评论》的着力点所在。本刊宗旨是，以推进中国劳动经济理论的发展为目标，力求为海内外劳动经济学研究者打造高质量的思想与学术交流平台，为国家相关部门宏观决策提供参考依据。中国劳动力市场和就业体制的特质要求我们以极大的智慧和努力投入到中国劳动经济学的研究中去，《劳动经济评论》集刊的推出是我们做出的一个尝试，希望通过大家的共同努力为我国劳动经济理论研究的繁荣增砖添瓦。

《劳动经济评论》作为山东大学（威海）劳动经济研究所创办的集刊，在有关领导和学术前辈的大力支持下，今天与广大读者见面了。适值中国经济改革开放30周年之际，我们推出一个新的劳动经济理论研究与交流平台，为此深感荣幸和责任重大。我们谨代表主办单位和编辑部向各位关心和支持《劳动经济评论》的领导、学界前辈、论文撰稿人表示诚挚感谢！

罗润东　刘　文
2008 年 11 月

目　录

理论与方法

改革开放 30 年来我国劳动经济学的发展历程、现状与展望
………………………………………………… 曾湘泉　杨玉梅（1）
人力资本水平计量的几个问题 ………………… 姚先国　钱雪亚（17）

劳资关系

《劳动合同法》的理论与实际效应分析
………………………………… 山东大学（威海）劳动经济研究所课题组（26）
山西非国有企业劳资关系问题调查研究 ………… 杨俊青　卫　斌　夏晓莎等（52）
工会的社会化维权
——基于浙江义乌工会维权实践 ……………… 张宗和　宋树理（72）

人力资本

我国东部沿海地区少数民族人口流动研究
——威海市少数民族人口分布特征及其变动分析 ……… 刘　文　马　玉（83）
河北省利用京津物质资本和人力资本优势的机制研究 ……… 王金营　贾冀南（99）
基于管控模式的母子公司人力资源控制探讨 ………………………… 陈志军（114）

收入与就业

行政垄断与行业收入差距的相关性研究
——基于工业细分行业的面板数据分析 ……………… 侯风云　伊淑彪（124）
回汉居民工资收入差距及其原因
——河南回汉居民收入问卷数据 ……………………………… 樊　明（137）
经理报酬决定因素的解释力研究 ……………………………… 彭文平（148）
中国改革开放中的就业挑战 ……………………………………… 宁光杰（162）
全球化、技术进步与就业技能结构：来自中国制造业的证据 …………… 黄　乾（187）

《劳动经济评论》投稿体例 …………………………………………………（201）

CONTENTS

Theories and Methods

30 Years' Development Course since Reform and Opening-up、Present Situation and
　　Future Prospects of China's Labor Economics ······ *Zeng Xiangquan Yang Yumei* (1)
Some Problems to Measure Level of Human Capital ······ *Yao Xianguo Qian Xueya* (17)

Labor Relations

Analysis on the Theory and Practical Effect of Labor Contract Law
　　············ *Shandong University (Weihai) Labor Economic Research Institute's Research Group* (26)
An Investigation and Research Report on Labor Relations of Non-State-Owned
　　Enterprises in ShanXi ··················· *Yang Junqing Wei Bin Xia Xiaosha et al.* (52)
The Socialized Maintenance of the Rights and Interests of the Trade Unions-Based
　　on Practice of YIWU ································· *Zhang Zonghe Song Shuli* (72)

Human Capital

The Minorities Population Migration of the Eastern Littorals in China—the
　　distribution characteristics and alteration analysis of Weihai's minorities
　　population ··· *Liu Wen Ma Yu* (83)
Study on the Mechanism of HeBei's Advantage of Using Physical Capital and
　　Human Capital in BeiJing and TianJin ···················· *Wang Jinying Jia Jinan* (99)
Study on Parent-Subsidiary Corporation Human Resource Control Based on
　　Control Mode ·· *Chen Zhijun* (114)

Income and Employment

Correlation between Administrative Monopoly and Inter-industry Income Gap in
　　China: An Analysis Based on Panel Data at Subdivided Industry Structure
　　·· *Hou Fengyun YI Shubiao* (124)
Wage Differential between Islam and Han Ethnic Groups and the Reason-Evidence
　　from Survey Data of Henan Province ································· *Fan Ming* (137)

CONTENTS

Research on the determinants of compensation and their explanation power
.... *Peng Wenping* (148)

Employment Challenges in China's 30 years of Reform and Opening-up
.... *Ning Guangjie* (162)

Globalization、Technology Innovation and the Structure of Employment Skill:
 Evidence from China's Manufacturing Industries .... *Huang Qian* (187)

Review of Labor Economics Contribution Style .... (201)

理论与方法

改革开放30年来我国劳动经济学的发展历程、现状与展望

曾湘泉 杨玉梅[*]

摘　要： 1978年以来，伴随着经济体制改革和劳动力市场的建立与形成，中国的劳动经济学经历了从苏联计划劳动管理模式到现代劳动力市场经济分析模式的转型。本文对在这个过程中，中国劳动经济研究主题、研究方法、研究现状及所存在的问题进行了梳理和分析。研究表明，我国劳动经济学在整个30年的发展进程中，具有研究主题追踪社会热点，实证研究比例不断增大的演变趋势。研究还发现，我国劳动经济学研究在借鉴现代劳动力市场经济分析理论的基础上，取得了很多研究成果，但也存在研究范围略窄、研究内容不规范、基础平台和数据建设薄弱等不足，本文对此进行了讨论，并对此改进提出了一些建议。

关键词： 改革开放　劳动经济学　历程回顾　发展展望

改革开放的30年，正是我国经济体制逐步转型的30年。在此期间，随着经济体制改革的推进，劳动力市场得以逐步建立和形成。作为研究劳动力市场运行和结果的劳动经济学，伴随着市场的演变，经历了从苏联的计划劳动管理向现代劳动力市场经济分析的转型，并在此过程中形成了一些自身的独特知识和理论体系，这必定是我国劳动经济学发展中的一个前所未有的丰富的历史进程，对这个阶段的回顾与分析也必将更有意义和价值。正如麦克纳尔蒂（McNulty, 1984）所指出的"经济学家了解所考虑问题的法律、政治和历史等等方面，有助于理解该学科的本质，回顾历史有助于说明这一点。"对改革开放以来30年我国劳动经济学发展进行回

---

[*] 曾湘泉，中国人民大学，教授、博士生导师；E-mail：zengxq@ruc.edu.cn。杨玉梅，中国人民大学劳动人事学院，博士研究生；E-mail：yangyumei1117@163.com。

本文是国家"211工程"三期重点学科建设项目"中国人力资源市场理论与实践发展"的部分研究成果。

顾，总结优势并寻找差距，必将有利于我国劳动经济学更好的发展，进而推动其为社会经济的进步做出更多贡献。

尽管国内有一些论文和著作曾描述和讨论了我国劳动经济学某一阶段或者某一方面的进展，但总体而言，缺乏对其在改革开放30年来发展轨迹的全面回顾，也缺少对目前中国劳动经济学教学和研究水平与国际前沿水平的差距方面的比较研究。本文的目的在于，对1978年以来的劳动经济学相关文章进行梳理，在此基础上，一方面回顾分析劳动经济学文章研究主题、研究方法等的演变情况，分析演变背后的原因，试图以此管窥中国劳动经济学的发展轨迹；另一方面，清晰地界定我国劳动经济学发展现状，总结与国际的差距，探讨提升我国劳动经济学研究水平，促进我国劳动经济学未来发展的路径。

一、劳动经济学研究的演变

（一）研究模式：从苏联模式向现代劳动力市场经济分析的转变

1978年之前我国的经济学主要参考苏联模式。所谓苏联模式的经济学，是指以苏联政治经济学教科书特别是其"社会主义部分"为代表的经济学，是与传统的计划经济体制相适应，并作为这种体制的理论表现的经济学。因此，我国早期的劳动经济学更多的是计划劳动管理，缺乏现代经济分析的概念体系，也缺乏实证分析，而更倾向于传统的逻辑推理和概念演绎。这种劳动经济学着重于研究在既定的意识形态下，相应的劳动制度"应该是什么"；对经济现象只限于定性的描述，总结出几条所谓的"特征"、"规律"、"意义"。这些研究特点在20世纪90年代之前尤为明显。比如本文将在后面分析研究主题时所提到的，80年代中期以前的收入分配和工资研究中，只谈及分配的种类、特征、按劳分配的优越性，以及工资水平的影响因素、要注意哪些问题等，而未能分析工资决定的实际运行过程、如何最终确定，因而在理论上缺乏科学性，在实践上也缺乏可操作性。

1978年之后，随着经济体制改革的推进以及发达的市场经济国家现代劳动经济分析思想和理论的引入，国内的学者开始使用现代意义上的经济学来解释和研究中国的劳动问题。西方劳动经济学的引入首先表现在教材引进上，1987年国内一些高校开始使用美国弗里曼（Freeman, R. B.）和霍夫曼（Hoffman, S. D.）教授的劳动经济学教材，由此揭开了真正分析意义上的劳动经济学在我国的发展历程。之后一些类似的西方劳动经济学教材不断被引入，可以发现，这些教材在内容上已经迥异于之前教材中的劳动管理内容，劳动力市场、劳动力供求、流动、就业与失业理论等在教材中都得以体现，而"劳动与人类、企业劳动管理、劳动生产率"

等内容逐渐消失。20 世纪 80 年代末，学者开始使用相关理论解释中国劳动力市场发展过程中产生的一些问题和现象，如夏振坤等（1989）对二元经济理论的使用，沈金虎（1988）从经济学角度对劳动力流动的分析，杨体仁、曾湘泉等（1990、1994）运用现代经济学的概念，对劳动力需求、供给、流动、人力资本投资、工资、收入分配、失业和就业首次进行了全面系统的概括和总结，并推出了适应当时社会需求的劳动经济学教科书。袁志刚（1994）则介绍了西方劳动经济学中的自然失业、古典失业、凯恩斯失业（即非自愿失业）、刘易斯二元经济中的失业等多种失业理论，并在此基础上分析了我国失业的原因等。

不同于苏联模式的经济学偏向于逻辑推理和概念演绎，现代劳动力市场的经济学更侧重经济分析和实证研究。改革开放以来，尤其是 20 世纪 90 年代中期以来，随着在现代劳动经济学培养下的人才逐渐成长、此领域国外留学人才的回国，以及学者对现代劳动经济学理论的不断引入和借鉴，我国劳动经济学研究中实证研究的比例逐渐加大，先进方法和技术的使用日趋增多。

（二）研究主题：反映制度变迁，追踪社会热点

作为一门经世济民的致用之学，经济学在中国的发展与整个中国社会经济的发展紧密相联，再加上中国经济学是从改革开放前"高度泛政治化"的政治经济学演变而来，这都使得经济学在中国的应用和研究会与当时重大的经济社会问题密切相关，表现出追踪热点的特征，作为经济学分支的劳动经济学也不例外。此外，对于长期处于计划经济体制下的我国，劳动力市场的形成与发展更容易受经济体制、劳动力市场相关制度变迁的影响。文献研究发现，作为研究劳动力市场的运行和结果的学科，劳动经济学在我国的研究热点的变化受到劳动力市场相关的制度变迁的重要影响。

1. 第一阶段（1978～1984 年）：苏联劳动经济学的影子依然存在。1978 年，我国经济体制改革首先在农村开始，十一届三中全会及之后的会议提出的一系列改革措施和经济措施，承认生产承包、个体经营[①]，雇佣劳动也合法化[②]，这些从现实层面表现出与以往的计划经济的些许不同，在理论研究上也有体现。首先，社会主义国家是否存在"私人劳动"成为当时的相关学者首要关注的问题（孙恒志，1979；练岑，1979；彭延光，1979）。从 1980 年开始，整个 80 年代上半期，学界对不同行业是属于"生产劳动"还是"非生产劳动"也展开了辩论（杨百揆，1980；余鑫炎，1981；于俊文、陈惠如，1981；郭向远，1982）。此外，劳动力所

---

① 1980 年 9 月各省、市、自治区党委书记座谈会上的《关于进一步加强和完善农业生产责任制的几个问题》中肯定了各地建立的多种形式的生产责任制，允许包产到户或包干到户，允许小商贩从事个体经营。

② 国务院于 1981 年 7 月发布《关于城镇非农业个体经济若干政策性规定》，此规定标志着使用雇佣劳动合法发展起来。

有制也是这一阶段的关注焦点。当时关于劳动力的所有制,学界有多种不同观点,如"社会主义下劳动力公有说、个人所有说、部分个人所有说、两重所有说"等,但是当时的主流观点还是不承认劳动力所有制,认为那是资本主义的提法(李光远,1982)。

为了打破平均工资、大锅饭的情况,国家开始推动工资改革,1978年邓小平的《坚持按劳分配原则》明确指出按劳分配的社会主义性质,要按照劳动的数量和质量分配,要实行考核制度等。自此,实践界和理论界纷纷提出不同的工资制度改革办法(赵履宽,1983)、工资确定的具体方法以及奖金的制定方法。如晓亮、张问敏(1978)提倡实施计件工资;冯立天(1984)提出按照劳动生产率确定平均工资的"一元法";金敏求(1984)提到的建筑行业自发实施的"百元产值工资含量包干制";邹学荣、刁隆信、潘佳铭、黎小杰(1985)的"工资总额挂钩指标"……关于奖金的研究主要集中在奖金本质的争论(孙克亮,1979;陈进玉,1979)、是否实行奖金制的优缺点争论(问敏,1978)、部分收入与绩效的挂钩(汪海波等,1978)以及奖金的确定方法方面等(吴贤忠,1982)。

2. 第二阶段(1985~1991年):现代劳动力市场经济分析引入及初步发展期。随着经济体制改革的推进,一些推动改革的政策、措施的出台,"商品"、"商品经济"的概念从政策角度得到承认①,一些在计划经济中不会出现的经济问题也开始浮现,如劳动力是否是商品(陆立军,1989;胡瑞梁,1987;胡瑞梁,1988;杨宜树,1988;张肯发,1989)、是否建立劳动力市场、收入分配公平与否、市场化带来的工资制度改革、劳动力流动尤其是农民工的流动成为这个阶段的研究热点。除了研究关注点与前段时期不同外,此阶段的特点还表现在很多研究开始借鉴西方劳动经济学的概念和方法,如夏振坤和李享章在1989年即使用"二元经济"的理论来解释当时的"民工潮"现象,符钢战(1990,1991)对劳动力供求的市场化行为的经济学分析,以及对我国就业理论和统计体系与国际的比较,等等。

此阶段对农民工转移的研究主要集中在农民工是否应该转移,转移的流向、流量(胡军,1986)、路径(王向明,1985)、模式(陈颐,1987)、条件(米有录,1988)等方面,有的学者还分析了当时农村剩余劳动力的行为特征(侯晓虹、刘永义、刘云、王建林,1988),宋国青(1985)从城乡发展和经济结构与农民转移的关系角度进行的分析具有一定新意。20世纪80年代末的"民工潮"出现后,政府又开始推行限制农民进城就业的政策②,学术界也对引起民工

---

① 1984年10月,中共十二届三中全会通过的《关于经济体制改革的决定》,确定社会主义经济是"公有制基础上的有计划的商品经济",提出改革的目标是建立具有中国特色的、充满生机和活力的社会主义经济体制;提出了"有计划的商品经济"的目标,把缩小指令性计划作为改革的中心内容。

② 1989年3月,国务院《关于严格控制民工外出的紧急通知》,采取"堵"的政策应对20世纪80年代中后期出现的"民工潮"问题,严格控制农村剩余劳动力的转移;已经转移到城镇的大量农民工要"清退"压缩回农村;在大中城市推行"劳动许可证"制度和"城市暂住证"制度。

潮的原因（夏振坤、李享章，1989），以及如何阻止民工潮（吴仁洪、邹正清，1989）进行了研究。

在收入分配的研究中，收入分配是否公平是此阶段的讨论热点（李雄，1986；李学曾、张问敏、仲济垠，1989；赵人伟，1989），不同行业间的收入差距问题也得到关注（卫兴华、魏杰，1989），开始强调应加强市场在收入分配中的作用（赵履宽、杨体仁、文跃然，1988）。收入分配中存在的一些问题，如"脑体倒挂"现象也是当时的研究热点（李学曾、张问敏、仲济垠，1989）。此阶段收入差距研究中比较突出的一点是，第一次出现了使用西方经济学理论——基尼系数和洛仑兹曲线来分析我国劳动者的个人收入差距（赵人伟，1985）。针对上述收入分配领域的具体问题，学界和实践界对收入分配政策层面的改革展开了探讨和研究（张维迎，1986）。

此阶段针对工资的研究取得重要进展，不再仅仅局限于工资管理方面的讨论，而是将研究视野和方法扩展到经济学分析角度。在工资政策改革的目标方面，张维迎（1986）提出通过开放劳动力市场，引入市场工资决定机制。曾湘泉（1989）在讨论经济增长过程中的工资机制的研究中，对计划经济前后的经济增长与工资机制进行了系统而深入的经济学分析。

除以上这些研究热点外，还值得一提的是，20世纪80年代末90年代初，我国的经济生活中出现一种极其引人注目的现象——失业，失业正式进入人们的经济生活，也开始引起劳动经济学者的关注（吴仁洪、邹正清，1989；罗德明，1990），相关文章已经开始关注西方现代经济学失业理论的介绍和引入。企业的"隐蔽性失业"，即在90年代引起广泛讨论的"隐性失业"问题，在80年代中后期已经开始引起学者的关注（黄维德，1986）。不过，对失业研究的关注度与90年代中后期相比，自然不可同日而语。

3. 第三阶段（1992～2001年）：研究内容逐渐接近现代劳动经济学范畴期。随着1992年中共十四大召开，市场经济体制得以确立①，劳动力市场的建立和不断完善②，此阶段成为劳动力市场的剧烈变革期，由此带来的一系列问题，如国有企业下岗职工③、农村劳动力大规模转移、教育带来的人力资本投资（赵耀辉，1997；都阳，1999）、收入差距的拉大、劳动力的市场分割等，以及由这些所衍生的很多侧面，都成为我国劳动经济学界关注和研究的热点。

针对国有企业下岗问题、失业、隐性失业（王诚，1996；刘长明，1997等）、

---

① 1992年10月，中共十四大明确地制定了社会主义市场经济的改革目标，标志着市场机制在我国开始确立。

② 1993年12月，劳动部根据十四届三中全会精神制定了《关于建立社会主义市场经济体制时期劳动体制改革总体设想》，提出了培育和发展劳动力市场的目标。

③ 1996年底，党中央的经济工作会议提出把搞好国有企业改革放在更加突出的位置，对国有企业实行减员增效、下岗分流，同时大力推行再就业工程。1997年1月，国务院召开全国国有企业职工再就业工作会议，强调要通过减员增效、下岗分流、规范破产、鼓励兼并推动国有企业经营机制的转变。

隐性就业[①]（曾繁华、何正平，1993；曾繁华，1994；袁志刚、陆铭，1998；高玉泽，1998 等）、如何解决下岗失业人员的就业问题等的研究是此时的研究热点和重点。在农村剩余劳动力流动的研究中，与 20 世纪 80 年代中后期不同，此时城乡就业冲突问题和如何有效转移农村剩余劳动力成为研究重点，大量运用西方劳动经济学理论分析农民工进城对就业、城市劳动力以及对劳动力市场发展的影响（章玉钧、郭正模，1999 等）、限制农民工进城的影响（蔡昉，2000）等。随着农村剩余劳动力大量流入，企业二元用工制度与分割的劳动力市场（蔡昉，1998）等成为新的研究热点。

虽然不同时期关注的侧重点不同，但是收入问题是贯穿整个 30 年的研究重点。此阶段的收入差距研究几乎已经完全按照西方劳动经济学的理论和方法展开。其中，从 1988 年开始的我国第一次收入分配调查于 1994 年最终完成（赵人伟、基斯·格里芬，1994），该研究是国内首次使用调查数据对收入分配情况进行的经验性分析，此后，随着收入差距的拉大逐渐引起社会关注，针对该问题的研究也从不同角度得到不断推进，如收入差距的地区、行业等差异，教育、非正常收入等与收入差距的关系等（赵人伟、李实，1997；赖德胜，1997；蔡继明，1998；万广华，1998；张平，1998；陈宗胜，2000；陈宗胜、周云波，2001 等）。

4. 第四阶段（2001 年至今）：以就业和收入分配差距为主题的劳动经济学分析不断拓展。2001 年我国加入世界贸易组织，劳动力市场进一步开放，高校教育改革、"民工荒"的出现、收入差距的进一步拉大等一系列社会热点问题引发了我国劳动经济学相关研究的进一步拓展。

就业问题是此阶段的研究重点与热点。随着就业问题的日益严峻，一些学者在就业弹性问题上展开探讨（龚玉泉、袁志刚，2002；张车伟、蔡昉，2002；蔡昉、都阳、高文书，2004；简新华、余江，2007；魏下海，2008）；1999 年开始的大学生扩招政策带来的大学生就业问题日益突出的形势下，针对大学生就业问题的研究得到发展（曾湘泉，2004；杨伟国、王飞，2004）。同时，此阶段有学者开始致力于研究从劳动力市场需求角度上的职位空缺发布（唐矿，2008）来解决就业问题。女性就业（李实，2001；潘锦棠，2002；安砚真，2003；崔红梅等，2004）和女性劳动参与率（姚先国、谭岚，2005；唐矿、陈士芳，2007；杜凤莲，2008）问题此时也开始引起关注。2004 年开始出现的"民工荒"，引发了关于"民工荒"产生的原因（蔡昉，2005）、我国是否到达"刘易斯拐点"（蔡昉，2007；孙自铎，2008）、中国"人口红利"是否消失（汪小勤、汪红梅，2007；孙自铎，2008）等的激烈争论。对就业和失业测量（曾湘泉，2006）、劳动力市场中介（曾湘泉，2008）的研究更把我国的就业研究朝纵深方向进行了推进。

[①] 隐性就业：最初是由曾繁华在 1993 年从国外引入的概念，当时使用的是"隐形就业"这个词，后来通用"隐性就业"，这两个词意思上没有区别。

另一方面，在改革效率大幅提升的同时，收入分配出现了差距过分扩大的现象，我国理论界对收入分配的研究与之前的 20 年都不一样，开始更多地关注公平和效率的关系，强调公平的重要性，并针对地区间的收入差距（万广华，2004；董先安，2004 等）、收入差距产生的原因等方面展开研究。其中，在城镇职工的收入差距方面，提出了收入差距扩大主要来源于制度外收入，制度内收入差距缩小，制度外收入差距过大在收入分配领域同时并存（曾湘泉，2002）。

人力资本的研究方面，除了之前的人力资本收益率、教育收益率（罗楚亮，2007；王海港、李实、刘京军，2007）等方面的研究继续推进外，出现了针对人力资本产权、价格的研究，该问题研究开始从宏观转向微观，主要有人力资本投资中的性别歧视经济学分析（张抗私，2002），人力资本定价研究（张文贤，2001；连建辉、黄文峰，2002；李世聪，2002；樊培银、徐凤霞，2002；亓名杰，2003），人力资本与劳动者地位研究（姚先国，2006）等。

此阶段针对劳动力市场的研究仍然关注制度及政府行为在劳动力市场演化中的作用（姚先国，2007），同时主要围绕着我国当时的劳动力市场状态，即对劳动力市场的分割现状及形成原因进行经济学剖析。其中，被广大学者所广泛接受的是户籍制度对分割的形成具有重要作用（蔡昉、都阳、王美艳，2001；姚先国、赖普清，2004；夏纪军，2004）。

二、我国劳动经济学现状及存在的问题

（一）我国劳动经济学研究和教育的进步

1. 学术研究取得重要进展。我国劳动经济学研究中实证研究比例不断加大，先进技术使用增多，并在我国特有问题的研究中作出了重要的理论和现实贡献。

首先，从总体上来看，国内学者在劳动经济学的研究方面有了很大的进步，也取得了不少具有启发意义的研究成果，特别是在对经济转型国家和发展中国家劳动力市场特征及运行机制的分析上，国内学者有一定的先天优势。国内已有研究在中国劳动力市场的分割与歧视、劳动力流动、就业问题、收入分配问题的分析中不乏独到和深刻的见解，这些研究成果对其他转轨国家和地区也有一定的借鉴意义。有的结论已成为主流经济学的有益补充和印证，如曾湘泉对知识失业原因的论述，宋晓梧对收入分配问题的分析，常凯对工会和劳动关系的分析，林毅夫、蔡昉和李周（1998）等对加强劳动力流动是否可以消除城乡收入差距的论证等（李琼，2006）。

其次，从研究方法上说，国内学者的研究也取得了相当的进步，不少研究，特别是实证研究借鉴了先进的理论和分析工具，如在分析造成不平等和贫困的原因或

因素时采用的对各种反映不平等的指标的分解技术。所有这些，都大大推进了劳动经济学这门学科的发展。

2. 劳动经济学教育领域取得长足进展。在劳动经济学教学领域，如院校、专业、课程和师资等各方面都取得了长足进展。在我国的高等院校中，较早开始集中培养劳动科学专门人才的高校有中国人民大学劳动人事学院、首都经济贸易大学和中国劳动关系学院等。自20世纪90年代后半期开始，全国多所高校纷纷设立劳动经济学专业。截至目前，拥有劳动经济学硕士点的高校和科研机构有35个，有12家单位可以招收劳动经济学方向的博士研究生。在全国，每年劳动经济学的毕业生中大约有300多名硕士，40多名博士。为我国劳动经济学科补充了大量后备人才，显示了发展的后劲。

(二) 研究内容、规范性和基础设施平台建设仍然有待改善

首先，研究内容和范围有待扩展。当前，国际劳动经济学的发展趋势可以归纳为以下几方面：在宏观上，强调经济全球化与新技术革命对劳动力市场与就业的影响，劳工标准与经济绩效的关系，劳动力市场与其他市场（资本市场、产品市场）的交互作用等；在宏观政策方面，即一如既往地强调劳动力市场政策绩效评估研究，更强调采用更科学的研究方法来进行评估，美国、欧盟是典型的代表；在微观上，强调劳动力市场的微观基础研究，特别是微观组织的人力资源管理与劳动关系对组织绩效与劳动力市场的影响，人事管理经济学以及劳动关系的经济学分析是时下研究的重点领域；在特定群体研究方面，国际上一直并继续关注青年、妇女、少数民族、残疾人等群体在劳动力市场中的权利保护与就业促进；在最佳实践研究方面，宏观领域的最佳政策实践与微观领域的最佳管理实践都是国际社会研究的重点。

目前，我国的劳动经济学研究多集中于就业、收入差距等方面的研究，在宏观上，以实证为基础的政策评估比较欠缺，对某一项政策的跟踪性、系列性的连续研究尤为缺乏；在微观上，则缺乏对企业"黑箱"的经济学分析；还有，目前国内的研究过于集中于市场和政府两方面，对其他诸如经济全球化、文化因素等对我国劳动力市场影响的分析则相对欠缺。

其次，学科研究方法规范性不够，研究方法和理论缺乏创新。国内目前没有被国际同行认可的劳动经济和劳动关系学术期刊；由于研究方法训练不足，许多论文缺乏国际上通行的学术研究规范标准。在各种新研究方法的运用方面也存在着一些问题，某些研究存在着"重技术轻思想"的倾向，模型的使用缺少理论依据和现实针对性，简单照搬西方理论模型，降低了这些成果的学术价值和政策意义。

最后，研究基础设施薄弱。主要表现为国内外学术文献检索系统建设落后，国内规范的，供劳动经济分析和研究的基础数据十分缺乏。国家有关部门以及学术单位之间的专业资料和统计数据的共享和交流不够。

国外的经验表明，微观数据的收集与使用是推动劳动经济学研究方法和理论创新的重要因素。在国外，尤其是美国，从20世纪70年代以来，大量入户调查微观数据在劳动力市场研究中开始取代时间序列数据（如表1所示），这使得劳动经济学取得极大发展。在这期间，计量经济学和统计方法在微观数据的使用中也得到了极大的创新与发展，如有限因变量模型、样本选择模型、非参数方法、工具变量、准实验技术等的发明和改进。如表1所示，国外劳动经济学研究使用的微观数据主要来源于国家的调查统计，如美国的PSID①、NLS②、CPS③、SEO④、Census⑤，这些数据可以免费供大众使用，这一点应该是值得国内借鉴和学习的。另外，在我国，由于各种社会因素的影响，使得我国在微观数据的统计口径、统计方法及数据公布方面与发达国家有很大差距，严重制约了我国实证劳动经济学的发展。由于调查研究和数据所受到的管制，长期以来就连"中国的失业率到底有多高"这样的问题我们也并不是非常了解（陆铭，2004）。并且，由于数据搜集整理的相对薄弱和统计口径上与国外的差异，使得研究结论有时无法进行国际间的比较。

表1　　　　　　　　　美国劳动经济学研究使用数据类型

	劳动经济学文章（%）					所有领域
	1965~1969	1970~1974	1975~1979	1980~1983	1994~1997	1994~1997
理论文章	14	19	23	29	21	44
微观数据	11	27	45	46	66	28
面板数据	1	6	21	18	31	12
实验数据	0	0	2	2	2	3
横截面数据	10	21	21	26	25	9
微观数据库						
收入变动面板调查（PSID）	0	0	6	7	7	2
国家纵向调查（NLS）	0	3	10	6	11	2
当前人口调查（CPS）	0	1	5	6	8	2
经济机会调查（SEO）	0	4	4	0	1	0
人口普查（Census）	3	5	2	0	5	1
其他所有微观数据库	8	14	18	27	38	21

---

① PSID（The Panel Study of Income Dynamics）：收入变动面板调查开始于1968年，是一个包括7000多家庭和65 000个代表样本的纵向调查。

② NLS（National Longitudinal Surveys）：国家纵向调查是针对劳动力市场行为和其他重要生活事件的调查。

③ CPS（The Current Population Survey）：当前人口调查是由美国人口普查局为劳动统计局开展的针对50 000样本的住户月度调查，该调查已经有50多年的历史。

④ Survey of Economic Opportunity（SEO）：经济机会调查是美国人口普查局为经济机会办公室所开展的一项调查。

⑤ Census是美国每十年开展一次的针对所有个人的人口普查。

续表

	劳动经济学文章（%）					所有领域
	1965~1969	1970~1974	1975~1979	1980~1983	1994~1997	1994~1997
时间序列	42	27	18	16	6	19
人口普查区	3	2	4	3	0	0
州数据	7	6	3	3	2	2
其他集聚横截面数据	14	16	8	4	6	6
二手数据分析	14	3	3	4	2	2

资料来源：D. Angrist Joshua, B. Krueger Alan, 1999: Empirical Strategies in Labor Economics. In Handbook of Labor Economics, Volume 3, Edited By O. Asgebfekter and D. Card, Elsevier Science B. V.

三、加强基础平台建设和学术人才培养，推动劳动经济学发展

劳动经济学学科在我国是一个新兴发展的学科领域，伴随着市场经济的迅速发展，劳动经济的重要性得到进一步提升；此外，中国的特殊国情促使对劳动经济学的理论创新需求不断增加。为了推动劳动经济学的发展，结合劳动经济学的发展历史、现状及与国外的差距，要求我们在未来的教学、研究、基础平台建设等方面应做出不懈的努力，为此我们提出了如下的改进建议。

一是在理论研究方面既要学习国外，又要致力于自我创新。在国外，当以实证研究为基础的政策评估已经在指导政府工作中大行其道时，我们希望中国劳动经济学的研究也能够更多更好地指导政府的政策，发挥劳动经济学的实践价值。同时，在有些方面，中国的经济问题有着自己的特殊性，西方劳动经济学并没有提供现成的理论来帮助我们回答所有的问题，这时，结合中国具体的实践发展新的理论，也会为当代劳动经济学的研究做出重要的贡献。如果说30年来我们的重点在于吸收和消化西方劳动经济学的理论，或者说是运用国外已有的方法和技术研究中国的劳动经济学问题的话，那么从现在开始，也到了在中国要开始高度关注发展和完善现代劳动经济学的理论的时候了。

二是加强劳动经济学研究平台和基础设施的建设。国际的经验表明，一国劳动经济学研究水平的高低与该国是否重视研究文献积累、完善数据系统[①]以及吸引高水平的研究人员参与等有极大的关系。对我国的劳动经济理论研究，特别是对政府政策评估而言，目前研究平台和基础设施已成为最大的短板，因此，应大力推动微

[①] 国外劳动经济学发展的经验显示，正是由于微观数据搜集工作中的出色进展，才使得美国的劳动经济学从20世纪70年代以来，无论是在理论上还是方法上都取得了显著成就（D. Angrist Joshua；B. Krueger Alan, 1999[1]）。

观数据的搜集、建立数据共享协议,促进我国劳动经济学实证研究的开展。

三是加强学术团队建设,构建学术生态群。年龄结构是学术梯队整体结构建设中最重要的结构,它反映了梯队进行教学、科研活动的活力和潜力。加强青年教师的培养和引进,使新老交替衔接紧密,避免人才断层;要从国内外引进优秀中青年学术带头人;积极鼓励青年学者参加国内外高水平的学术会议;通过外派部分教师至世界一流大学学习和访问,及时跟踪本学科的国际前沿动向,力争使教师资源在存量和增量上都得到提高。

四是完善人才培养模式。在人才培养中,做到研究型人才培养与职业型人才培养分离。对研究型人才的培养采用本科毕业后的一贯制,即硕博连读,他们的培养则应该借鉴国外的模式,多开设一些注重研究方法的实际应用的课程,并通过文献阅读、学术讨论等方式提升学生的学术研究能力。只有现有学术团队及后备人才的建设跟上时代的发展,我国的劳动经济学研究才能有一个更加美好的未来。

参考文献

1. Angrist D, Joshua & Krueger B, Alan, 1999: "Empirical Strategies in Labor Economics". In Handbook of Labor Economics, Volume 3, Edited By O. Asgebfekter and D. Card, Elsevier Science B. V.

2. Paul J. McNulty, 1984: The Origins and Development of Labor Economics, The MIT Press, p. 237.

3. 蔡昉:《二元劳动力市场条件下的就业体制转换》,载《中国社会科学》1998年第2期,第4~14页。

4. 蔡昉:《中国城市限制外地民工就业的政治经济学分析》,载《中国人口科学》2000年第4期,第1~10页。

5. 蔡昉、都阳、王美艳:《户籍制度与劳动力市场保护》,载《经济研究》2001年第12期,第41~49页。

6. 蔡昉、都阳、高文书:《就业弹性、自然失业和宏观经济政策——为什么经济增长没有带来显性就业?》,载《经济研究》2004年第9期,第18~25页。

7. 蔡昉:《"民工荒"现象的经济学分析——珠江三角洲调查研究》,载《广东社会科学》2005年第2期,第5~10页。

8. 蔡昉:《中国劳动力市场发育与就业变化》,载《经济研究》2007年第7期,第4~14页。

9. 蔡继明:《中国城乡比较生产力与相对收入差别》,载《经济研究》1998年第1期,第11~19页。

10. 亓名杰:《人力资本价值量化与企业制度重构》,载《人大复印报刊资料:劳动经济与劳动关系》2003年第1期。

11. 陈进玉:《关于奖金的本质问题——与孙克亮同志商榷》,载《经济研究》1979年第9期,第53~55页。

12. 陈颐:《农村劳动力转移的新趋势和目标模式的选择》,载《经济研究》1987年第10期,第77~80页。

13. 陈宗胜：《中国居民收入分配差别的深入研究——评〈中国居民收入分配再研究〉》，载《经济研究》2000 年第 7 期，第 68～71 页。

14. 陈宗胜、周云波：《非法非正常收入对居民收入差别的影响及其经济学解释》，载《经济研究》2001 年第 4 期，第 14～23 页。

15. 崔红梅、张蓉、田丰：《对妇女阶段性就业制度的思考——北京市和台湾地区妇女在业人口特点比较》，载《中国农业大学学报（社会科学版）》2004 年第 1 期，第 72～76 页。

16. 董先安：《浅释中国地区收入差距：1952～2002》，载《经济研究》2004 年第 9 期，第 48～59 页。

17. 杜凤莲：《家庭结构、儿童看护与女性劳动参与：来自中国非农村的证据》，载《世界经济文汇》2008 年第 2 期，第 1～12 页。

18. 都阳：《教育对贫困地区农户非农供给的影响》，载《中国人口科学》1999 年第 6 期，第 26～33 页。

19. 樊培银、徐凤霞：《关于人力资源价值计量方法的探讨》，载《中国工业经济》2002 年第 3 期，第 91～96 页。

20. 冯立天：《研究劳动生产率和平均工资比例若干方法问题的探讨》，载《经济研究》1984 年第 10 期，第 48～53 页。

21. 符钢战：《中国劳动供求主体行为变化及其效率取向——中国劳动力市场发育与形成问题研究》，载《南开经济研究》1990 年第 6 期。

22. 符钢战：《论劳动供给行为市场化趋势》，载《经济研究》1991 年第 4 期，第 66～71 页。

23. 符钢战：《中国劳动就业的理论与统计界定——中国与国际通行的劳动就业统计体系的比较研究》，载《统计研究》1991 年第 5 期，第 35～40 页。

24. 高玉泽：《隐性就业的制度分析》，载《管理世界》1998 年第 1 期，第 202～205 页。

25. 龚玉泉、袁志刚：《中国经济增长与就业增长的非一致性及其形成机理》，载《经济学动态》2002 年第 10 期。

26. 郭向远：《资本主义条件下服务劳动的性质问题》，载《经济研究》1982 年第 4 期，第 69～71 页。

27. 侯晓虹、刘永义、刘云、王建林：《现阶段农村剩余劳动力行为特征》，载《经济研究》1988 年第 2 期，第 66～70 页。

28. 胡军：《略论劳动力流向、流速、流量的宏观控制》，载《经济研究》1986 年第 7 期，第 70～72 页。

29. 胡瑞梁：《论社会主义劳动力商品》，载《经济研究》1987 年第 12 期，第 12～22 页。

30. 胡瑞梁：《论劳动力价值、按劳分配和劳动力商品化的历史意义》，载《经济研究》1988 年第 1 期，第 51～60 页。

31. 黄维德：《我国传统就业模式的产生、运行和改革》，载《经济研究》1986 年第 7 期，第 55～60 页。

32. 简新华、余江：《基于冗员的中国就业弹性估计》，载《经济研究》2007 年第 6 期，第 131～141 页。

33. 金敏求：《分配体制改革的重要突破——试论建筑企业实行百元产值工资含量包干制》，载《经济研究》1984 年第 10 期，第 26～29 页。

34. 赖德胜：《教育扩展与收入不平等》，载《经济研究》1997 年第 10 期，第 46～53 页。

35. 李光远：《劳动力所有制论质疑》，载《经济研究》1982年第1期，第8~17页。
36. 李琼：《国内劳动经济学研究的新进展》，载《光明日报》2006年6月26日，第10版。
37. 李实：《农村妇女的就业与收入——基于山西若干样本村的实证分析》，载《中国社会科学》2001年第3期，第56~69页。
38. 李世聪：《人力资源当期价值理论与方法》，载《企业管理》2002年第3期，第82~85页。
39. 李雄、余向农：《强化市场化分配机制下的个人收入差距》，载《经济研究》1986年第11期，第57~61页。
40. 李学曾、张问敏、仲济垠：《建立以效率为导向的工资体制》，载《经济研究》1989年第2期，第34~40页。
41. 连建辉、黄文峰：《对"股票期权制"本质的再认识——一种关于异质型人力资本产权的定价机制》，载《当代经济研究》2001年第7期，第54~58页。
42. 练岑：《试论社会主义脑力劳动者的分配原则》，载《经济研究》1979年第9期，第56~61页。
43. 林毅夫、蔡昉、李周：《中国经济转型时期的地区差距分析》，载《经济研究》1998年第6期，第3~10页。
44. 陆立军：《关于商品经济、按劳分配与"劳动力商品"的思考——与胡瑞梁同志商榷》，载《经济研究》1989年第10期，第41~48页。
45. 陆铭：《中国劳动经济学研究：从何处来，到何处去》，载《世界经济文汇》2004年第1期，第1~3页。
46. 罗德明：《国有企业潜藏的剩余劳动与经济发展》，载《经济研究》1990年第10期，第52~56页。
47. 米有录：《试论我国农业劳动力转移在国民经济宏观运行中的条件》，载《经济研究》1988年第3期，第72~77页。
48. 潘锦棠：《经济转轨中的中国女性就业与社会保障》，载《管理世界》2002年第7期，第59~68页。
49. 彭延光：《社会主义经济中没有私人劳动范畴》，载《经济研究》1979年第7期，第78~79页。
50. 沈金虎：《论城乡之间劳动力的转移》，载《经济研究》1988年第2期，第71~75页。
51. 宋国青：《城乡开放与农民转移》，载《学习与探索》1985年第4期，第77-82页。
52. 宋晓梧：《当前分配领域的突出问题与治理》，载《经济学家》1998年第3期，第32~38页。
53. 宋晓梧：《基尼系数变动与政府职能转变》，载《中国改革》2006年第1期，第28~31页。
54. 孙恒志：《社会主义经济中的私人劳动范畴》，载《经济研究》1979年第3期，第78~79页。
55. 孙克亮：《奖金仅仅是超额劳动的报酬吗？——试论奖金的本质》，载《经济研究》1979年第6期，第39~42页。
56. 孙自铎：《中国进入"刘易斯拐点"了吗？——兼论经济增长人口红利说》，载《经济学家》2008年第1期，第117~119页。

57. 唐矿、陈士芳：《我国城镇已婚女性劳动供给影响因素实证研究》，载《经济问题探索》2007年第2期，第107～111页。

58. 唐矿：《职位空缺的理论回顾、数据测量及决定因素》，经济管理出版社2008年版。

59. 万广华：《中国农村区域间居民收入差异及其变化的实证分析》，载《经济研究》1998年第5期，第36～41页。

60. 万广华：《解释中国农村区域间的收入不平等：一种基于回归方程的分解方法》，载《经济研究》2004年第8期，第117～127页。

61. 汪海波、吴敬琏、周叔莲：《必须把劳动者的一部分收入和企业的经营状况紧密地联系起来》，载《经济研究》1978年第12期，第37～43页。

62. 汪小勤、汪红梅：《"人口红利"效应与中国经济增长》，载《经济学家》2007年第1期，第104～110页。

63. 王诚：《中国就业转型：从隐蔽失业、就业不足到效率型就业》，载《经济研究》1996年第5期，第38～46页。

64. 王向明：《农业剩余人口的转移与经济发展》，载《经济研究》1985年第2期，第16～21页。

65. 魏下海：《技术进步、人力资本与劳动力就业——解读中国就业弹性的变动趋势》，载《探索与争鸣》2008年第5期，第53～55页。

66. 卫兴华、魏杰：《收入分配体制的现实考察与对策设计》，载《经济研究》1989年第1期，第77～80页。

67. 问敏：《一年来关于按劳分配问题的讨论情况》，载《经济研究》1978年第1期，第60～64页。

68. 吴仁洪、邹正清：《农村剩余劳动力转移与通货膨胀》，载《经济研究》1989年第10期，第60～65页。

69. 吴贤忠：《对确定奖金率的一点意见》，载《经济研究》1983年第11期，第77～78页。

70. 夏纪军：《人口流动性、公共收入与支出——户籍制度变迁动因分析》，载《经济研究》2004年第10期，第56～65页。

71. 夏振坤、李享章：《关于民工浪潮的理论思考》，载《经济研究》1989年第10期，第55～59页。

72. 晓亮、张问敏：《关于奖金的几个问题》，载《经济研究》1978年第9期，第47～50页。

73. 杨百揆：《商业部门职工的劳动是物质生产劳动》，载《经济研究》1980年第4期。

74. 杨体仁等：《现代劳动经济学原理》，红旗出版社1990年版。

75. 杨伟国、王飞：《大学生就业：国外促进政策及对中国的借鉴》，载《中国人口科学》2004年第4期，第65～71页。

76. 杨宜树：《劳动力商品成因的重新发现》，载《经济研究》1988年第12期，第70～74页。

77. 姚先国、赖普清：《中国劳资关系的城乡户籍差异》，载《经济研究》2004年第7期，第82～90页。

78. 姚先国、谭岚：《家庭收入与中国城镇已婚妇女劳动参与决策分析》，载《经济研究》2005年第7期，第18～27页。

79. 姚先国：《人力资本与劳动者地位》，载《学术月刊》2006 年第 2 期，第 93～97 页。

80. 姚先国：《中国劳动力市场演化与政府行为》，载《公共管理学报》2007 年第 3 期，第 13～21 页。

81. 于俊文、陈惠如：《生产劳动与非生产劳动理论从亚当·斯密到马克思的发展》，载《经济研究》1981 年第 7 期，第 66～73 页。

82. 余鑫炎：《商业部门职工的劳动主要是非生产性劳动——与杨百撰同志商榷》，载《经济研究》1981 年第 7 期，第 61～65 页。

83. 袁志刚：《失业理论与中国失业问题》，载《经济研究》1994 年第 9 期，第 32～37 页。

84. 袁志刚、陆铭：《关于隐性就业的理论分析》，载《浙江社会科学》1998 年第 1 期，第 11～16 页。

85. 曾繁华、何正平：《国外隐形就业评介》，载《中南财经政法大学学报》1993 年第 3 期。

86. 曾繁华：《隐形就业初论》，载《湖北教育学院学报（哲社版）》1994 年第 3 期，第 42～45 页。

87. 曾湘泉：《经济增长过程中的工资机制——对中国工资问题的宏观动态考察》，中国人民大学出版社 1989 年版。

88. 曾湘泉：《劳动经济》，人民出版社 1994 年版。

89. 曾湘泉：《北京市城镇职工收入差距变动的实证研究》，载《人大复印报刊资料：劳动经济与劳动关系》2002 年第 1 期。

90. 曾湘泉：《劳动经济学》，复旦大学出版社 2003 年版。

91. 曾湘泉：《变革中的就业环境与中国大学生就业》，载《经济研究》2004 年第 6 期，第 87～95 页。

92. 曾湘泉、于泳：《中国自然失业率的测量与解析》，载《中国社会科学》2006 年第 4 期，第 65～76 页。

93. 曾湘泉：《面向市场的中国就业与失业测量研究》，中国人民大学出版社 2006 年版。

94. 曾湘泉：《中国就业战略报告 2007：劳动力市场中介与就业促进》，中国人民大学出版社 2008 年版。

95. 张车伟、蔡昉：《就业弹性的变化趋势研究》，载《中国工业经济》2002 年第 5 期，第 22～30 页。

96. 张抗私：《人力资本投资中性别歧视的经济解析》，载《财经问题研究》2002 年第 7 期，第 17～21 页。

97. 张肯发：《社会主义条件下劳动力属性探索》，载《经济研究》1989 年第 8 期，第 46～51 页。

98. 张平：《中国农村居民区域间收入不平等与非农就业》，载《经济研究》1998 年第 8 期，第 59～66 页。

99. 张维迎：《新时期收入分配政策研究》，载《管理世界》1986 年第 1 期。

100. 张文贤：《管理入股——人力资本定价》，立信会计出版社 2001 年版。

101. 章玉钧、郭正模：《试论农村劳动力流动与城市就业》，载《经济学动态》1999 年第 9 期。

102. 赵履宽：《我国工资制度的改革问题》，载《经济研究》1983 年第 2 期，第 44～50 页。

103. 赵履宽、杨体仁、文跃然：《解决个人收入分配不公平问题的新设想》，载《经济研究》1988年第7期，第11~17页。

104. 赵人伟：《劳动者个人收入分配的若干变化趋势》，载《经济研究》1985年第3期，第10~19页。

105. 赵人伟：《对当前收入分配不公问题的几点看法》，载《经济研究》1989年第12期，第6~12页。

106. 赵人伟、基斯·格里芬：《中国居民收入分配研究》，中国社会科学出版社1994年版。

107. 赵人伟、李实：《中国居民收入差距的扩大及其原因》，载《经济研究》1997年第9期，第19~28页。

108. 赵耀辉：《中国农村劳动力流动及教育在其中的作用——以四川省为基础的研究》，载《经济研究》1997年第2期，第37~51页。

109. 邹学荣、刁隆信、潘佳铭、黎小杰：《工业企业工资总额挂钩指标的设想》，载《经济研究》1985年第9期，第65~70页。

人力资本水平计量的几个问题

姚先国　钱雪亚[*]

摘　要：随着人力资本理论的成熟及相关实证研究的广泛开展，有关人力资本的数量水平、质量状况、结构分布、效率水平等已成为学术研究和决策管理的重要依据和内容，如何科学地计量一国（地区）的人力资本水平，显得重要而迫切。本文就人力资本水平计量的对象、内容、范围、方法思路等作了讨论，旨在廓清人力资本水平计量的基本框架体系。

关键词：人力资本　人力资本水平　计量问题

目前，人力资本理论的应用几乎涉及了社会经济研究的各个方面，相关的实证研究也越来越受到关注。然而，对所涉及的人力资本水平的计量，则众说纷纭，差异悬殊。不同的学者使用不同的替代指标来表达人力资本水平，有的用累计教育经费支出数据（如沈利生，1999；孟晓晨，2005 等），有的用入学率、学生在校率数据（如蔡昉，2000；王金营，2001 等），有的用劳动力受教育年数总和（如胡鞍钢，2002；胡永远，2003 等），更多的用平均受教育年限数据（如陆根尧，2002；岳书敬，2006）。不可否认，人力资本水平计量方法不同，相应的计量结果以及以此为依据的决策就不同，人力资本水平的计量问题事实上构成了对相关实证研究的制约。

因此，对一国（地区）人力资本的水平进行科学的计量是重要而迫切的。本文重点就人力资本水平计量所涉及的对象、内容、范围、方法等一般问题作一系统论述。

一、人力资本的内涵及人力资本水平的计量对象

人力资本的理论范式虽然已经形成，但对人力资本概念的理解却有着众多不同

---

[*] 姚先国，浙江大学公共管理学院，教授、博士生导师；E-mail：cec_yaoxg@zju.edu.cn。钱雪亚，浙江大学公共管理学院，教授。

本文系国家自然科学基金重点项目《中国人力资本投资与劳动力市场管理研究》阶段性成果，课题负责人为姚先国教授，项目编号：70233003。

的角度和认识。从人力资本形成的角度来理解，人们强调特定的投资（支出）构成人力资本，认为"教育支出、保健支出和劳动力国内流动的支出或用于移民入境的支出等形成人力资本"（贝克尔，1987）；从人力资本具体形态的角度来理解，人们强调"技能和知识"构成人力资本，定义"人力资本是体现在人身上的技能和生产知识的存量"（《新帕尔格雷夫经济学大辞典》），"人们获得了有用的技能和知识……这些技能和知识是一种资本形态"（舒尔茨，1990）；从人力资本作用的角度来理解，人们强调对生产有用的各种能力构成人力资本，认为"人力资本是价值化的人力资源"，"人力资本的实质是人的劳动能力"（姚先国，2003）。

深入分析上述不同的观察角度和不同的定义解释，我们认为，有关人力资本的概念其实包含了三个相互关联的含义：

人力资本投资：指为积累人力资本而发生的各种开支。人力资本投资具有两方面特征：一是以人为投资对象，投资形成的全部积累蕴藏于被投资人人身；二是以增进未来收益为目的，虽然人力资本投资在形式上表现为被投资人的各种支出，但发生这类支出的目的不是为了满足即期消费需要，而在于通过增进被投资人的能力，从而增加未来收益水平。

人力资本积累：指通过人力资本投资形成的、蕴藏于被投资人身上的各种知识和技能。这种知识和技能的显性表现就是有经济价值的各种能力，舒尔茨（1975）将这种能力分为五类：学习能力、完成有意义工作的能力、进行各科文娱活动的能力、创造能力和应付非均衡的能力，汪丁丁（2000）进一步认为"知识型劳动者的人际交往能力，包括语言能力、表象能力、说服力、理解力等"也是决定劳动在新经济中报酬比例的因素，因而也是人力资本积累的一部分。劳动者的这些能力越强，意味着其所拥有的知识技能越多，也就是人力资本的积累越多。

除了知识和技能，有学者认为"凝结在投资受体身上的健康、道德水平"也是人力资本积累的一部分（朱舟，1999），"情商"作为一种心灵的力量，因为它决定着人的努力程度和群体相容性，因而也可归为人力资本积累的一部分（程惠民，1997）。对此，我们不敢苟同。人力资本投资受体的"健康"仅仅是人力资本得以存在的基础，即人力资本投资形成的知识和技能有一个得以存在的有效载体，但其本身不是人力资本积累的一部分。"道德"的形成和存在本不以获得回报为目的，它不具有资本特性，而"情商"因素则只是影响已经积累起来的人力资本运行效率的一种力量，它们本身均不是人力资本积累的一部分。

因此，人力资本积累仅仅指通过人力资本投资形成的、依附于劳动者身上的知识和技能的总和。

人力资本运用：指将已经积累的人力资本投入到经济运行之中，从而成为现实的生产要素。这里所涉及的问题有：人力资本积累的数量与质量是否与物质资本的存量相匹配；人力资本积累的结构和分布是否与经济发展的需求相一致；人力资本运行的制度环境是否促使人力资本载体有效地、充分地运用其所拥有的人力资本积累；等等。所有这些方面，影响和决定了人力资本运用的最终效率，即人力资本收益，包括个人收益和社会收益。

人力资本投资概念强调的是投资决策方式，人力资本积累概念强调的是这种要素的存量水平，人力资本运用概念强调的是要素回报，三者的关系是：一定时期内累计的人力资本投资形成特定时点的人力资本积累，有效地运用这些积累起来的人力资本，在未来时期产生相应的收益和回报。一国经济发展中人力资本的最终贡献份额多少和作用大小，取决于从人力资本投资、到人力资本积累、再到人力资本运用这一链上各个环节的数量和效率。

因此，本文认为，人力资本水平，应该相应地从上述三个层面来计量和反映，即人力资本投资水平、人力资本积累水平、人力资本运行效率水平。

二、人力资本投资的类似消费性与人力资本投资水平的计量

明确界定人力资本投资的范围，是人力资本投资水平计量的关键。

人力资本投资区别于物质资本投资的显著特点之一是：前者是对人的投资，后者是对物的投资。对物的投资中，"投资为非消费"是十分明显的，而对人的投资则不然。从理论上分析，凡是把人作为"手段"意义上的对象所进行的各种支出应视为投资性支出，即归为人力资本投资，凡是以满足即期物质精神需要为"目的"的支出应视为消费性支出，即日常生活消费。但是，随着场合、时间的不同，以人为对象的各类支出，往往从某种角度看可以视为投资性支出，而从另一个角度看又可以视为消费支出。例如，医疗支出，从其增进健康、延长寿命，从而增加人力资本载体的有效性和有效期，相应地增加人力资本的收益期而言，医疗支出可视为投资性支出，但从其仅仅保持健康、维持生命的存在角度看，则医疗支出似乎又应视为消费性支出。究竟如何界定人力资本投资的范围？

按照贝克尔的观点，人力资本投资的主要方面是教育支出、保健支出和劳动力国内流动的支出或用于移民入境的支出。按照舒尔茨的观点，人力资本投资包括人类在教育、保健、为取得良好就业机会而进行的各类迁移所花费的支出，以及接受教育的成年人、接受培训的工人所放弃的收入和其他提高人力资本质量的投入的总和。在贝克尔和舒尔茨两位大师的基础上，人们对人力资本投资的内涵又作了许多研究和补充。如朱舟（1999）认为六类活动符合人力资本投资：（1）各级正规教育；（2）在职训练活动；（3）改进健康的照顾；（4）父母用于照看孩子的时间；（5）劳动者寻找工作的活动；（6）劳动者从一个地区向另一个地区的迁移。又如张帆（2000）认为狭义的人力资本包括教育投资和健康投资，而广义的人力资本投资则除教育和健康投资外，还包括把儿童抚养到工作年龄的消费支出以及研究和发展投资。

我们认为，某一项支出是否属于人力资本投资，关键在于这项支出的目的是否

在于在原来一般劳动力的基础上增加该劳动力的人力资本存量,即对生产有用的知识和技能数量。据此,我们认为教育、培训、保健支出属于人力资本投资。

教育:教育直接增加劳动者的知识和技能,具体表现为教育赋予劳动者更高的生产能力和资源配置能力。所谓更高的生产能力,是指受教育程度较高的劳动者与相同的其他要素相结合能生产出更多的产品,即在其他要素不变的情况下,每增加一单位受教育程度,便能增加相应的一份产出。所谓更高的配置能力是指受教育程度更高的劳动者发现机会、抓住机会使既定资源得到最有效配置从而使产出增加的能力,也就是舒尔茨所描述的"处理不均衡状态的能力",或者说是采取均衡性行动使不均衡复归为均衡的能力。除了生产能力和配置能力的提高,丹尼森认为教育还会导致劳动者工作意愿的提高和工作时间的延长。因此,花费在人身上的教育支出属人力资本投资。

培训:是指进入就业岗位后,劳动者继续接受的技术教育和培训,包括"干中学"形式的训练等,目的在于使劳动者更快、更多地掌握实际工作中所需的各种技能。培训可以有很多形式,如脱产学习、半脱产学习、学徒制、干中学,甚至还包括劳动者在生产过程中相互影响而导致的生产能力提高。与教育相比,在职培训对生产率的影响更为直接。它通过直接增加劳动者的一般技能和特殊技能,增加劳动者在生产过程中的边际产品产量(生产能力)和处理生产过程中的各项意外事件的能力(配置能力)。因此,花费在劳动者身上的培训支出也构成人力资本投资的一部分。

保健:保健支出在形式上十分类似于消费性支出,但它至少在三方面与人力资本的积累有关:一是通过提高劳动者健康水平,从而减少劳动者由于疾病导致工作日减少所形成的潜在能力的浪费;二是通过保护劳动者的体力从而提高劳动者生产能力和配置能力发挥的效率;三是通过延长劳动者的寿命从而增加劳动者的劳动年限,间接地生产出人力资本。因此,保健支出也是人力资本投资。但是,与教育、培训支出不同,保健支出作为人力资本投资,它对人力资本积累的影响是间接的而不是直接的,同样作为人力资本投资,保健投资在形成人力资本积累的机理和数量上与教育和培训投资有显著差异。

迁移:劳动力的迁移支出属于人力资本投资。但是,迁移活动本质上是对已有人力资本积累的一种配置,与教育、培训、保健活动不同,劳动力的迁移本身并不是通过增加迁移主体的知识和技能的数量(即增加人力资本存量)从而影响经济增长,而是通过对现有的知识和技能(通过人力资本投资已经积累起来的人力资本存量)的高效利用而影响产出效率,迁移活动本身不会改变人力资本存量——蕴藏于劳动者人身的知识技能总量。因此,迁移投资这种形式的人力资本投资,属于对已有资本存量的配置性投资,它影响的主要不是资本存量本身,而是资本的服务流量。人力资本的配置成本,是对已经积累的人力资本所进行的一种资源配置,而不是为增加人力资本积累数量而发生的一种支出。

除了教育、培训、保健以外，部分学者（Engle，1883；Kendrick，1976；朱舟，1999；张帆，2000 等）认为小孩抚养费用也属于人力资本投资，但我们认为抚养费用只是简单劳动力形成的必要开支，更重要的，它不是以知识积累和能力培养为直接目的、以追求价值增值为最终目的的，这类支出仅仅是形成了一个人力资本的必要载体，而不是增加积累于这一载体上的知识技能总量，它属于生活消费。还有学者（冯子标，2000；李杰、左仁淑，2001）提出科技研发支出属于人力资本投资，因为"科技研发的主体是受过良好教育或培训的人，这些人可以通过管理创新、制度创新实现资本的价值增殖"。我们认为这也是值得商榷的：第一，人力资本投资的对象是人，而科技研发投资的主体是人但投资对象显然是物；第二，如果投资"主体是受过良好教育或培训的人"的投资就是人力资本投资，那么人力资本投资与其他投资的差别仅在于由谁来实施这项投资，而不是投资的方式和内容了，这种分类似乎难以成立。

因此，教育培训支出、卫生保健支出、流动迁移支出都属于人力资本投资的范畴，其中，直接为积累人力资本存量而发生的人力资本投资为"教育投资＋培训投资＋保健投资"。

三、人力资本的人身依附性与人力资本积累水平的计量

人力资本积累水平就是特定时点的知识和技能的数量，即人力资本存量水平。就物质资本而言，期初资本存量＋报告期投资总量－资本折旧＝期末资本存量，这是会计核算中资本（资产）计价的一般原则和方法。但人力资本不然，正如人力资本投资区别于物质资本投资，它是对人的投资，相应地，人力资本区别于物质资本，它是以作为载体的人的存在为前提的，即人力资本具有显著的人身依附特性。

人力资本的人身依附性体现在三方面：一是人力资本的存在依赖于人的生命，人是人力资本的天然载体，一切才能和智慧都依附于活生生的人而存在。与此同时，人力资本的流动伴随其载体的流动而流动，不论人力资本投资主体是谁，人力资本的区域归属取决于被投资人的区域归属。二是人力资本的价值以其所依附的人具有劳动能力为前提，当人尚年幼时，即便其具备一定的知识和技能，这些知识和技能不可能成为生产要素，只有当他达到劳动年龄并具备参与劳动所必需的健康体魄，其所拥有的知识技能才可能成为生产要素；三是人力资本价值的实现以劳动力实际参与劳动为条件，一个有劳动能力但并没有参与劳动的人所拥有的知识技能仅仅是一种潜在的可利用的资源，只有当他实际参与劳动时，他所拥有的知识技能才成为实际意义上的资本而凭以获取收益。

由于人力资本的人身依附性，人力资本存量水平计量中有必要强调：

概念上，区分"人力资本资源存量"和"人力资本运行存量"。用前者反映积

累蕴藏于劳动适龄人口身上的人力资本存量,它是一个潜在资源总量,用后者反映积累蕴藏于在业人口身上的人力资本存量,它是一个实际运行总量。人力资本资源存量是人力资本投资积累的直接结果,资源存量的一部分伴随其所依附的劳动者进入就业从而成为实际运行中的人力资本存量,影响经济运行的人力资本积累水平是实际运行存量而非潜在资源存量。

对象上,遵循"现实存在"原则。伴随人力资本载体——劳动力的流动,一国(地区)累计的人力资本投资与该国(地区)的人力资本积累并不是一一对应的。当劳动适龄人口(或从业人口)从外地迁入时,人力资本也随之流入,表现为本国(地区)的人力资本存量增加,但是,该国(地区)并未为这部分增加的人力资本而进行过人力资本投资。相反,当劳动适龄人口(或从业人口)从本国(地区)迁出时,人力资本也随之流出,表现为本国(地区)的人力资本减少,但是,该国(地区)已经投入的人力资本投资并不可能因为这部分人力资本的流出而得以收回(减少)。显然,与人力资本投资水平计量中以投资主体的区域归属为原则不同,一国(地区)人力资本存量水平的计量,应以人力资本载体——劳动适龄人口(在业人口)的区域归属为原则,凡是积累于本国(地区)劳动适龄人口(在业人口)身上的人力资本均计为本国(地区)的人力资本存量,而不论这些人力资本是由谁投资形成的,凡是积累于他国(地区)劳动适龄人口(在业人口)身上的人力资本均不计为本国(地区)的人力资本存量,即便这些人力资本是由本国(地区)投资形成的。

内容上,依据"知识技能"标准。虽然人力资本投资包括教育、培训、保健等多种投资方式,但人力资本存量仅指实际积累起来的知识和技能的总量。就一个特定的被投资人而言,人力资本投资的方式不同、结构不同,同量的投资所形成的人力资本积累是不同的。其中,教育培训投资直接形成被投资人的知识和技能,即直接形成人力资本积累,卫生保健投资则通过增进被投资人的健康、延长被投资人的寿命,即通过改善知识技能得以存在的基础(一个有效的载体)从而影响人力资本的实际存量及状态,它是间接地增加人力资本存量。持续的教育培训投资会持续地增加被投资主体的知识技能积累,但持续的卫生保健投资很可能仅仅是保持被投资主体的健康水平。因此,无论"人力资本资源存量"还是"人力资本运行存量",对于不同的投资方式,据以计算存量水平时,必须考虑它们在积累形成机理上的不同,应该将教育培训投资作直接形成人力资本积累处理,而将保健投资作间接形成人力资本积累处理。

四、人力资本投资积累运行的关联性与人力资本运行效率水平的计量

人力资本运行效率反映的是人力资本的投入产出率,也就是人力资本对经济增长的贡献与人力资本的投资之间的相对比率。由于人力资本从投资到积累、从积累

到运行是一个相互关联的过程，从而，人力资本运行的最终效率取决于三个具体环节的效率水平，即"投资→积累"环节的效率水平、"积累→运行"环节的效率水平、运行过程中的效率水平三个相互关联的方面。如果"投资→积累"环节低效率，则一定量的人力资本投资只能形成少量的人力资本资源积累；如果"积累→运行"环节低效率，则积累的人力资本资源仍大量处于闲置状态而不可能成为实际的经济要素；如果运行过程低效率，则运行中的人力资本要素只能实现有限的经济回报。因此，人力资本运行效率水平应从这三个相互关联的环节上来反映。

（一）"投资→积累"环节的效率：人力资本投资效率水平

人力资本投资的效率，表现为投资主体在一定时期内所进行的人力资本投资最终形成了多少属于本国（地区）的人力资本资源积累。当人力资本投资数量给定时，有两个因素会影响实际形成的人力资本资源积累数量的多少：一是投资总量中教育培训投资与保健投资的构成比例。教育培训投资直接形成被投资人的知识和技能，卫生保健投资则通过对人力资本载体的维护而间接地增加特定时点的人力资本存量。显然，不同的投资方式，同量投资所形成的积累数量是不同的。二是人力资本运行的区域环境条件。人力资本存量的增加一靠投资，二靠聚集，如果区域环境优良，某一时期内人力资本（伴随其载体）的流动表现为大量净流入，则区域在该时期就表现为相对少量的人力资本投资而相对大量的人力资本积累增加，即较高的投资积累比例，如果区域环境不佳，某一时期内人力资本（伴随其载体）的流动表现为大量净流出，则区域在该时期就表现为相对大量的人力资本投资但只有相对少量的人力资本积累增加，即较低的投资积累比例。

由于上述两方面原因，报告期一国（地区）累计的人力资本投资多少与该国（地区）人力资本资源积累的增量通常是不一致的。这种不一致的方向和程度反映了人力资本投资的效率，可以用"人力资本投资额／人力资本资源增量"来反映一国人力资本投资效率水平，该比例越高，表示本国人力资本投资的效率越高。

（二）"积累→运行"环节的效率：人力资本积累效率水平

人力资本积累的效率，表现为已经形成的人力资本资源——蕴藏于劳动者人身的知识和技能，最终有多大的份额投入到了实际经济运行之中。人力资本投资形成的知识技能只是一种潜在资源，这种资源被利用的程度一方面取决于其被市场需要的程度——这些知识和技能是否为经济运行所需，同时也取决于市场环境——经济发展是否提供与这些知识和技能的数量及质量相匹配的物质资本并使两者有效结合。在物质资本的数量和质量给定的条件下，如果所形成的知识技能适销对路，为经济运行所急需，则这部分人力资本就容易寻求到与之结合的物质资本，表现为人力资本资源较高的运行比例；在人力资本资源的数量和质量给定的条件下，如果经济运行良好，市场需求旺盛，物质投资和物质资本积累充足，则将有更多的人力资本资源与物质资本形成有效配置从而成为实际运行的生产要素，表现为人力资本资源较高的运行比例。

人力资本积累效率，就是通过考察人力资本资源的运行比例来综合地反映一国（地区）人力资本投资所形成的人力资本资源积累的现实有效性。可以用"人力资本运行存量／人力资本资源存量"反映一国（地区）人力资本积累的效率水平，该比例越高，表示人力资本积累的效率越高。

（三）运行过程中的效率：人力资本产出效率水平

在人力资本运行数量给定的条件下，人力资本的产出效率还受运行中的人力资本的结构优劣以及对这部分人力资本的激励程度的影响。如果运行中的人力资本其层次结构（高级人力资本与中低级人力资本比例）、性质结构（基础人力资本与专业化人力资本的比例）以及专业人力资本的专业结构等，未能与经济结构形成最优匹配，则无疑会影响这部分人力资本的实际产出率；如果对运行中的人力资本（严格讲是对其载体——在业劳动者）激励方式欠佳或激励程度不足，则难以保证人力资本载体会最大程度地运用其所拥有的人力资本，这种"出工不出力"的现象无疑也会影响这部分人力资本的实际产出率。

人力资本产出率反映的是人力资本运行的最终效率，可以用"人力资本生产率"、"人力资本产出弹性"和"人力资本增长贡献率"等指标来表示这一最终效率的高低。其中：人力资本生产率就是单位运行中的人力资本所产生的 GDP 数量；人力资本产出弹性就是人力资本运行数量增长一个百分点所产生的 GDP 的增长百分率；人力资本增长贡献就是 GDP 的总增长中由人力资本所产生部分的相对份额。这些指标越高，意味着人力资本最终运行效率越高。

人力资本投资效率、人力资本积累效率、人力资本产出效率三者，可以系统地反映一国人力资本投资积累运行的整体效率水平。当然，与物质资本不同的是，人力资本的效率并不只体现在货币收益上，例如，实现心理的满足、谋取更高的职位、获得更多的尊重、树立良好的风尚等，都可能成为人力资本投资的直接目的，但这类收益事实上很难加以计量。因此，这里讨论的人力资本效率仅指可以用货币计量的经济增长与人力资本投资之间的投入产出比率。

五、小结

人力资本水平，在计量对象和内容上，应包含投资、积累、运行三个层面，数量和效率两个方面，其中人力资本投资总量、人力资本资源总量、人力资本运行总量分别反映人力资本在投资、积累、运行这三个层面上的数量水平（即时状态），人力资本投资积累率、人力资本积累运行率、人力资本生产率分别反映人力资本从"投资→积累"、"积累→运行"、"运行→产出"这三个环节上的效率水平（动态趋势）。人力资本水平，在计量思路和方法上，不容忽视的三条是：科学地划分作为消费性的支出与作为投资性的支出，有效地区别直接形成积累的投资与间接形成积累的投资，客观地体现人力资本伴随其载体的高流动性对人力资本存量水平的影响。

参考文献

1. Kendrick J. W., 1976, The Formation and Stocks of Total Capital. Columbia University Press, New York.
2. Dagum C., Slottje D., 2000. A New Method to Estimate the Level and Distribution of Household Human Capital with Application. Structural Change and Economic Dynamics.
3. Laroche M., Mdrette M., 2000, Measuring Human Capital in Canada, University of Ottawa.
4. Wasmer E. 2001, Measuring Human Capital in the Labor Market: The Supply of Experience in 8 OECD Countries. European Economic Review.
5. 朱舟：《人力资本投资的成本收益分析》，上海财经大学出版社1999年版。
6. 岳书敬等：《人力资本与区域全要素生产率分析》，载《经济研究》2006年第4期。
7. 蔡昉等：《比较优势差异、变化及其对地区差距的影响》，载《中国社会科学》2002年第5期。
8. 姚先国：《关于人力资本的几个基本问题》，载《浙江树人大学学报》2003年第1期。
9. 钱雪亚等：《人力资本水平度量的三类方法》，载《统计与决策》2003年第10期。
10. 钱雪亚等：《人力资本存量水平的计量方法及实证研究》，载《商业经济与管理》2005年第2期。

劳资关系

《劳动合同法》的理论与实际效应分析

山东大学（威海）劳动经济研究所课题组[*]

摘　要：从 1995 年《劳动法》到 2008 年《劳动合同法》，是一次自上而下的强制性制度变迁，劳动制度的变革将推动劳资利益格局的演变。《劳动合同法》的立法理念注定企业与劳动者之间利益的划分是企业、劳动者和政府多方博弈的结果。在《劳动合同法》实施半年多之际，理论上分析新劳动法的实施过程、经验上验证其是否达到了预期目标有重要的现实意义。研究结果表明，与实施前相比，《劳动合同法》增强了劳动者职业稳定性、稳定了劳动力供给，提高了劳动者的工资收入。此外，研究还发现，在新《劳动合同法》驱动下，企业和劳动者将重塑二者之间的劳资关系。

关键词：博弈均衡　跨期弹性　劳动供给　工资收入流动　劳资关系重塑

一、引言

近年来，劳动者合法权益受到侵害的现象时有发生，在部分地区、产业和企业尤为突出。劳资关系出现的新问题和新情况日益暴露出 1995 年《劳动法》在劳资关系监管上的缺陷。《劳动法》是在我国计划经济向市场经济转轨的过程中出台

---

[*] 课题组负责人：罗润东、刘文。主要研究成员：王杰、王一兵、巫威威、刘丹丹、郑雪梅。课题组感谢刘永仁教授在调研中给予的指导和支持，同时感谢商学院"《劳动合同法》执行情况调研团队"2008 年暑期在山东省 17 城市所做的问卷调查（参加调查成员：（1）调查组：郑雪梅、王现太、田安阳、王好瑞、方立敏、张爱香、刘子源、刘日峰、卞栋、王冰川、刘波明、葛鹏飞、张旭、李昕凝、尹胤、许容莹、陈晨、孙木菲、王绍田、王金光、孙爱君、王玉霞、房钰槟、葛畅、郁鑫、徐胜国、王宾、李明斌、赵胜、王磊。（2）数据录入组：左海英、张浩、赵善斌、谢菲、马巧智、姜闻、陈娜玲）。

的，其目标是"建立和维护适应社会主义市场经济的劳动制度"，签订劳动合同的目的是为了打破大锅饭、铁饭碗，提高劳动效率。而事实上，《劳动法》并没有得到很好的实施，在实践中用工单位不和劳动者签订劳动合同的现象很普遍，劳动法也没有什么强制措施。针对这种状况，对原有的劳动关系立法模式做出重大调整，旨在"完善劳动合同制度，明确劳动合同双方当事人的权利和义务，保护劳动者的合法权益，构建和发展和谐稳定的劳动关系"的《劳动合同法》，于2008年1月1日起正式施行。《劳动合同法》是我国经济在经历了高速发展，走向一个新的结构调整的阶段，而劳动力市场接近"刘易斯拐点"、劳动力无限供给向劳动力供给短缺的转型条件下出台的。它出台恰逢美元持续贬值、全球金融危机比较严峻、劳动力成本上升的背景，国内、国际的复杂背景使《劳动合同法》一出台就饱受争议。

我国劳动关系的现实状况是劳动力相对过剩，资本处于强势，劳动力处于弱势，劳动者与用人单位力量对比严重不平衡，实践中侵害劳动者合法权益的现象比较普遍（孙海芳，2007）。程多生（2005）、任鸿升（2007）等人从立法的宗旨出发，认为《劳动合同法》不是劳动标准法，也不同于《劳动法》。《劳动合同法》是规范劳动合同当事人双方权利义务的法律制度，其目的在于催生一个与市场经济发展要求相适应的、灵活的劳动用工制度，从法理的角度，将劳动者和用人单位置于一种平等、自由、协商的契约地位。郭惠敏、张艳香（2007）从权利优化配置的角度，对《劳动合同法》中相关权利的配置进行经济分析，以权利为媒介，从劳动合同的签订（包括试用期、合同期限）、履行和解除方面，进行成本与收益的分析，探讨权利的优化配置，认为《劳动合同法》对劳动合同中体现的资源权属的划分和权利的配置进行了调整，有利于保障劳动者的合法权益，促进劳动关系的和谐稳定。按照新制度经济学的观点，制度是经济主体或行动团体之间的一种利益安排；制度变迁则是指由于制度环境的变化导致经济主体或行动团体之间利益格局发生变化，通过相互博弈所达成的新制度安排。在现有的制度结构下，由于规模经济、外部性、风险和交易费用等制度环境发生变化，导致经济主体或行动团体之间利益格局或收入发生变化，在这种情况下，一旦行动团体预期的净收益超过预期的成本，一项制度安排就会被创新，即发生制度变迁（戴维斯、诺斯，1979）。林毅夫（1990）把制度变迁方式划分为诱致性变迁与强制性变迁两种。由于靠自发的诱致性制度变迁存在着较高昂的交易费用，且存在着"搭便车"问题，导致提供的新制度安排的供给大大少于最佳供给，因此，需要政府采取行动来弥补制度供给不足，从而产生强制性制度变迁。新《劳动合同法》是自上而下的一次强制性制度变迁。制度的本质是协调经济利益关系的规则，制度的功能是提供协调经济利益关系的机制，制度变迁的过程就是经济利益关系格局演变的过程。《劳动合同法》作为规范劳资关系的新制度，一开始就向劳动者倾斜，注定新制度下的劳资双方的利益的重新划分在某种意义上是零和博弈。因此，《劳动合同法》的实施必然是多方博弈均衡的结果。

《劳动合同法》的主要目标是稳定劳动关系和保护劳动者合法权益。根据《劳动合同法》第十四条第三款规定：连续订立二次固定期限劳动合同的，用人单位与劳动者协商一致，可以订立无固定期限劳动合同。因此，可以预期《劳动合同法》将稳定劳动关系。而劳动者的合法权益主要是指劳动者的经济利益，即工资收入。《劳动合同法》第八十五条责令用人单位有按相关标准支付劳动报酬、加班费或者经济补偿。因此可以预期，劳动制度的变迁，将提高劳动者的工资收入。此外，《劳动合同法》的准刚性，决定了凡是决定继续经营的企业将不得不在新的劳动制度约束下，重新塑造劳资关系，以获取最大利润。鉴于此，在新劳动法实施半年多之际，我们将从理论和经验两个方面分析和评估其实施效应：其一，理论分析《劳动合同法》的实施过程；其二，经验分析其实施效果，即探讨是否达到了预期目标：稳定的劳动关系、工资收入的变动和劳资关系的重塑。本文接下来如此安排：第二部分是《劳动合同法》所涉及劳动关系主体的理论分析；第三部分通过估计劳动者劳动供给的跨期弹性，以检验劳动关系的稳定性；第四部分通过工资收入计量模型与转换矩阵，检验劳动者工资收入的流动性；第五部分通过分析劳动者的培训变动情况，检验新《劳动合同法》下劳资关系的重塑；最后是结论与政策性建议。

二、《劳动合同法》实施的理论分析

《劳动合同法》的实施涉及合同双方——企业和劳动者，以及劳动合同的第三方——政府劳动行政部门，其中政府部门将充当监管和仲裁角色。由于《劳动合同法》向劳动者倾斜，作为"经济人"的企业，存在有逃避《劳动合同法》监管的机会主义行为，所以，新《劳动合同法》的实施是政府监管机构、企业和劳动者三方博弈均衡的结果。下面讨论纳什均衡过程和均衡条件。

（一）基本要素

1. 参与人。与《劳动合同法》实施相关的主要有三方参与人：第一，监管机构。劳动行政部门作为《劳动合同法》的监管机构，依法行使对企业《劳动合同法》实施情况进行监督检查、对违规行为进行处罚、保护劳动者合法权益等责任。第二，企业。广泛存在对劳动者的侵权行为，是《劳动合同法》的主要约束主体，对该法将采取遵守或规避行为。第三，劳动者。即《劳动合同法》的主要保护对象，其合法权益受到该法保护。三方具有不同的成本收益，进行非合作博弈。

2. 行动。监管机构：（执行有力，执行不力）；企业：（遵守，规避）；劳动者：（维权，不维权）。在企业与劳动者劳动关系存续的过程中，三方行动相互影响,不分先后,共同决定了《劳动合同法》的实施效果,形成静态博弈。

3. 信息。各参与方不能确定其他参与方的行动,但是,在所处具体环境中,可以确定其他各方的行动概率,即各方行动概率分布是共同知识,由此形成完全信息博弈。

(二) 模型假设

1. 变量定义。

(1) 监管机构。根据《劳动合同法》立法宗旨,严格实施该法将进一步完善我国的劳动合同制度;明确劳动合同双方当事人的权利和义务;保护劳动者的合法权益;构建和发展和谐稳定的劳动关系。此外,作为完善社会主义市场经济体制进程的一环,将有力促进后续阶段的制度完善。若《劳动合同法》得到执行,则国家和监管机构都得到上述收益,设为 A。若监管机构严格实施《劳动合同法》,则其执行成本为 B。若严格实施且检查出企业有规避行为,将根据情况获得罚没收入 F。

(2) 企业。与《劳动合同法》颁布之前相比,企业遵守该法引起的劳动力成本提高额设为 W,由于遵守该法而引致的企业形象提高收益设为 H。企业采取规避行为时,若行为失败,则要对劳动者进行补偿,劳动力成本依然为 W;若规避行为失败是由于监管机构严格监管所致,则可能支付罚款 F。

(3) 劳动者。与《劳动合同法》颁布之前相比,若该法得到执行,则劳动者获得提高收益 C。若劳动者积极利用《劳动合同法》维权,其维权成本分别是:当监管机构严格执行时,为 D_1,执行机构执行不力时,为 D_2;企业遵守该法时,为 D_3,企业采取规避行为时,为 D_4;其中,$D_1 < D_2$,$D_3 < D_4$。

(4) 假设监管机构执行有力的概率为 p_1,企业采取遵守行为的概率为 p_2,劳动者维权的概率为 p_3。

2. 得益矩阵。监管机构、企业、劳动者博弈的得益矩阵见图 1、图 2、图 3。

监管机构

企业	执行有力	执行不力
遵守	−W+H, A−B	−W+H, A
规避	−(W+F+H), A+F−B	−H, −A

图 1 企业与监管机构的博弈

企　业

劳动者	遵　守	规　避
维权	C−D_3, −W+H	C−D_4, −(W+H)
不维权	C, −W+H	0, −H

图 2 企业与劳动者的博弈

	监管机构	
	执行有力	执行不力
劳动者 维权	$C - D_1$, $A - B$	$C - D_2$, A
不维权	C, $A - B$	0, 0

图3 监管机构与劳动者的博弈

(三) 模型求解

1. 假定监管机构执行有力的概率为 p_1，则企业采取遵守行动的期望得益 u_{21} 和采取规避行动的期望得益 u_{22} 分别为：

$u_{21} = p_1 \times (-W + H) + (1 - p_1) \times (-W + H) = -W + H$

$u_{22} = p_1 \times [-(W + F + H)] + (1 - p_1) \times (-H) = -p_1 \times (W + F) - H$

当企业采取遵守行动和规避行动的期望得益相同时，即企业在博弈均衡时，得到执行机构有力执行的最优概率。

令 $u_{21} = u_{22}$

得：$p_1^* = 1 - \dfrac{2H + F}{W + F}$ \hfill (1)

2. 假定企业采取遵守行动的概率为 p_2，则监管机构执行有力的期望得益 u_{11} 和执行不力的期望得益 u_{12} 分别为：

$u_{11} = p_2 \times (A - B) + (1 - P_2) \times (A + F - B) = -p_2 F + (A + F - B)$

$u_{12} = p_2 \times A + (1 - p_2) \times (-A) = 2p_2 A - A$

当监管机构执行有力和执行不力的期望得益相同时，即执行机构在博弈均衡时，得到企业采取遵守行动的最优概率。

令 $u_{11} = u_{12}$

得：$p_2^* = 1 - \dfrac{B}{2A + F}$ \hfill (2)

3. 假定企业采取遵守行动的概率为 p_2，则劳动者维权的期望得益 u_{31} 和不维权的期望得益 u_{32} 分别为：

$u_{31} = p_2 \times (C - D_3) + (1 - p_2) \times (C - D_4) = p_2(D_4 - D_3) + (C - D_4)$

$u_{32} = p_2 \times C + (1 - p_2) \times 0 = p_2 C$

当劳动者维权与不维权的期望得益相同时，即劳动者在博弈均衡时，得到企业采取遵守行动的最优概率。

令 $u_{31} = u_{32}$

得：$p_2^* = 1 - \dfrac{D_4}{C - D_4 + D_3}$ \hfill (3)

4. 假定劳动者维权的概率为 p_3，则企业采取遵守行动的期望得益 u_{21} 和采取规避行动的期望得益 u_{22} 分别为：

$$u_{21} = p_3 \times (-W+H) + (1-p_3) \times (-W+H) = -W+H$$
$$u_{22} = p_3 \times [-(W+H)] + (1-p_3) \times (-H) = -p_3 W - H$$

当企业采取遵守行动和规避行动的期望得益相同时,即企业在博弈均衡时,得到劳动者维权的最优概率。

令 $u_{21} = u_{22}$

得:$p_3^* = 1 - \dfrac{2H}{W}$ （4）

5. 假定监管机构执行有力的概率为 p_1,则劳动者维权的期望得益 u_{31} 和不维权的期望得益 u_{32} 分别为:

$$u_{31} = p_1 \times (C - D_1) + (1-p_1) \times (C - D_2) = p_1(D_2 - D_1) + (C - D_2)$$
$$u_{32} = p_1 \times C + (1-p_1) \times 0 = p_1 C$$

当劳动者维权的期望得益和不维权的期望得益相同时,即劳动者在博弈均衡时,得到监管机构执行有力的最优概率。

令 $u_{31} = u_{32}$

得到:$p_1^* = 1 - \dfrac{D_1}{C - D_2 + D_1}$ （5）

6. 假定劳动者维权的概率为 p_3,则监管机构执行有力的期望得益 u_{11} 和执行不力的期望得益 u_{12} 分别为:

$$u_{11} = p_3 \times (A - B) + (1-p_3) \times (A - B) = A - B$$
$$u_{12} = p_3 \times A + (1-p_3) \times 0 = p_3 A$$

当监管机构执行有力的期望得益和执行不力的期望得益相同时,即监管机构在博弈均衡时,得到劳动者维权的最优概率。

令 $u_{11} = u_{12}$

得到:$p_3^* = 1 - \dfrac{B}{A}$ （6）

由此,得到监管机构、企业、劳动者三方博弈的混合策略纳什均衡为:

监管机构与企业的纳什均衡:$\left(p_1^* = 1 - \dfrac{2H+F}{W+F},\ p_2^* = 1 - \dfrac{B}{2A+F} \right)$

企业与劳动者的纳什均衡:$\left(p_2^* = 1 - \dfrac{B}{2A+F},\ p_3^* = 1 - \dfrac{2H}{W} \right)$

监管机构与劳动者的纳什均衡:$\left(p_1^* = 1 - \dfrac{D_1}{C - D_2 + D_1},\ p_3^* = 1 - \dfrac{B}{A} \right)$

(四) 理论结果

1. 由（1）式可以看出,当 $p_1 < p_1^*$,即 $p_1 < 1 - \dfrac{2H+F}{W+F}$ 时,监管机构执行有力的概率小于纳什均衡概率,企业选择规避行动。反之,则选择遵守。

由（4）式可以看出，当 $p_3 < p_3^*$，即 $p_3 < 1 - \dfrac{2H}{W}$ 时，劳动者维权的概率小于纳什均衡概率，企业选择规避行动。反之，则选择遵守。

假定 H 不变，W 越大，则 p_3^* 越大，劳动者维权的概率 p_3 高于较高的 p_3^* 时，或执行机构有力执行的概率 p_1 高于较高的 p_1^* 时，企业才会选择遵守行为。即在《劳动合同法》实施前后，劳动力成本提高数额越大的企业越倾向于不遵守《劳动合同法》。在现实中往往出现这样的情况，原本劳动合同健全、执行规范的企业更有遵守《劳动合同法》的动力，而原本劳动合同不健全、劳动关系不和谐的企业采取规避《劳动合同法》行动的动机更为强烈。从而导致规范者愈发规范，不规范者愈发不规范，这是对立法初衷的严重背离。假设 W 为既定，则 H 增大时，p_3^* 减小，当劳动者维权概率 p_3 低于较小的 p_3^* 时，或执行机构有力执行的概率 p_1 低于较小的 p_1^* 时，企业才敢采取规避行动。这表明，企业形象等无形资产较高的企业为维护既有成果，更倾向于遵守《劳动合同法》。

2. 由（2）式可以看出，当 $p_2 < p_2^*$，即 $p_2 < 1 - \dfrac{B}{2A+F}$ 时，企业遵守新劳动法的概率小于纳什均衡概率，监管机构选择执行有力。反之，则选择执行不力。由（6）式可见，当 $p_3 < p_3^*$，即 $p_3 < 1 - \dfrac{B}{A}$ 时，劳动者维权的概率小于纳什均衡概率，监管机构选择执行有力。反之，则选择执行不力。

假定 B、F 不变，则 A 越大，p_2^*、p_3^* 越大，监管机构执行有力的动机越强烈。假定 A、F 不变，B 越大，p_2^*、p_3^* 越小，监管机构执行有力的意愿越小。假定 A、B 不变，F 越大，执行有力的动机越强烈。这表明，那些注重长期发展目标的地方政府将推动执行机构的执行力度。在我国的制度建设中，《劳动合同法》颁布实施在社会上所引起的争议之强烈属于鲜见之列。在这个激烈讨论的过程中，中央政府始终明确表示坚决执行的态度，这是执行机构贯彻新劳动法的强劲推动力。

3. 由（3）式可得，当 $p_2 < p_2^*$，即 $p_2 < 1 - \dfrac{D_4}{C-D_4+D_3}$ 时，企业遵守的概率小于纳什均衡概率，劳动者选择维权。反之，选择不维权。由（5）式可得，当 $p_1 < p_1^*$，即 $p_1 < 1 - \dfrac{D_1}{C-D_2+D_1}$ 时，执行机构执行有力的概率小于纳什均衡概率，劳动者选择维权。反之，选择不维权。劳动者维权行为与 C、D_1、D_4、D_2-D_1、D_4-D_3 相关，其中与 D_1、D_4、D_2-D_1、D_4-D_3 成反方向变化，与 C 成正方向变化。也就是说，虽然权益被侵犯严重的劳动者有维权的动力，但是要受到维权成本的制约。比如，在现实中，文化素质较低的劳动者占被侵权主体的多数，仅仅是了解《劳动合同法》，对他们而言就要付出巨大的成本。此外，在当前劳资关系中企业处于强势地位、工会力量薄弱的背景下，劳动者为维权而与企业进行交涉的成本较高，即 D_2-D_1 较大；部分地方政府设置的劳动争议解决渠道不畅，甚至将牺牲劳

动者合法权益作为招商引资的优惠条件，使 $D_4 - D_3$ 较大。这些大大提高了劳动者的维权成本，弱化了《劳动合同法》的实施效果。

以上理论上分析了《劳动合同法》实施的均衡过程及均衡条件，下面将用经验数据从劳动的供给、劳动者的工资收入和劳资关系的重塑三个方面检验其是否达到了预定目标。

三、《劳动合同法》影响劳动力供给的实际效应分析

在中国劳动力市场接近"刘易斯拐点"、劳动力无限供给向劳动力供给短缺的转型的背景下，2008年1月1日起施行的《劳动合同法》，对原有的劳动关系立法模式做出重大调整，在明确劳动合同双方当事人的权利和义务的前提下，强调对劳动者合法权益的保护，这无疑会对中国劳动力市场转型产生深远的影响。但在目前国内对《劳动合同法》的经济研究中，尚无从微观经济的角度，特别是从劳动者利益角度，来实证分析对劳动力市场的影响，这导致许多研究的结论难免有失偏颇。

鉴于目前国内经济界在此研究领域仍存在着不足，我们采用内生劳动力供给的个体跨期最优模型，从微观经济学角度来分析《劳动合同法》的实施对劳动供给的影响。内生劳动力供给的跨期模型最先由卢卡斯（Lucas）等（1969）提出，其核心思想是：消费者在一定收入预算约束下，自主选择消费和休闲的比例，也就是当期消费与未来消费、当期休闲与未来休闲、当期消费与当期休闲之间的比例，从而实现其效用最大化。要理解消费者行为必须理解消费者如何进行跨期选择。消费者如何进行跨期选择不仅关系其效用最大化的实现，而且关系整个经济运行的态势。因为代表性消费者决定自己休闲水平的同时，也决定了自己的工作时间，从而也决定了全社会的劳动力供给。而劳动力跨期弹性就可以用来度量一个消费者，针对其收入的变化，改变其劳动供给的程度。对此，卢卡斯等做了相关检验，结果发现跨期替代对劳动供给有显著的影响。其他很多学者对该模型的有效性展开了研究，霍尔（Hall，1980）、朱翰（Juhn）等（1997）的研究提供了支持该模型的证据；赫克曼（Heckman，1993）也认为跨期替代是劳动供给实证研究中的核心，并提出了很多支持该模型的实证研究。相反，奥尔顿吉（Altonji，1982）和曼昆（Mankiw）等（1985）的研究则发现劳动供给的跨期替代效应很小。

（一）理论模型

1. 个体行为的假设。考虑一个无穷期界的开放经济，该经济由代表性消费者构成，该消费者在 t 时刻的效用来自于消费和休闲。消费者的决策行为可以归结为

在一定收入预算约束下,自主选择休闲和消费的比例,从而实现自己的效用最大化。代表性消费者的目标是最大化其一生贴现效用之和:

$$\underset{c,h}{\text{Max.}} \quad U = \sum_t \beta^t U(c_t, h_t, \phi_t) \tag{7}$$

$$\text{S. t.}: \quad A_{t+1} = (1 + r_t)A_t + w_t h_t - c_t \tag{8}$$

式(7)是代表性消费者的效用函数,其中 c 为消费,消费者的最大劳动时间正规化为 1,h 表示消费者提供的劳动,于是 1 - h 为他的休闲。ϕ_t 是包含能够影响消费者效用转移变量的消费者个体特征。β 为时间折现率。消费者的效用分别是消费 c、休闲 1 - h 的递增函数,但它们的边际效用是递减的。式(8)是约束条件,其中 A 表示消费者拥有的财富,r 与 w 分别表示财富的回报率和工资率。

2. 求解最优化问题。我们利用最优控制原理求解这个最优化问题。代表性消费者的目的是在式(8)的约束下最大化(7)式。于是可得最优化问题的一阶条件:

$$u_c(c_t, h_t, \phi_t) = \lambda_t \tag{9}$$

$$u_h(c_t, h_t, \phi_t) = -\lambda_t w_t \tag{10}$$

$$\lambda_t = \beta(1 + r_t) = \lambda_{t+1} \tag{11}$$

在一阶条件式(9)、(10)和(11)中,λ_t 是边际财富效用。整理一阶条件可得消费、工作时间的欧拉方程以及财富边际效用的运动方程。

$$c_t = c(w_t, \phi_t, \lambda_t) \tag{12}$$

$$h_t = h(w_t, \phi_t, \lambda_t) \tag{13}$$

$$\lambda_t = \lambda_{t+1} + o_t \tag{14}$$

在式(12)、(13)和(14)中,每一变量取自然对数形式,并且有 $o_t = \ln(\beta(1+r_t))$。利用等式(13)可得劳动力跨期弹性:

$$\eta_f = \frac{\partial h_t}{\partial w_t}\bigg|_\lambda = h_w = \frac{\partial h(w_t, \phi_t, \lambda_t)}{\partial w_t} \tag{15}$$

劳动力跨期弹性 η_f 表示,在保持当期财富边际效用 λ_t 不变的情况下,工资的边际变化所引起的工作时间的边际变化。虽然 η_f 可以通过在式(13)获得,但是因为式(13)包含不可观测的变量——财富边际效用 λ_t,所以无法直接通过式(13)获得其估计值。

采用麦克迪(MaCurdy, 1981)及布兰德尔和麦克迪(Blundell, MaCurdy, 1999)所提出的方法,将等式(14)变形得:

$$\lambda_t = \lambda_{t-1} - o_{t-1} + \xi_t = \lambda_0 - \sum_{j=1}^t o_{j-1} + \sum_{j=1}^t \xi_t$$

$$\approx \lambda_0 + bt + \sum_{j=1}^t \xi_t = B\Gamma + bt + \sum_{j=1}^t \xi_t \tag{14a}$$

在式(14a)中,ξ_t 是 λ_t 预测误差的矩,Γ 是决定 λ_0 值的变量向量,B 是其系数向量。为了方便计算,设 $b \approx \bar{o} = \ln(\beta(1+\bar{r}))$。将等式(14a)代入等式(13)中,得估计式:

$$h_t = h(w_t, \phi_t, t, \Gamma) \tag{16}$$

式（14a）显示代表性消费者的财富边际效用在 t（年龄）为零时为 λ_0，以后随着年龄的增长变为 λ_t。假设 λ_0 由不随时间而变化的固定效应 Γ 来决定，则如果能够找到合适的 Γ 就可以利用式（16）来估计 η_f。

3. 流动性约束问题。由于上述估计方法没有考虑流动性约束的问题，因此估计结果可能有偏。为了解决此问题，同时估计了其他两种劳动力跨期弹性，即马歇林弹性（Marshallian）和 M 弹性，这两种弹性可作为 η_f 的上、下界以矫正估计结果可能有偏的问题。

（1）马歇林弹性。马歇林弹性 η_e 是指在保持当期净支出不变的情况下，工资的边际变化所引起的工作时间的边际变化。首先，定义净支出（负储蓄） e_t 为：

$$e_t = c(w_t, \phi_t, \lambda_t) - w_t h(w_t, \phi_t, \lambda_t) = e(w_t, \phi_t, \lambda_t) \tag{17}$$

然后求解等式（17）得财富边际效用，将其代入等式（13）得：

$$h_t = h(w_t, \phi_t, \lambda_t) = h^e(w_t, \phi_t, e_t) \tag{18}$$

利用等式（18）可得马歇林弹性 η_e：

$$\eta_e = \left.\frac{\partial h_t}{\partial w_t}\right|_e = h_w^e = \frac{\partial h^e(w_t, \phi_t, e_t)}{\partial w_t} \tag{19}$$

马歇林弹性 η_e 与跨期弹性 η_f 之间的关系为：

$$h_w(w_t, \phi_t, \lambda_t) = h_w^e(w_t, \phi_t, e_t) + h_e^e(w_t, \phi_t, e_t) e_w(w_t, \phi_t, \lambda_t) \tag{20}$$

在式（20）中，h_w^e 和 e_w 分别为式（18）及式（17）对工资求导获得。

由于休闲是正常品，则 $h_e^e \leq 0$；储蓄随着收入的增加而增加，故 $e_w \leq 0$。因此，式（20）中等号右边第二项的符号为正，说明 $\eta_e \leq \eta_f$。所以 η_e 可作为 η_f 的下限。为了便于估计，在式（20）中加入控制变量 κ_t，则等式（20）变形为：

$$h = h^e(w_t, \phi_t, e_t, \kappa_t) \tag{21}$$

（2）M 弹性。M 弹性最早由 Browning（1999）提出，用于度量在保持当期消费不变的情况下，工资的边际变化所引起的工作时间的边际变化。M 弹性可通过求解消费的欧拉方程得到财富的边际效用，然后将其代入式（13）得：

$$h_t = h(w_t, \phi_t, \lambda_t) = h^c(w_t, \phi_t, c_t) \tag{22}$$

利用等式（22）可得 M 弹性 η_c：

$$\eta_c = \left.\frac{\partial h_t}{\partial w_t}\right|_c = h_w^c = \frac{\partial h^c(w_t, \phi_t, c_t)}{\partial w_t} \tag{23}$$

M 弹性 η_c 与跨期弹性 η_f 之间的关系为：

$$h_w(w_t, \phi_t, \lambda_t) = h_w^c(w_t, \phi_t, c_t) + h_c^c(w_t, \phi_t, c_t) c_w(w_t, \phi_t, \lambda_t) \tag{24}$$

在式（24）中，h_w^c 和 c_w 分别为式（22）及等式（12）对工资求导获得。从式（23）中可以看出：由于 M 弹性 η_c 不含未知变量 λ_t，故比跨期弹性 η_f 更容易估计。另外，由于不需要利用式（14）来求解未知变量 λ_t，η_c 在即使存在设定错误的情况下也比较稳健。

如果消费和休闲互为替代品并且均是正常品,则有 $h_c^c \leq 0$ 和 $c_w > 0$,因此,式(24)中等号右边第二项的符号为负,说明 $\eta_f \leq \eta_c$。所以 η_c 可作为 η_f 的上限。另外,如果效用函数中休闲和消费是可加可分的,则式(24)中等号右边第二项为零,故 $\eta_f = \eta_c$。为了便于估计,在式(24)中加入控制变量 κ_t,则式(20)变形为:

$$h = h^c(w_t, \phi_t, c_t, \kappa_t) \tag{25}$$

(二)经验分析

1. 数据的选取和说明。本文采用的是课题组"《劳动合同法》对劳动者影响调查问卷"2008(年)数据,该问卷调查数据包含了在《劳动合同法》实施前后,即2007年6月和2008年6月的劳动者相关信息,包括工作时间、收入、消费、支出等信息。该样本覆盖了山东省东部、中部、西部等地区的主要城市(济南、青岛、威海、烟台等)。在抽样时兼顾了不同大小和收入水平的城市(省会城市及非省会城市),样本中包含城市企业及乡镇企业劳动者。模型回归采用STATA9.0完成。

2. 模型回归结果。表1给出了新劳动法实施前针对总样本(包括男性及女性)模型1(式(16))、模型2(式(21))及模型3(式(25))的估计结果。估计结果显示,劳动力跨期弹性 η_f 的值是0.0086,马歇林弹性 η_e 的值是0.0037,M弹性 η_c 的值是0.0290。可以观察到 η_f 的值介于 η_e 和 η_c 的值之间,并且这三者之间差别不大,这反映了消费效应及费用效用均不是很显著,这与模型2与模型3的回归结果相吻合。表2给出了新劳动法实施后针对总样本的相应估计结果。估计结果显示,η_f 的值是0.0018,马歇林弹性的值是 $\eta_e = -0.0049$,M弹性 η_c 的值是0.0187。总的来说,在《劳动合同法》实施前后,劳动力跨期弹性都很小,这可能是受当前经济发展水平所限,劳动者收入仍然较低有关。

通过比较表4和表5的回归结果,可以发现劳动力的跨期弹性在《劳动合同法》实施后变小,这说明《劳动合同法》的实施在一定程度上达到了其立法的目的之一:抑制不正常的劳动合同短期化,通过法律的规范和引导来达到更多的中、长期及无固定期限劳动合同的适用目的,从而实现劳动关系的长期稳定,客观上引导劳动者在工作岗位上的期限适当延长,最终使劳动力供给趋于稳定。

那么,《劳动合同法》的实施对劳动力供给产生什么影响?从微观经济的角度来分析,《劳动合同法》实施后,用人单位必须与劳动者签订劳动合同,并为劳动者购买社会保险,导致劳动者职业稳定性增强,未来预期收入提高,从而导致劳动者购买力上升,即产生了正的收入效应。该收入效应会促使劳动者增加闲暇的消费,从而减少劳动供给。所以,从微观的角度来看,一个代表性劳动者的劳动力供给会减少。

从宏观经济的角度来分析,则会得出完全相反的结论。原因是,劳动者实际收入增加,导致劳动者购买力上升,购买力上升导致消费需求增长,消费需求增长会拉动经济增长，导致企业订单增加，劳动力需求增加，在有剩余劳动力的条件下，劳动总需求的增加会导致劳动力总供给的增加。所以，从宏观的角度来看，劳动力总供给会增加，有利于减少失业。

由表1及表2可以看到，在《劳动合同法》实施前，各模型中CPI的系数为正，且非常显著，这说明2007年的物价的快速上涨对消费者冲击较大，消费者不得不通过增加工作时间来应对物价的快速上涨；而在《劳动合同法》实施后，CPI的系数估计值变小，并且不显著，一方面是因为2008年物价上涨幅度降低，另一方面说明《劳动合同法》实施后所带来的实际收入增长，可以帮助消费者有效化解物价上涨对消费者的冲击。

表1　　　　　　　　总样本回归结果（《劳动合同法》实施前）

	模型1（式16）		模型2（式21）		模型3（式25）	
	系数	t值	系数	t值	系数	t值
工资对数	0.0086	1.83	0.0037	1.3	0.0290	1.52
年龄	-0.0006	-1.80	-0.0005	-1.69	-0.0005	-1.65
CPI对数	1.3475	1.69	1.4992	1.85	0.9717	1.16
学历	-0.0209	-5.32	-0.0210	-5.17	-0.0224	-5.16
婚姻状况	-0.0266	-2.36	-0.0285	-2.49	-0.0302	-2.52
单位所在地	0.0024	1.79	0.0019	1.42	0.0022	1.49
费用支出对数			0.0044	0.42		
消费对数					-0.0129	-1.16
常数	-0.9018	-0.24	-1.5947	-0.42	0.7895	0.2
R^2	0.77		0.68		0.53	
弹性	$\eta_f = 0.0086$		$\eta_e = 0.0037$		$\eta_c = 0.0290$	

表2　　　　　　　　总样本回归结果（《劳动合同法》实施后）

	模型1（式16）		模型2（式21）		模型3（式25）	
	系数	t值	系数	t值	系数	t值
工资对数	0.00183	2.17	-0.0049	-0.38	0.0187	1.97
年龄	0.00018	2.24	0.00016	2.2	0.0003	2.34
CPI对数	0.6233	0.90	0.4791	0.68	1.2179	1.54
学历	-0.0083	-2.09	-0.0088	-2.11	-0.0078	-1.7
婚姻状况	-0.0450	-3.89	-0.0474	-4.05	-0.0551	-4.34
单位所在地	0.0044	3.46	0.0042	3.25	0.0038	2.64
费用支出对数			0.0065	0.6		
消费对数					-0.0080	-0.74
常数	8.239627	2.56	7.5824	2.32	10.9525	2.99
R^2	0.53		0.78		0.48	
弹性	$\eta_f = 0.0018$		$\eta_e = -0.0049$		$\eta_c = 0.0187$	

表1及表2显示,在《劳动合同法》实施前,各模型中年龄的系数为负,但不非常显著,这说明不正常的劳动合同短期化,特别是司空见惯的一年一签劳动合同,导致用人单位随意解雇年龄较大的劳动者,导致随着年龄的增长,劳动力供给反而递减。在《劳动合同法》实施后,用人单位违约成本大幅上升,劳动者职业稳定性增强,劳动者敬业热情增长,导致随着年龄的增长,劳动力供给递增。

另外一个有趣的现象是,婚姻状况的系数为负,并且非常显著。这说明已婚或离婚等都会对劳动力供给有显著的负面影响。但新法实施后婚姻状况对劳动供给的负面影响增大。一个可能的解释是新法增强了劳动者的职业稳定性,使得已婚劳动者更愿意减少工作时间以便有更多的闲暇照顾家庭。

表3给出了《劳动合同法》实施前后男、女性样本分别的估计结果。通过比较可以发现,无论是在新法实施前后,男、女性之间的劳动力跨期弹性都有明显的差异,男性 η_f 的值为正,女性的为负,说明男性在工资增长时更愿意增加劳动力供给,而女性则相反。这可能与中国还是一个发展中国家,劳动力工资较低有关。也与当今的经济转型有关:在企业进行重大变革的时间,大批低技能的工人下岗,女性职工受到的冲击远大于男性。由于留在劳动力市场的女性技能较高,她们的工资也较高,因此在工资增长时并不愿意再增加劳动力供给。在新法实施前,男性 η_f 的值大于女性相应的值;在新法实施后,则相反。这说明《劳动合同法》较好地保护了女性劳动者的利益,使得女性劳动者能更好地根据自己的需要调整工作时间。

表3　　　　　　　　　　回归结果（男、女性样本对比）

	《劳动合同法》实施前（男性）	《劳动合同法》实施前（女性）	《劳动合同法》实施后（男性）	《劳动合同法》实施后（女性）
	系数（t值）	系数（t值）	系数（t值）	系数（t值）
工资对数	0.0214（1.73）	-0.0144（-0.78）	0.0066（1.52）	-0.0186（-0.91）
年龄	-0.0005（-0.59）	-0.0006（-0.45）	0.0005（0.53）	-0.0001（-0.10）
CPI对数	1.9684（2.15）	0.4289（0.30）	-0.2567（-0.29）	-1.0475（-0.97）
学历	-0.0273（-5.73）	-0.0122（-1.81）	-0.0156（-3.21）	0.0022（1.32）
婚姻状况	-0.0287（-2.23）	-0.0281（-2.36）	-0.0547（-4.1）	-0.0351（-2.67）
单位所在地	0.0023（1.45）	0.0014（0.62）	0.0050（3.31）	0.0024（1.12）
常数	-3.8506（-0.91）	3.5011（1.53）	6.5345（1.58）	10.3216（2.06）
R^2	0.78	0.56	0.71	0.49
弹性	$\eta_f = 0.0214$	$\eta_f = -0.0144$	$\eta_f = 0.0066$	$\eta_f = -0.0186$

（三）关于劳动力供给的判断

"刘易斯拐点"的到来,将使得企业过去所依赖的廉价劳动力不复存在。为了研究劳动者行为方式更深层次的规律,就需要考察影响劳动供给的重要参数,如劳动力跨期弹性。本文通过建立一个带有内生劳动力供给的个体跨期最优模型，考察了影响劳动力供给的重要参数，劳动力跨期弹性。模型的运行结果显示，《劳动合同法》实施后，劳动力跨期弹性变小。这表明，由于抑制合同短期化及强制用人单位缴纳社会保险等措施，新法的实施达到了其增强劳动者职业稳定性，稳定劳动力供给的目的。

虽然，在现阶段中国劳动力供给的跨期弹性较小，新法的实施在短期内并不能增加就业，甚至会减少就业。但从长远来看，随着市场机制的不断完善，经济中的不确定因素会逐渐减少，再加上养老保险等保险制度的建立，随着收入的稳步增加，中国劳动力的跨期弹性会越来越大，因此，从长期来看，新法的实施最终会促进就业。

每个在职劳动者根据自己的偏好进行劳动供给的决定，而最优的劳动供给决定每个劳动者的工资收入。不同劳动制度下，最优的劳动供给是不同的，从而决定工资收入也是各异的。因此，有必要对比分析劳动法变迁过程中的收入变动趋势。

四、《劳动合同法》影响劳动力工资收入的实际效应分析

长期以来，由于缺乏建立在微观基础上的收入或工资收入的固定观察点数据，我国学者基于静态或比较静态的方法研究收入不平等的问题：具体的方法是通过计算某一年或某段时间的不平等的指标，来测度并比较收入的不平等。静态的不平等指标往往会夸大不平等的程度，而基于长期的不平等的测度更能真实反映不平等及其变动。因此，相比之下，经济学家们更为重视不平等的动态分析，即分析收入流动性。最近几年，国内外对中国收入流动测度的文献逐渐增多。库尔（Khor）与彭卡维尔（Pencavel，2006）测度了1991~1995年间中国和美国城镇人口收入流动情况，得到的结论是中国城市居民收入流动更大。而国内的研究文献中，王海港（2005）利用CHNS数据分析了1989~1997年中国家庭的收入流动性，尹恒等（2006）测度了中国城镇个人收入的流动性，孙文凯等（2007）则测度了中国农村的收入流动性。

本部分将基于收入流动性的转换矩阵测度并检验：在《劳动合同法》的冲击下，劳动者的工资收入相对于实施前是否有显著的变化？数据来源于2008年课题组在山东省地市范围关于新劳动法对制造业企业劳动者的影响调查。此次调查采用随机抽样法对制造业企业的劳动者进行问卷调查。此次调查共发放问卷800份，回收有效问卷687份，有效回收率为85.9%。其中本部分的分析用到的有效问卷572份。关于《劳动合同法》的讨论是在2007年下半年开始的，为了避免企业和劳动者在得知《劳动合同法》即将颁布后形成预期，从而事先对自己的行为进行调整，导致无法获取劳动法变动前后对企业和劳动者的影响的真实信息。所以此次调查有

意识地把调查的时间段放在 2007 年 1 月~2007 年 6 月和 2008 年 1 月~2008 年 6 月。通过被调查者对两个时间段的收入等变量进行回忆的方法得到固定观察点数据。本文的数据都使用相应的价格指数进行了平减。研究的思路主要分为三步：首先，建立工资收入面板数据模型，进行工资收入因素分析；其次，建立工资收入的分位数回归模型，目的是检验不同收入群体的系数差异；最后，建立工资收入的转换矩阵，进行收入流动分析。下面首先说明测度收入流动性的转换矩阵方法。

收入流动本质上反映了机会均等的程度，对于总体和不同群体的收入流动的测度，仍主要采用被广泛接受的转换矩阵及基于其计算的统计量。转换矩阵基于以下思路：假若把同样的一群个体按照收入排序后按照某种方法进行分组，初期位于第 i 组的个体在末期有多大比例或概率进入第 j 组，这个比例或概率用 P_{ij} 表示。所有的这样的按照相应的位置进行排列的元素构成转换矩阵。若转换矩阵中各元素相等，则称此矩阵为充分流动矩阵，比如充分流动的五阶矩阵的各元素都为 0.2。一般情况下，转换矩阵的各元素的数值大小和分组方法有关。通常采用五等分或十等分的划分方法。但这种划分方法的缺点是：从该转换矩阵计算出来的反映流动性的指标很容易受样本分布的影响，比如某人的收入降低同样的量，在样本分布比较均等情况下，可能降到较低的组，若分布不均等，则可能仍然保留在原组或者反而上升到更高的组。所以很多情况下，采用聚类的方法进行分组：这种方法首先把收入进行排序，找出中位数，然后根据相应的比例构造各组的区间，凡是在相应区间内的某样本就进入某组。另外，为了剔除对收入的某些影响因素，还必须通过回归求残差的方法得到剩余的收入流动性，这样得到的转换矩阵可以用来描述未解释或偶然因素对流动性的影响。

转换矩阵只是对流动性的一个大致描述，它并不能直观反映出流动的程度，为此还必须基于转换矩阵计算相应的统计量，这样的统计量通常有四个：平均移动率、惯性率、亚惯性率和开方指数。以 5×5 转换矩阵为例，四个统计量的计算公式分别是：

平均移动率 $= \frac{1}{5} \sum_{j=1}^{5} \sum_{i=1}^{5} |j - i| P_{ij}$，它度量的是加权的平均移动的概率。

惯性率 $= \frac{1}{5} \sum_{j=1}^{5} P_{jj}$，它度量期末位置不变的人所占的比例。

亚惯性率 $= \frac{1}{5} \sum_{i=1}^{5} \sum_{j=i-1}^{i+1} P_{ij}$，它度量的是收入或消费的位置不变或升降一层的比例。

开方指数度量收入转换矩阵与充分流动矩阵的距离：$\chi^2 = \sum_{i=1}^{5} \sum_{j=1}^{5} \frac{(P_{ij} - 0.2)^2}{0.2}$。

充分流动的五阶矩阵的四个统计量的数值分别为 1.60、0.20、0.52 和 0，因此以充分流动的转换矩阵作为基准，可以比较不同转换矩阵的相对流动性。平均移动率越大,收入或消费的流动性越大,反之越小;惯性率、亚惯性率和开方指数越小表示流动性越大。

以下通过构建面板数据模型与分位数回归模型,估计不同因素对收入影响以及对不同群体的影响程度的差别。

(一) 面板数据模型与分位数回归模型

1. 有关变量的说明。

表 4　　　　　　　　　　　变量说明

变量类型	变量名称	变量说明
时变变量	年龄	被调查者的年龄
	年龄平方	被调查者年龄的平方
	工作经验	在现企业工作的年限
	月保健支出	被调查者平均每月的保健支出(元)
	月保健时间	被调查者平均每月的保健时间(小时)
	本地	本地=1,异地=0
非时变变量	教育	初中=9年、高中(中专)=12年、大专=14年,本科以上=16年以上
	工作更换次数	入职现企业之前工作更换次数已定,所以属于非时变量
	2008年	2007年=0,2008年=1
	男性	男性=1,女性=0
	沿海地区	被调查者所在企业地处山东沿海=1,内地=0

2. 工资收入面板数据模型。

$$Y_{it} = X_i\beta + Z_i\theta + \alpha_i + \varepsilon_{it}, \; i=1,2,\cdots,N, \; t=1,2,\cdots,T \quad (26)$$

在模型(26)中,i 和 t 分别代表不同的个体及不同的时期。Y_{it} 是工资收入的对数。X_i 是包括年龄、年龄平方、工作经验等时变变量在内的 $1 \times K$ 向量。Z_i 包括性别、教育等非时变变量在内的 $1 \times G$ 向量。β 和 θ 是参数向量。α_i 是个体特定的非时变误差,并且服从 $N(0, \sigma_\alpha^2)$ 的独立同分布。ε_{it} 是满足经典假设的误差项,并且服从 $N(0, \sigma_\varepsilon^2)$ 的独立同分布。ε_{it} 与 X、Z 两个自变量及 α_i 的效应(个体效应)均不相关。但是 α_i 的效应可能与 X、Z 两个自变量部分相关。合并所有的 NT 观测值,模型(26)可以改写为:

$$Y = X\beta + Z\theta + V\alpha + \varepsilon \quad (27)$$

在模型(27)中,Y、ε 均为 $NT \times 1$ 的向量,X 是 $NT \times K$ 的矩阵,Z 是 $NT \times G$ 的矩阵,V 是 $NT \times N$ 的个体特定虚拟变量的矩阵。回归结果见表5。

从表5可以看出,Hausman 检验的 p 值 = 0.0000,应该选择固定效应模型。

从固定效应模型参数估计结果来看,年龄变量对工资收入对数有显著的正的影响,年龄平方对收入有显著的负影响,说明工资收入与年龄存在非线性关系。工作经验和工作更换次数对收入的影响都不显著。关于健康人力资本的两个变量——月保健支出和月保健时间均对收入有显著的正的影响。2008 年变量显著且都为正,说明相对于 2007 年,被调查者 2008 年的工资收入确实有显著增加。

表 5　　　　　　　　　　　收入模型估计结果

变量	FE	RE
常数	5.224*** (0.6608)	5.724*** (0.1982)
年龄	0.114*** (0.0321)	0.026** (0.0125)
年龄的平方	-0.002*** (0.0004)	-0.0002 (0.0002)
教育程度	—	0.071*** (0.0076)
工作经验	0.021 (0.0667)	0.004 (0.0032)
工作更换次数	0.0001 (0.0001)	-0.00004 (0.0001)
2008 年	0.108*** (0.0233)	0.1198*** (0.0115)
本地	—	-0.089 (0.0497)
男性	—	0.140*** (0.0333)
沿海地区	—	0.011 (0.0480)
月保健支出	0.0002** (0.0001)	0.0003*** (0.00005)
月保健时间	0.0002 (0.0004)	0.0008** (0.0003)
Hausman 检验	—	$\chi^2(7)=129.07$ p 值 = 0.0000

注:不在括号内的数值是变量的系数估计值,括号内的数值为标准误差。*** 表示在 1% 显著水平下显著,** 表示在 5% 显著水平下显著,* 表示在 10% 显著水平下显著。

3. 工资收入分位数回归模型。

$$Y_{q_{it}} = X_{q_{it}}\beta + Z_{q_i}\theta + \alpha_{q_i} + \varepsilon_{q_{it}}, \ i = 1, 2, \cdots, N, \ t = 1, 2, \cdots, T \qquad (28)$$

模型(28)表示的是一组分位数回归的方程组,q、i 和 t 分别代表个体所处分位数、不同的个体及不同的时期。取 q = 0.25、0.50、0.75 和 0.95,分别代表中低、中、中高和高收入人群。$Y_{q_{it}}$ 是收入的对数。$X_{q_{it}}$ 是包括年龄、年龄平方、工作经验等时变变量在内的 $1 \times K$ 向量。Z_{q_i} 是包括性别、教育等非时变变量在内的 $1 \times G$ 向量。β 和 θ 是参数向量。α_{q_i} 是个体特定的非时变误差,并且服从 $N(0, \sigma_\alpha^2)$ 的独立同分布。$\varepsilon_{q_{it}}$ 是满足经典假设的误差项,并且服从 $N(0, \sigma_\varepsilon^2)$ 的独立同分布。$\varepsilon_{q_{it}}$ 与 X、Z 两个自变量及 α_{q_i} 的效应(个体效应)均不相关。但是 α_{q_i} 的效应可能与 X、Z 两个自变量部分相关。合并所有的 NT 观测值,模型(28)可以改写为:

$$Y_q = X_q \beta_q + Z_q \theta_q + V_q \alpha_q + \varepsilon_q \tag{29}$$

在模型(29)中,Y_q、ε_q 均为 $NT \times 1$ 的向量,X_q 是 $NT \times K$ 的矩阵,Z_q 是 $NT \times G$ 的矩阵,V_q 是 $NT \times N$ 的个体特定虚拟变量的矩阵。变量系数估计结果见表6。

表6　　　　　　　　收入分位数回归模型的变量系数估计结果

变量	0.25	0.50	0.75	0.95
常数	6.128*** (0.1328)	5.799*** (0.1702)	6.134*** (0.2130)	6.973*** (0.3349)
年龄	-0.006 (0.0086)	0.0147 (0.0110)	0.006 (0.0135)	0.032** (0.0160)
年龄的平方	0.0002* (0.0001)	-0.00008 (0.0001)	0.0002 (0.0002)	-0.0007** (0.0002)
教育程度	0.061*** (0.0044)	0.069*** (0.0061)	0.066*** (0.0083)	0.078*** (0.0148)
工作经验	-0.021 (0.0667)	0.00001 (0.0026)	0.006* (0.0031)	0.012** (0.0058)
工作更换次数	-0.002*** (0.0003)	-0.002*** (0.0004)	-0.002*** (0.0004)	-0.0004 (0.0006)
2008年	0.0128*** (0.0029)	0.001*** (0.0357)	0.040*** (0.0040)	0.123** (0.0591)
本地	-0.081** (0.2926)	-0.039 (0.0391)	-0.050 (0.0541)	0.012 (0.0885)
男性	0.159*** (0.0213)	0.159*** (0.0264)	0.141*** (0.0338)	0.157*** (0.0561)
沿海地区	-0.023 (0.0282)	-0.004 (0.0379)	0.0056 (0.0516)	0.054 (0.0937)
月保健支出	0.0002* (0.0001)	0.0003** (0.0001)	0.0004** (0.0002)	0.0009*** (0.0003)
月保健时间	0.002*** (0.0003)	0.002*** (0.0004)	0.002*** (0.0006)	0.0019** (0.0007)
Pseudo R^2	0.1381	0.1926	0.2229	0.2431

注:不在括号内的数值是变量的系数估计值,括号内的数值为标准误差。*** 表示在1%显著水平下显著,** 表示在5%显著水平下显著,* 表示在10%显著水平下显著。

从表6可以看出，年龄以及年龄的平方除高收入组外，在其他各组并不显著，说明年龄变量对高收入的人群有显著的正的影响；但年龄的平方系数为负、显著，说明年龄即使对高收入群体也是非线性影响。教育程度对不同的人群都有显著、正的影响，其中高收入人群受教育程度的影响最大，为0.078。工作经验对于中低收入人群没有显著的影响，而对于中高和高收入人群则有显著的正的影响。工作更换次数对于中低、中、中高人群有显著的负影响，说明流动越快，收入越有可能下降。而工作更换次数对高收入人群没有显著的影响。

2008年变量系数为正且显著，说明相对于2007年，各组群体在2008年的收入情况都有所改善。而健康人力资本因素——月保健支出与月保健时间均对各组个体的收入有显著的正的影响，说明健康人力资本对收入的影响日益重要。在影响收入的其他几个变量中，在相同的情况下，男性相对于女性的收入要多；而是否来自本地、企业所处地区对个体也有不同的影响。值得关注的是对高收入群体而言，企业所处山东内地还是沿海，并没有显著的差异。

结合表5、表6可以看出，除我们以上讨论的各因素对收入不同方向、不同程度的影响外，所涉及的所有的模型的2008年变量均为正且显著，说明相对于2007年，被调查个体确实在2008年的收入有显著的变化。对于个体的收入变化情况，以下我们将利用收入的转换矩阵进行定量说明。

（二）收入流动性分析

1. 收入不平等的变动情况。表7是两个时间段的工资收入不平等的统计表，图4是工资收入在两个时间段的洛仑兹曲线。

从表7可以看出，在工资收入五等分组中，前20%的样本群体中，在2007年上半年工资收入的份额占9.89%，而到了2008年上半年则上升到10.2%。第二组收入份额上升了1.53%。而处于最高位置的一组中，收入份额则下降了1.7%。而从基尼系数可以看出，收入的基尼系数2007年是0.283，而2008年则下降为0.268。

表7　　　　　　　　　　　　收入不平等统计　　　　　　　　　　单位：%

分位数	2007年1~6月	
	收入份额	收入份额
1	9.89	10.2
2	11.57	13.1
3	17.2	16.6
4	21.5	22.0
5	39.8	38.2
基尼系数	0.283	0.268

图 4 工资收入的洛仑兹曲线

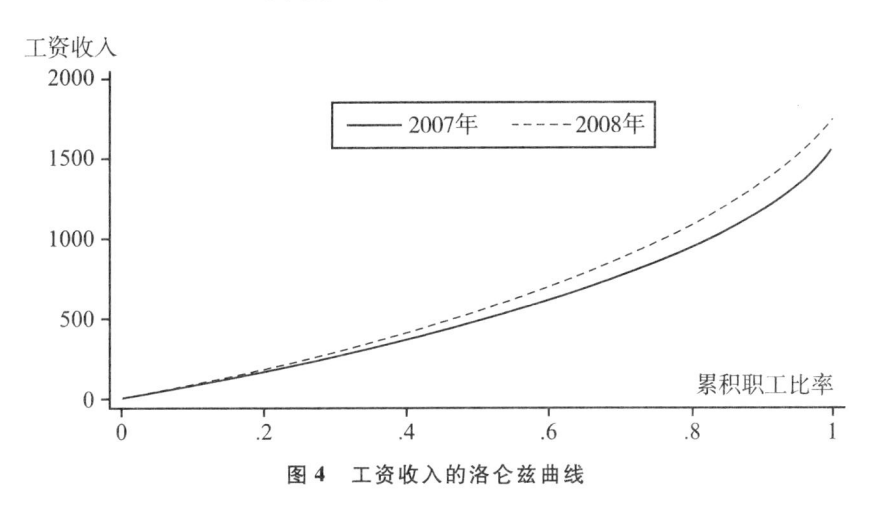

而从图 4 工资收入的洛仑兹曲线也可以得出相同的结论，图中实线是 2007 年的收入的洛仑兹曲线，虚线则是 2008 年的洛仑兹曲线。

由此可见，实施《劳动合同法》后，被调查者的工资收入的分配更加公平。而分配更趋公平是工资收入流动的结果。

2. 对工资收入流动的测度。收入转换矩阵的构建基于以下思路：首先剔除工资收入中 0.5% 的过高和过低的数据，这样剩下的有效样本为 572 个；其次，考虑到样本不是很大以及由此带来的分布的非均等性，本文不采用等分法划分组别，而是采用五阶聚类的方法进行分组；另外导致收入流动的因素很多，比如年龄、教育背景、工作经历等都会影响收入的流动。为了反映出《劳动合同法》对工资收入流动的影响，在构造收入流动的转换矩阵时，在初期（2007 年 1~6 月）和末期（2008 年 1~6 月）各估计了一个标准的对数工资收入方程，其中回归的解释变量为年龄、年龄的平方、教育年限、性别等。考虑到山东沿海和内地的区别，还引入企业所在地区的虚拟变量。这样可以大致认为估计后的残值还原到水平值之后的值是由于制度变迁导致的。因此初期估计后的残值收入可看作 1995 年《劳动法》可以解释的部分（简称旧法收入），末期的残值收入可看作是《劳动合同法》可以解释的部分（简称新法收入）。据此，构建劳动制度变迁解释的工资收入的转换矩阵。

表 8　　　　　　　　　　工资收入转换矩阵

2007~2008 年制造业劳动者工资收入转换矩阵						
2007 年 1~6 月的平均位置		2008 年 1~6 月的平均位置				
		1	2	3	4	5
	1	0.828	0.161	0.011	0.000	0.000
	2	0.166	0.639	0.099	0.019	0.078
	3	0.006	0.200	0.591	0.190	0.013
	4	0.000	0.000	0.223	0.585	0.192
	5	0.000	0.000	0.076	0.207	0.718

从收入转换矩阵可以看出，在 2007 年旧法收入处于第一组，一年后仍处于第一组的有 82.8%，而 16.1%、1.1% 则分别上升到第二、三组。这说明处于第一组的共有 17.2% 的劳动者工资收入受到新劳动法的影响，其中 1.1% 的受到的影响较大。而旧法收入处于最高层的，一年后下降到第四层的有 20.7%，下降到第三层的有 7.6%。其他各层没有受到《劳动合同法》的影响、而维持在原位置的分别为 63.9%、59.1% 和 58.5%。

3. 不同人群的收入流动的指标统计与结构分析。上述分析是新劳动法背景下的收入流动总体指标计算及分析，但不同的人群之间的收入流动性也存在差异。为此，我们将分别按性别、教育年限、年龄、劳动者来自地区和企业所在地进行分组并计算各个人群组之间的转换矩阵，然后基于各组的转换矩阵计算出相应的统计量，并进行流动的结构分析。

（1）不同人群收入流动的指标。从表 9 可以看出，不同人群之间的收入流动还是有差异的。从性别来看，男性的收入流动要高于女性的流动。男性的收入平均移动率高出女性的 1.4%，其他三个指标也表明男性收入的流动性大于女性的收入流动性。

表 9　　　　　　　　　　　不同人群收入的指标统计

	总体	样本数	平均移动率	惯性率	亚惯性率	开方指数
		572	0.386	0.672	0.940	7.908
性别	男性	326	0.323	0.728	0.950	9.276
	女性	246	0.319	0.731	0.950	9.427
教育	初中	102	0.284	0.725	0.991	10.02
	高中、中专	247	0.375	0.609	0.852	9.35
	大专	122	0.298	0.635	0.908	9.500
	本科以上	101	0.273	0.703	0.969	9.610
年龄	青年	508	0.375	0.678	0.955	8.356
	中年	64	0.205	0.814	0.982	12.42
来自地区	来自本地	484	0.315	0.730	0.960	9.389
	来自异地	88	0.380	0.693	0.868	8.596
所在地区	山东沿海	105	0.487	0.604	0.928	6.323
	山东内地	467	0.404	0.630	0.966	7.309

从受教育的程度来看，学历相对较低的初中、高中（中专）的收入流动性比学历较高的人群（专科和本科以上）要高，初中、高中（中专）、大专和本科的收入的平均移动率分别为 0.284%、37.5%、29.8% 和 27.3%。其中高中（中专）的平均移动率最大，本科以上的高学历的平均移动率最小。这说明新劳动法对中、低学历的劳动者的影响要显著大于学历较高的群体。

从年龄结构上来看，青年人的收入平均移动率要高于中年人 17%，其他三个统计量都分别低于中年人。这说明，青年人的收入流动性要大于中年人。

从企业劳动者来自地区来看。本地人的收入平均移动率要低于非本地人6.5%，其他三个统计量都高于非本地人群。说明本地人的收入流动性要低于异地人的收入流动性，新劳动法对本地人的收入的影响要小于对于异地人收入的影响。

最后再看企业所在地。样本统计表明，沿海的收入平均转移率要高出内地8.3%，惯性率、亚惯性率和开方指数，内地比沿海分别高出2.6%，3.8%和0.986，说明内地的收入流动要比沿海低。

（2）收入流动的结构分析。从表10可以看出，总体上，在实施《劳动合同法》之前，旧法收入排在最低层次的占15%，而最高层次的占18%。实施《劳动合同法》后，新法收入在最低层次的占6%，最高层次的则上升到25%。维持在原水平的有61%，而上升的37%，下降的2%。接下来再从性别、年龄、教育程度等进行分组，判断不同群体的收入流动的结构变动情况。

表10　　　　　　　　　　收入流动的结构分析

		起初位置		位置流动			期末位置	
		低收入组	高收入组	维持	上升	下降	低收入组	高收入组
总体		0.15	0.18	0.61	0.37	0.02	0.06	0.25
性别	男性	0.15	0.17	0.63	0.36	0.01	0.08	0.24
	女性	0.10	0.15	0.63	0.35	0.02	0.08	0.18
教育	初中	0.11	0.07	0.51	0.48	0.01	0.02	0.16
	高中	0.06	0.16	0.58	0.40	0.02	0.03	0.19
	专科	0.20	0.16	0.69	0.28	0.03	0.13	0.17
	本科	0.16	0.09	0.73	0.26	0.01	0.12	0.16
年龄	青年	0.17	0.14	0.60	0.37	0.03	0.07	0.18
	中年	0.33	0.17	0.75	0.25	0.00	0.27	0.22
来自地区	本地	0.14	0.16	0.63	0.35	0.02	0.07	0.21
	异地	0.19	0.20	0.56	0.41	0.03	0.05	0.26
所在地区	内地	0.16	0.20	0.66	0.32	0.02	0.07	0.23
	沿海	0.23	0.09	0.50	0.47	0.03	0.09	0.15

从性别上看。收入方面，起初处于最低层次的男性比女性多5%，而期末二者都下降为8%。处于最高层次的起初男性比女性高2%，而期末则上升到6%。其中维持在原水平的男性女性都为63%，男性比女性上升的多1%，下降的则少1%。可见《劳动合同》对男性女性的收入都有所改善，但男性无论在《劳动法》还是《劳动合同》中都比女性要处于有利的位置。

从教育程度来看。收入方面，教育程度越高，维持在原收入位置的比例就越高。其中初中学历、高中（中专）、大专和本科以上分别为51%、58%、69%和

73%。而学历越低，上升的比例越高。初中学历、高中（中专）、大专和本科以上分别上升48%、40%、28%和26%。

从年龄结构来看，收入方面，中年比青年要高出15%维持在原位置，而青年比中年要高出12%升到更高的位置。而3%的青年则下降到较低的位置，中年人没有人下降。

从本地、异地来看，本地人比外地人以更高的比例维持在原位置，大概高出7%，而异地人比本地人高出6个百分点上升到更高的位置，下降的比例本地人和异地人差不多，本地要比异地少下降1%。

从企业位置来看，收入方面，内地比沿海更多人维持在原位置，要高出16%；而沿海比内地要高出16%上升到更高位置，多出1%下降到更低位置。

由以上分析可以看出，由《劳动法》向《劳动合同法》变迁的过程中，劳动者的工资收入确实显著增加，说明《劳动合同法》在保护劳动者合法权益方面确实有很大的改善。

五、《劳动合同法》下的劳资关系的重塑

《劳动合同法》是强制性制度变迁，它的实施尽管是三方博弈的结果，但企业的博弈无疑是应对性的博弈。《劳动合同法》的准刚性，以及劳动者维权意识的日益增强，决定了凡是决定继续经营的企业将不得不在新的劳动制度下，将重新审视劳资关系。而对于劳动者，由于新劳动法使其与企业建立了更稳定的劳动关系，他们也愿意为企业的生存和发展做出更大的努力。因此，企业和劳动者都将致力于建立二者之间新型的劳资关系。

根据新古典的劳动要素需求法则，工资率等于劳动的边际产品价值。既然《劳动合同法》提高了工资率，企业要实现利润最大化，只能提高劳动的边际产品价值。所以，在《劳动合同法》下，企业必须提高劳动者的生产效率。而提高劳动者生产效率，必须加强培训，提高劳动者的技能。根据《劳动合同法》第十四条第三款规定：连续订立二次固定期限劳动合同的，用人单位与劳动者协商一致，可以订立无固定期限劳动合同。因此，企业在与劳动者签订第一次固定期限合同时，必然非常谨慎。一旦遇劳动者签订第一次固定期限合同，接下来的一个问题就是劳动者的技能培训。而培训的对象肯定是值得企业长期投资的劳动者，企业一定会选择有潜力的劳动者进行培训。因此，可以预测，短期内，企业的劳动者培训人数与培训时间很可能会下降；但长期内，特别是对签订了无固定期限合同的劳动者，培训将不断加强。而经验数据给出的结论和预期是一致的（见表11）。

从表11可以看出，在2007年1~6月，在572个有效样本中，接受期限不等的培训的人数为218人，占整个有效样本的38.11%，人均培训时间为81.1个小

时。而 2008 年 1~6 月，在 572 个有效样本中，接受培训的人数下降到 150 人，平均培训时间也下降为 69.9 个小时。

表 11　　　　　　　　《劳动合同法》实施前后培训统计

	接受培训人数	占样本比率	平均培训时间
2007 年 1~6 月	218	38.11%	81.1
2008 年 1~6 月	150	26.22%	66.9

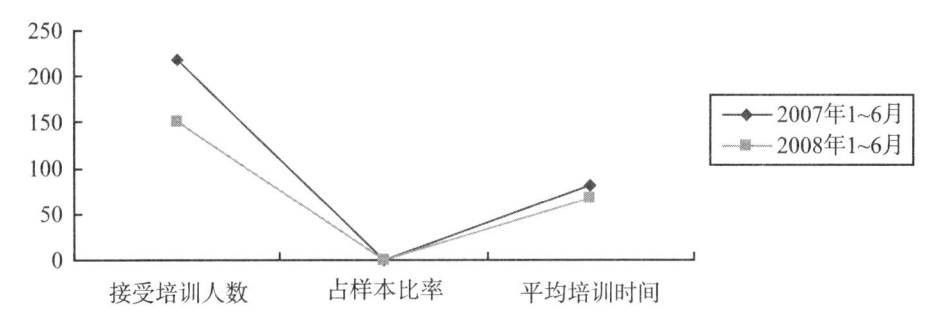

图 5　《劳动合同法》实施前后培训情况

与此同时，由于《劳动合同法》下，劳动者与企业稳定的劳资关系，决定了二者相对《劳动法》下更密切的关系。因此，《劳动合同法》下，企业可能对劳动者的业余活动比如兼职等给予必要的限制。在调查中发现，有 21.86% 的劳动者的企业对其兼职进行了限制。

总之，在《劳动合同法》下，企业与劳动者都将对二者之间的劳资关系进行重新塑造，以实现双赢的新型劳资关系。

六、结论与政策性建议

由理论分析可以看出，《劳动合同法》的实施是多方博弈的结果，但企业在博弈中大多数情况下处于被动。而经验分析发现，《劳动合同法》基本上达到了预期的目标：劳动关系趋向稳定，劳动者的工资收入有显著的提高，新型的劳资关系将得以建立。在调查中也发现，劳动者的维权意识明显增强。但目前，劳动者维权成本较高、力量薄弱；而企业很可能出现"马太效应"，规范者愈发规范，而不规范者愈发不规范。要实现《劳动合同法》的预期效果，尚需付出较大努力。

第一，在实施初期阶段，仍然需要政府发挥主导作用。一是提高执行机构的执行力度（高于纳什均衡概率），对严重违规企业形成有效压力；二是加强对企业执行《劳动合同法》情况的宣传力度，树立正面典型，同时对违规企业给予坚决披露，通过舆论力量使企业重视执行《劳动合同法》；三是注重劳动行政部门组织建设，理顺监察理念，切实维护劳动力市场的运行秩序。

第二，培育壮大劳动者阶层，促进企业观念更新，逐渐实现劳资合约的自我实施。首先，完善《劳动合同法》的实施细节，通过多种形式加强宣传。以此增强劳动者维权意识和能力，消除企业对《劳动合同法》的误解、转变管理理念。其次，完善集体谈判程序，充分发挥工会的作用。通过增强集体谈判力量，有效维护劳动者权益。

同时，《劳动合同法》确实提高了企业的成本，今后国家如何实施配套政策帮助企业成功转型将是一个新的重要课题。

参考文献

1. Lucas R. E., Rapping L., Real wages, employment, and inflation [J], Journal of Political Economy, 1969 (77), 721 – 754.

2. Hall Robert E., Labor supply and aggregate fluctuations [R], Carnegie Rochester Conference Series on Public Policy, 1980 (1): 7 – 331.

3. Juhn C., Murphy K., Wage inequality and family labor supply [J], Journal of Labor Economics, 1997 (15), 72 – 97.

4. Heckman James J., What has been learned about labor supply in the past twenty years [J], American Economic Review, 1993 (83): 116 – 1211.

5. Altonji Joseph G., The intertemporal substitution model of labor market fluctuations: An empirical analysis [J], Review of Economic Studies, 1982 (49): 783 – 824.

6. Mankiw N. G., Rottenberg J., Summers L., Intertemporal substitution in macroeconomics [J], Quarterly Journal of Economics, 1985 (100), 225 – 252.

7. MaCurdy T. E., An empirical model of labor supply in a life – cycle setting [J], Journal of Political Economy, 1981 (89), 1059 – 1085.

8. Blundell, Richard and Thomas MaCurdy, Labor Supply: A Review of Alternative Approaches [M], Handbook of Labor Economics, 1999 (3), 1559 ~ 1695.

9. Browning, Martin, Modeling Commodity Demands and Labor Supply with M-Demands, Discussion Papers: 99 – 08, Institute of Economics, University of Copenhagen, 1999.

10. Greene W. H., Econometric analysis [M], Third Edition, Prentice-Hall, Upper Saddle River, NJ. 1997.

11. Khor, Niny and John Pencavel, 2005, "Income Mobility of Individuals in China and The UnitedStates", Department of Economics, Stanford University, unpublished paper, October.

12. Urvashi Dhawan-Biswal, 2002, "Consumption and Income Inequality: The Case of Atlantic Canada from 1969 – 1996", Canadian Public Policy, Vol. 28, No. 4, December, pp. 513 – 537.

13. 蔡昉：《中国人口与劳动问题报告 No. 8：刘易斯转折点及其政策挑战》，社会科学文献出版社 2007 年版。

14. 程多生：《〈劳动合同法〉的立法宗旨必须坚持维护劳动合同当事人双方的合法权益》，

载《中国劳动》2005年第12期。

15. 郭慧敏、张艳香：《劳动合同法的经济分析》，载《湖南师范大学社会科学学报》2007年第5期。

16. 科斯等：《财产权利与制度变迁——产权学派与新制度学派译文集》，上海三联书店1996年版。

17. 林毅夫：《关于制度变迁的经济学理论：诱致性变迁与强制性变迁》，载科斯等：《财产权利与制度变迁》，上海三联书店1996年版。

18. 任鸿升：《试析我国劳动合同法的劳动者维权功能》，载《中国劳动关系学院学报》2007年第2期。

19. 孙海芳：《浅析我国新劳动合同法》，载《集团经济研究》2007年第8期。

20. 孙文凯、路江涌、白重恩：《中国农村收入流动分析》，载《经济研究》2007年第8期。

21. 王海港：《中国居民家庭的收入变动及其对长期不平等的影响》，载《经济研究》2005年第1期。

22. 尹恒、李实、邓曲恒：《中国城镇个人收入流动性研究》，载《经济研究》2006年第10期。

山西非国有企业劳资关系问题调查研究

*杨俊青　卫　斌　夏晓莎等**

摘　要：我国改革开放30年的巨大成就之一就是非国有企业的迅速崛起。现非国有企业已成为我国社会主义市场经济的重要微观基础，是我国农村实现工业化、城市化的主要推进性组织。然而，在非国有企业迅速发展的同时，出现了业主克扣劳动者工资、对劳动者进行体罚、无限制延长劳动时间等问题。震动全球的"黑砖窑"事件就是其多年积累的劳资关系问题的凸显。劳资关系的不和谐直接影响非国有企业劳动者积极性的发挥、劳动生产率的提高，影响我国农村工业化、城市化的实现。山西非国有企业劳资关系的现状与问题究竟如何？本文通过设计调查问卷，深入到山西的非国有企业（个体、私营企业）进行调查，撰写了此调查研究报告。

关键词：非国有企业　劳资关系　调查研究报告

一、山西非国有企业劳资关系调查说明

为了准确了解山西非国有企业劳资关系的实际情况，本课题研究组依据劳资关系的基本理论设计了《山西非国有企业劳资关系调查问卷》。《山西非国有企业劳资关系调查问卷》共含有70个题目，近300个选项。涵盖了影响劳资关系的主要方面，基本概括了构建和谐劳资关系的影响因素。

山西非国有企业劳资关系调查历时3个月，在山西省全省范围内共发放调查问卷700份，回收612份，有效问卷472份，有效率77.1%。我们采用Epidata软件对数据进行了科学的分类和采集，并对关键数据进行了统计分析。

---

* 杨俊青，山西财经大学工商管理学院，教授；E-mail: yangqingda@sohu.com。参加本部分调研的还有山西财经大学工商管理学院2006级企业管理专业硕士生：卫斌、夏晓莎、霍丽娟、汪萍萍。

本研究是杨俊青同志为课题负责人的国家软科学研究课题："我国非国有企业人力资源管理战略与二元经济结构转化"（课题编号：2007GXS3D076）的阶段性研究成果。

二、山西非国有企业劳资关系的调查与分析

（一）关于工作时间与加班问题的调查分析

1. 每天工作时间长短。被调查人员每天的工作时间实行 8 小时工作制的为全部调查人员的 47.2%，工作时间在 8 至 12 小时的为全部调查人员的 26.5%，8 小时以下的占 19.5%，5.08% 的人工作在 12 小时以上（见表 1）。

表 1　　　　　　　　　　　　每天的工作时间

	8 小时以下	8 小时	8~12 小时	12 小时以上
人数	92	243	31	24
比例（%）	19.5	47.2	26.5	5.08

2. 每周可休息的天数。被调查人员每周可休息的时间为一天的占全部调查人员的 58.9%，时间为两天的占全部调查人员的 18.6%，两天以上的占 6.7%，而没有休息的达到全部调查人员的 14.8%。累计每周休息时间少于两天的共有 73.7%（见表 2）。

表 2　　　　　　　　　　　　每周可休息的天数

	没有休息	一天	两天	两天以上
人数	70	69	89	31
比例（%）	14.8	58.9	18.6	6.7

3. 是否愿意加班。被调查人员中仅有 35.6% 的员工表示愿意加班，60.2% 的被调查人员表示不愿意加班。见表 3。

表 3　　　　　　　　　　　　是否愿意加班

	是	否
人数	168	284
比例（%）	35.6	60.2

4. 加班有无报酬。被调查人员加班没有报酬的比例为全部调查人员的 41.6%。加班有报酬的比例为全部调查人员的 58.4%。其中月加班收入在 200 元以下的占全部调查人数的 25.4%，加班收入在 200~500 元的占 23.7%，加班收入在 500~

1000 元的占 5.9%，加班收入在 1000 元以上的仅占 3.4%（见表 4）。

表 4		加班有无报酬		单位：%
加班有无报酬	有	58.4	加班收入 200 元以下	25.4
			加班收入 200～500 元	23.7
			加班收入 500～1000 元	5.9
			加班收入 1000 元以上	3.4
	没有	41.6		

5. 加班时间。被调查人员加班时间为平常延长工作时间的占全部调查人数的 58.1%，加班时间为休息日的占 25.64%，加班时间为法定休假日的占 6.57%，而没有被要求加班的比例仅为 9.69%（见表 5）。

表 5	加班时间			
	平常延长工作时间	休息日	法定休假日	没有加班
人数	275	121	31	45
比例（%）	58.1	25.64	6.57	9.69

从表 1 到表 5 的调查数据我们不难看出，目前山西非国有企业的员工大多数处于超负荷工作状态，31.58% 的被调查人员日劳动时间大于 8 小时，其中 5.08% 的被调查人员工作日时间为 12 小时以上；70% 以上的被调查人员每周休息一天或无休息；近半数的被调查人员加班无法取得相应的报酬。

可见，目前山西的非国有企业普遍存在超时劳动问题，企业所有者往往以这种手段压低单位时间工资即小时工资。员工大多数被强迫加班，而且加班时间为平常延长工作时间的比例居多，加班报酬也极低，加班时间与员工的劳动付出和工资报酬的不对等也造成员工的普遍不满，导致劳资双方的潜在冲突。

（二）关于住宿和生产环境的调查分析

1. 所在企业是否安排宿舍。67.80% 的被调查人员所在企业不提供员工宿舍，32.20% 的被调查人员所在企业提供员工宿舍。在提供职工宿舍的企业，88.89% 的人员对宿舍条件能够接受（见表 6）。

表 6		是否安排宿舍		单位：%
是否安排宿舍	提供宿舍	32.20	宿舍条件好	30.56
			宿舍条件一般	58.33
			宿舍条件较差	11.11
			宿舍条件差	0
	不提供宿舍	67.80		

2. 所在企业工作环境是否存在突发性安全隐患。19.28%的被调查人员表示所在企业存在突发性安全隐患，9.32%的被调查人员不清楚（见表7）。

表7　　　　　　　　　企业工作环境是否存在突发性安全隐患

	是	否	不清楚
人数	91	337	44
比例（%）	19.28	71.4	9.32

3. 所在企业工作环境是否存在慢性隐患。工作环境存在慢性隐患问题的调查结果排序是：有强烈的噪音（21.4%）、温度过高或过低（19.8%）、有大量粉尘（16.31%）、有有害气体（9.75%）、光线不充足（9.53%）、其他（5.93%）。其中，噪音、温度、粉尘是工作环境存在慢性隐患的主要问题，三者总计占工作环境慢性隐患问题的一半以上（见表8）。

表8　　　　　　　　　　　工作环境的慢性隐患问题

选项	光线不充足	有大量粉尘	有有害气体	温度过高或过低	有强烈噪音	有易燃易爆品	有其他危害
人数	45	77	46	91	101	16	28
比例（%）	9.53	16.31	9.75	19.28	21.4	3.39	5.93

可见，山西非国有企业目前将近70%都不给职工提供住宿，19.28%的企业存在突发性安全隐患问题；80%以上的非国有企业都不同程度的存在慢性人身安全隐患。企业给职工不提供宿舍，工作环境不好，主要原因在于企业从节约成本考虑而缩减这部分支出所致。这种以损害员工身体为代价实现自己利润最大化的行为是不能持久的。但它也可能是企业进行原始积累的一种一般阶段，但我们的目的是要尽量避免对人身体的损害，现实条件下，实现员工身心健康与企业利润的共赢并不是无事可做，而在于做与不做。

（三）关于工伤事故处理的调查与分析

1. 关于工伤事故出现的原因。工伤事故出现的原因中，意外因素导致的占30.08%，企业原因导致的占13.35%，劳动者安全意识不强导致的占10.81%。剔除非可控因素，工伤事故产生的主要原因是企业的安全管理不到位和员工安全意识薄弱所致。对调查问卷关联数据进行分析发现，这两个指标又分别与工作环境是否存在安全隐患、员工劳动时间长短、对员工是否进行了安全培训及培训频率成正相关。即工作中存在安全隐患、延长劳动时间和很少对员工进行相关方面的培训是工伤事故产生的主要原因（见表9）。

表 9　　　　　　　　　　　　　工伤事故出现的原因

	劳动者安全生产意识不强	企业的安全生产工作没有做好	意外因素	操作失误	其他	不清楚
人数	51	63	142	21	23	180
比例（%）	10.81	13.35	30.08	4.45	4.87	38.14

2. 员工对企业处理工伤事故的满意度。调查显示，25.21%的被调查人员对企业处理工伤事故不满意，27.97%的被调查人员对企业处理工伤事故的态度不清楚或不愿意说。据了解，一些企业在处理工伤事故时，存在态度恶劣、歧视员工的状况（见表10）。

表 10　　　　　　　　　　　员工对企业处理工伤事故的满意度

	满意	不满意	不清楚或不愿说
人数	221	119	132
比例（%）	46.82	25.21	27.97

（四）关于非法用工情况的调查与分析

1. 企业是否存在非法用工行为。调查显示：山西84.96%的非国有企业不存在诸如将员工骗到所在企业进行劳动的非法用工问题，但13.56%的非法用工行为也值得警惕与处理（见表11）。

表 11　　　　　　　　　　　　企业是否存在非法用工行为

	是	否	不清楚
人数	64	401	7
比例（%）	13.56	84.96	1.48

2. 企业是否存在打骂、侮辱职工行为。调查显示：12.71%的被调查人员认为所在企业存在打骂、侮辱职工的行为，经常性发生此类事件的企业占被调查者的3.39%（见表12）。

表 12　　　　　　　　企业是否存在打骂、侮辱职工行为　　　　　　　单位：%

企业是否存在打骂、侮辱职工行为	存在	12.71	经常性	3.39
			偶尔	5.08
			有重大错误时	3.39
			说不好	0.85
	不存在	85.59		
	不清楚	1.69		

3. 企业是否存在雇佣童工的现象。调查数据显示，山西 90% 以上的非国有企业不存在使用童工的问题。

对存在非法用工企业的被调查人员进行具体情况分析，非法用工包括使用童工主要集中在各地区小型的煤炭、建筑等资源开采或重体力劳动企业（见表13）。

表13　　　　　　　　　　　企业是否存在雇佣童工的现象　　　　　　　　　　　单位：%

企业是否存在雇佣童工的现象	存在	0.78
	不存在	94.98
	不清楚	1.69

4. 企业是否存在强迫劳动的现象。由调查得知，山西 82.61% 的非国有企业不存在强迫劳动的现象，17.39% 的非国有企业以扣留证件、延发工资等形式相要挟，强迫员工为自己企业劳动（见表14）。

表14　　　　　　　　　　　企业是否存在强迫劳动的现象　　　　　　　　　　　单位：%

企业是否存在强迫劳动的现象	存在	17.39	表现形式扣留证件	2.61
			表现形式延发工资	8.70
			表现形式其他	6.09
	不存在	82.61		

5. 在企业工作是否有人身自由。由调查数据得知，山西非国有企业的 85.81% 给予了员工人身自由，还有 14.19% 的非国有企业中员工缺乏人身自由（见表15）。

表15　　　　　　　　　　　　所在企业是否有人身自由

选项	有	没有
人数	405	67
比例（%）	85.81	14.19

6. 企业出现劳资纠纷后解决的方式。山西非国有企业在对待劳资纠纷处理上，协商解决和按照制度处理的占被调查人数的 73.73%，总体表现较好；但仍有 4.87% 的被调查者认为本企业存在对雇员的辱骂和殴打行为；1.69% 的非国有企业选择了简单的不问青红皂白的直接开除方式（见表16）。

表16　　　　　　　　　　　企业出现劳动纠纷解决的方式

	协商解决	按制度处理	扣减工资	辱骂殴打	直接开除	其他	不清楚或不愿说
人数	178	170	53	23	8	4	68
比例（%）	37.71	36.02	11.23	4.87	1.69	0.85	14.41

可见，在山西的非国有企业非法用工方面，企业违法用工行为较少。但行业之间、地域之间存在较大差异，主要表现在：（1）政府劳动管制的二元性，即城市和村镇管制之间的差异性。中国目前的二元经济结构，决定了政府更多地把人力、资金以及技术投入到城市建设、城镇居民的保障体系与对城镇非国有企业劳动用工的监管方面；而对农村受雇人员、边远地区的企业的监管相对薄弱，从而在这些地区和企业存在相对较高的非法用工情况。（2）山西非国有企业所有者受到自身素质和认识水平的局限，无法认识到本身行为对职工权益的侵害性，经营上存在经济短视行为。（3）员工出于生存需要，加之本身文化水平和技能不具备劳动竞争优势，就业面狭窄，只能被动接受这种劳资双方雇佣行为中的不对等因素。

（五）关于劳动合同的调查与分析

1. 是否签订了劳动合同。被调查人员中仅有53.39%被调查人员在受雇劳动时与雇主签订了劳动合同，46.61%的被调查人员没有与雇主签订劳动合同（见表17）。

表17　　　　　　　　　　　是否签订了劳动合同

	是	否
人数	252	220
比例（%）	53.39	46.61

2. 企业拟定的劳动合同是否合理。被调查人员在发生雇用行为时与雇主签订劳动合同，并认为签订的劳动合同是合理的比例仅为全部调查人员的15.25%。没有签订劳动合同或者虽然签订劳动合同但认为合同不合理或大部分不合理的员工占全部调查人数的56.98%（见表18）。

表18　　　　　　　　企业拟定的劳动合同是否合理　　　　　　　　单位：%

您所在的企业是否签订了劳动合同与其合理性	是	53.59	认为合同内容合理	15.25
			认为合同内容大部分合理	27.97
			认为合同内容大部分不合理	5.93
			认为合同内容不合理	4.44
	否	46.61		

3. 是否签订试用期合同以及是否给予转正。被调查人员签订试用期合同人数占全部调查人数的28.47%，签订试用期合同并有机会转正人数占全部调查人数的24.61%。未签订劳动合同和未签订试用期劳动合同人数占被调查人数的比例高达71.73%（见表19）。

表19　是否签订试用期合同以及是否给予转正　单位：%

您所在的企业是否签订了劳动合同与试用合同	是	53.59	签订试用合同	28.47	有机会转正	24.61
					没有机会转正	3.86
			未签订过试用合同			25.12
	否	46.61				

4. 关于试用期的时间。雇主为了获得更多利润，往往延长试用期时间。山西非国有企业在用工方面的试用期时间见表20。

表20　试用期的时间

试用期	1个月	3个月	6个月	6个月以上	不清楚
人数	131	145	44	23	129
比例（%）	27.75	30.72	9.32	4.87	27.34

5. 试用期是否扣压证件。在我们的现实中，由于雇主有意延长试用期时间，导致雇员在试用期内离开企业，雇主为了拴住员工往往扣押员工证件。山西非国有企业试用期扣押员工证件的情况见表21。

表21　试用期证件扣押及扣押类型　单位：%

企业是否扣押您的证件	是	8.47	扣身份证	2.54
			扣学历证	3.39
			扣技术证书	1.69
			扣其他证件	0.85
	否	91.53		

从表18到表21，我们可以看出，关于签订劳动合同在非国有企业的执行情况仍存在较大问题：接近一半的被调查者在受雇劳动时并未签订劳动合同，试用期扣押雇员证件的情况仍然存在。

截至2007年底前，这种情况产生的原因有以下几方面：

（1）缺乏配套的劳动立法。《劳动法》是调整劳动关系的基本法律，但由于过于原则，在一些基本问题上均未做出统一规定，这说明与《劳动法》配套的重要的法律法规《劳动合同法》实施非常必要。

（2）由于人力、资金等方面的局限性，导致在劳动合同的签订以及相关方面的监督力度不足，在劳动管理上还存在缺位现象。

（3）大多数非国有企业为劳动密集型企业，主要雇用对象为文化水平较低，技术差的劳动力，就业培训和替换成本都很低，就业竞争较大，劳动力市场的不完善更难以形成劳资双方的权利平等。

(4) 员工本身的法律意识尚有待提高。大多数员工对相关的法律法规了解程度不足，缺乏自身的保护意识，没有认识到也没有能力捍卫自身的合法权益。

(5) 大多数非国有企业雇主都把雇员工资、奖金等只看作成本，没有使用工资的激励职能。

(六) 关于工会问题的调查与分析

1. 企业中是否有工会存在。被调查的人员所在企业仅30.93%建立了工会，60.38%的被调查人员表示所在企业不存在工会，8.69%的人员不清楚是否存在工会（见表22）。

表22　　　　　　　　　　　企业中是否有工会存在

企业中是否有工会存在	是	否	不清楚
人数	146	285	41
比例（%）	30.93	60.38	8.69

2. 存在工会的企业中工会发挥的主要作用。调查显示，企业拥有工会的被调查者的41.66%表示工会虽然存在，但根本不起作用或者作用不明显，34.93%的被调查者认为工会存在仅是为了组织文娱活动（见表23）。

表23　　　　　　　　存在工会的企业中工会发挥的主要作用

工会作用	维护职工权益	帮助经营者管理职工	组织文娱活动	帮助企业发展生产	根本不起作用	作用不明显
人数	45	20	51	21	32	28
在存在工会企业中所占比例（%）	30.82	13.7	34.93	14.38	22.22	19.44

3. 工会成员如何产生。从工会成员产生方式上看，员工选举占30.14%，领导任命和上级安排占58.22%，不清楚选举方式占11.64%（见表24）。

表24　　　　　　　　　　　工会成员如何产生

工会成员如何产生	职工推选	领导任命	上级安排	不清楚
人数	44	56	29	17
在存在工会的企业中比例（%）	30.14	38.36	19.86	11.64

通过上述数据分析表明，目前山西大多数的非国有企业尚未成立工会组织，成立的工会组织实际发挥作用也较小，所在企业拥有工会的被调查者的近70%以上

认为工会在实际工作中没有维护职工的利益。另外，在工会领导的选举方面，领导任命和上级安排仍占半数以上的比例，工会在政府、工会和企业的三方协调中没有发挥应有的作用。

这种情况产生的原因有以下方面：（1）劳资双方在力量对比上，资方是处于核心地位的。山西的非国有企业大多属于劳动密集型企业，人力成本变动对利润的变动影响巨大，加之雇主缺乏民主意识和对工会的正确认识，在劳资博弈的过程中，企业所有者一般会最大程度减少工会对企业的影响；（2）长期计划经济制度下所形成的工会体制极不利于新形势下工会作用的发挥。根据调查数据，半数以上的工会成员是由公司领导和上级任命，并与企业签订劳动合同、由企业支付工资，这一制度安排导致工会倾向于向上负责，很难在实际工作中维护员工的权益。

（七）企业对员工关心度的调查与分析

1. 企业对您是否关心与关心的方式。调查结果显示，认为企业关心员工的占到被调查人员的63.6%，33.1%的被调查人员认为所在企业对自己并不关心（见表25）。

表25　　　　　企业对您是否关心及关心体贴的方式　　　　　单位：%

企业对您是否关心	是	63.6	帮助解决个人困难	2.54
			慰问	3.39
			经常沟通了解	11.69
			家访	9.3
			表扬工作成果	4.43
			升职或加薪	32.25
	否	33.1		

2. 企业是否进行家访，家访的频率。从调查可看出，山西非国有企业的近90%对员工都没有进行过家访（见表26）。

表26　　　　　企业是否进行家访及家访的频率　　　　　单位：%

企业是否进行家访	是	9.3	半年一次	29.63
			一年一次	25.92
			不定期	44.44
	否	87.3		

3. 企业是否与你进行沟通及沟通频率。从调查数据看，55.1%的被调查人员认为企业与员工之间进行沟通，40.7%的被调查人员认为企业与员工之间并没有进

行沟通。沟通频率分析结果如表27所示，沟通不足仍是企业存在的问题之一。

表27　　　　　　　　　企业是否进行沟通及沟通的频率　　　　　　　　单位：%

企业是否进行沟通	是	55.1	一月一次	23.29
			半年一次	12.33
			一年一次	9.59
			不定期	54.79
	否	40.7		

4. 工作中的后顾之忧。接近90%的被调查人员表示自身在工作中存在后顾之忧，有半数以上被调查人员表示自身存在多种后顾之忧。非国有企业的员工对于孩子上学、赡养老人、土地耕作、身体健康、购买房产等敏感问题普遍存在较大的担忧，这些问题严重困扰和束缚着企业员工积极性的发挥和与企业的关系。具体情况见表28。

表28　　　　　　　　　　　工作中的后顾之忧　　　　　　　　　　单位：%

工作有何后顾之忧	孩子上学	70.33
	赡养老人	40.57
	土地耕作	32.64
	身体健康	66.7
	购买房产	70.55

5. 关于对员工培训的调查与分析。调查数据显示，有68.64%的企业进行相关培训，有31.6%的企业不进行任何培训。同时，仍有37.29%的企业在培训过程中收取保证金，收取的保证金基本能够得到退还。见表29、表30。

表29　　　　　　　　　　　培训以及培训周期　　　　　　　　　　单位：%

您所在的企业是否对员工进行培训	是	68.64	半年一次	11.02
			一年一次	5.08
			不定期	76.54
	否	31.6		

表30　　　　　　　　　培训时是否收取保证金及退还情况　　　　　　　单位：%

企业是否收取保证金	是	37.29	能退还保证金	84.09
			不退还保证金	15.91
	否	62.71		

从表29和表30可看出，仍有1/3的企业雇主在员工上岗前不给员工进行任何

培训，员工整体的培训程度依然偏低。雇主出于人力成本和人员流动性的考虑，放弃对雇员进行相关培训工作，或者为了防止人员流动采取收取保证金的形式。导致员工工作中不熟悉所做工作、出错率高、安全系数降低。

6. 员工对劳资冲突解决方式的行为选择。面对企业和员工之间发生的纠纷，有22.64%的被调查人员表示会选择忍气吞声，44.34%的被调查人员表示选择离开企业另谋他处，14.15%的被调查人员表示选择到工会投诉，只有21.70%的被调查人员表示会到劳动仲裁部门请求援助。这可能与大多数员工法律知识少、法制观念淡薄有关。具体情况见表31。

表31　　　　　　　　员工处理劳资纠纷的行为选择　　　　　　　　单位：%

您处理纠纷的行为方式	忍气吞声	22.64
	离开企业另谋他处	44.34
	到工会投诉	14.15
	依法请求劳动仲裁或上诉	21.70
	采取极端行动报复	0

7. 关于员工对《劳动合同法》等相关法律法规了解程度的分析。在关于《劳动合同法》等相关法律法规了解程度的调查中，仅有18.86%的被调查人员表示对《劳动合同法》等相关法律法规了解。不了解人员占受调查人员的15.25%，65.89%的人员表示知道一点。从学历方面分析，学历的高低与对《劳动合同法》等相关法规了解程度成正相关。高学历雇工对《劳动合同法》等相关法律法规的了解程度要普遍高于低学历雇工对《劳动合同法》等相关法律法规的了解（见表32）。

表32　　　　　雇员对《劳动合同法》等相关法律法规了解程度

选项	不了解	知道一点	了解
人数	72	311	89
比例（%）	15.25	65.89	18.86

上述数据显示，84.75%的员工对基本的劳动法规都有所了解，但绝大多数仍处于"知道一点"的认识区间。被调查人员半数以上表示得不到全面了解相关法律法规的途径。

产生这种情况的原因主要有：

（1）员工，尤其是低学历员工的法律维权意识不足。大部分员工来自农村或者小城镇，文化水平总体偏低，劳动时间偏长，加之缺乏全面了解的途径，只能从媒体零散地得到部分相关信息。

（2）被调查人员表示由于对相关法律法规的实际解决问题的有效性存在置疑，因此对《劳动合同法》等相关法律法规重视程度不足。部分被调查人员明确表示由于劳动争议案件的取证困难、周期长,并不能有效保护自身的劳动权益。

8. 员工与企业的关系。在调查中,有 73.7% 的被调查人员表示热爱自己现在拥有的工作,也就是说大部分员工都愿意在现在的工作岗位上继续工作下去,但在这样的状态之下,员工与企业的关系却不是十分融洽。这说明企业在改善与员工的关系方面还有大量的工作要做(见表33)。

表 33　　　　　　　　　调查者与企业的关系　　　　　　　　　单位:%

被调查者与企业的关系	十分融洽	2.5
	一般	44.1
	不合	53.4
	敌对	0

(八)员工工资、福利与保险的调查与分析

1. 关于员工收入的调查与分析。在对被调查人员每月的平均收入水平的调查中,月收入在 550 元以下的占 9.96%,在 550~1500 元的占 53.6%,在 1500~3000 元的占 24.6%,在 3000~5000 元的占 7.42%,月收入在 5000 元以上的占 3.62%。从中可以看出,山西非国有企业员工收入的 53.6% 主要集中在 550~1500 元之间且收入级差明显,高级雇员和低级雇工之间收入水平相差悬殊(见表34)。

表 34　　　　　　　　　员工每月的平均收入水平

月收入(元)	550 以下	550~1500	1500~3000	3000~5000	5000 以上
人数	47	253	116	35	17
比例(%)	9.96	53.6	24.6	7.42	3.62

相对员工较长的劳动时间、较大的劳动强度以及存在安全问题的工作环境而言,山西非国有企业体力劳动者的收入甚至不能维持其劳动力的简单再生产。收入少、生活水平低、对工资收入不满意是导致劳资双方冲突的主要原因之一。从调查结果来看,大多数员工仍处于低薪酬状态,9.96% 的员工甚至没有达到国家最低工资的标准水平(截至 2007 年底)。

员工与企业在经济利益上的不一致是导致劳资冲突的根源所在。在现有收入水平下,企业的目标是利润最大化,而员工的目标是工资福利的最大化。企业追求最大化利润目标有利于提高效率和不断创新,并最终实现"国民财富"的最大化,效率和创新是实现企业、劳动者与社会共赢的最好途径。

但山西的非国有企业现阶段还主要是通过减少职工报酬(企业仅仅把劳动报酬看作成本,而没有把其看作激励劳动者积极性的杠杆)、在劳动条件差的环境中,以成本的最小化来获得企业利润的最大化。在现阶段非国有企业由于所有者素

质、管理理念以及企业技术条件等多方面的原因,更愿意采取后者来获得企业利润的最大化,从而导致企业主和员工之间甚至企业与社会间利益的直接冲突。

2. 关于工资结构的分析。工资结构是否科学合理直接影响员工积极性与企业效率,山西非国有企业工资结构见表35。

表35　　　　　　　　　　　　工资结构

选项	固定工资	小时工资	计件工资	底薪加提成	底薪加提成加年底分红	年薪	其他
人数	159	21	32	112	88	24	35
比例（%）	33.69	4.45	6.78	23.73	18.64	4.29	7.42

表35显示,目前山西非国有企业薪酬结构十分简单,尚不规范。表现在:

(1) 薪酬水平与结构确定并没有建立在科学的工作分析与岗位评价基础上,而是建立在凭老板的主观印象与判断基础上。导致薪酬水平与结构的确定没有很好反映员工的劳动贡献,既保障不了劳动者劳动力的简单再生产,也起不到激励劳动者积极性的作用。

(2) 奖金发放也没有体现奖金是超额劳动报酬的本质。在现行的年终奖中包括年终考核奖和年终特别奖。年终考核奖是根据员工年终评定的结果进行计算和发放的,表面上看这种奖金是直接跟员工的业绩进行了挂钩,但实际上这种所谓的员工年终评定极不规范,缺乏客观的依据和科学的方法,并且仅仅流于形式并没有真正地进行操作,年终考核奖金的发放依据基本还是总经理的主观判断。而年终特别奖更是总经理根据自己的主观判断对某些员工进行特别的奖励,同样缺乏客观的依据。因此,上述两种奖金都没有体现奖金是超额劳动报酬的本质,违背了薪酬激励中多劳多得的原则,导致员工积极性下降。

(3) 非国有企业对员工薪酬计量方法陈旧。用一句话来概括,就是大多数企业使用的是与绩效考核无关的薪等制方法。所谓薪等,就是指薪酬的等级。非国有企业在其薪酬管理上,一般也根据员工所处的工作岗位、教育背景、工作经验、工作年限等因素,把所有员工划分为不同的等级,薪酬的计量就以此等级作为主要依据。但是相比之下,目前非国有企业普遍缺乏与员工薪酬计量直接相关的绩效考核,即使某些企业已经开始了这项工作,也往往成为"走过场"。

3. 关于福利状况的调查与分析。调查数据表明,大部分企业已经开始注重给员工提供福利以激励员工积极性,但福利支持还远远不能满足员工需求。被调查人员只有13.04%表示企业员工福利很到位,感到满意。员工福利水平整体偏低,且企业之间差距巨大,高福利水平集中在非劳动密集型的高利润企业,而绝大部分员工仍处于没有或者非常少的福利状况（见表36）。

表36　　　　　　　　　企业是否给职工提供福利待遇　　　　　　　　　单位：%

企业是否为职工提供福利待遇，如兴建公共福利设施等	提供，很到位	13.04	表现形式定期休假	33.90
			表现形式各种补贴	25.42
			表现形式疗养	6.78
	提供，但很少	52.17	表现形式季节性福利	21.19
			表现形式其他福利	5.08
			表现形式不清楚	29.66
	没有	34.79		

注：其中被调查者认为福利表现形式单一的占被调查者的50%，认为本企业福利形式表现为多项的（两项以及两项以上）占被调查者的15.22%。

4. 关于保险问题的调查与分析。通过调查问卷分析，52.73%的被调查人员所在企业为员工提供保险，47.27%的被调查人员所在企业不为员工提供保险。根据调查结果得出被调查者所在企业为员工提供三险（养老保险、生育保险、工伤保险）人数占被调查人员的51%，提供医疗保险占被调查人员的47%，提供失业保险占被调查者的28%，提供五险（养老保险、生育保险、工伤保险、医疗保险、失业保险）占被调查人员的24%。

从上述数据可看出，近半数的被调查人员所在企业没有为员工提供保险。五险全部为员工投保的企业不足1/4。在员工保险方面，性质不同的企业存在较大差异：大企业的投保明显高于中小企业，外企的投保明显高于民营企业，效益好的非国有企业投保明显高于效益差的非国有企业。

目前，我国的社会保险主要有基本保险和补充保险，基本保险是强制性的。由于我国经济发展水平还比较低，因此，基本保险实行低水平、广覆盖的原则，城镇职工都要参加基本保险。在实际的调查过程中，半数以上的企业在投保方面存在违规现象，主要原因有：（1）目前劳资双方关于劳动争议以及雇员对雇主的不满仍主要表现在工资水平低、扣押现象、劳动合同签约率低、执行面窄且不规范、劳动时间过长、强度过大且缺乏应有的劳动安全保护方面。保险问题相比较而言尚未成为本阶段的争议重点，企业出于节约成本的考虑，不愿为员工进行投保。（2）非国有企业员工大部分是国有企业下岗职工、低学历青壮年劳动力和当地失地农民工，国有企业下岗职工在国有企业改制时以"双缴双保"和以失地补偿的方式缴纳了养老保险，低学历青壮年劳动力大多对自身权益不很明确，并距离养老阶段尚远，未把保险看作自身应得权益。而外地农民工因为流动性较强以及"靠家养老"的传统观念影响，对企业是否购买养老保险并不很在意。（3）由于非国有企业职工的收入普遍比较低，而养老保险需要职工和企业共同承担，职工自身没有积极性再从收入中拿出一部分来参加养老保险。另外，由于历史、社会、地理等因素，本地中小民营企业在员工保险上存在大量投机行为、员工的流动性偏高、办理、迁转程序较复杂也是影响山西非国有企业保险覆盖率偏低的主要原因之一。

5. 企业是否提供住房公积金的调查与分析。仅有19.49%的被调查人员所在企业为员工提供住房公积金。基本上集中在大型正规企业。非国有企业雇员的住房问题80%以上仍需要自身解决（见表37）。

表37　　　　　　　　　　企业是否提供住房公积金

	是	否	不清楚
人数	92	344	36
比例（%）	19.49	72.88	7.63

综上调查与分析，山西非国有企业的劳资关系并不都像人们想象的那么糟，但也并不是没有问题。这些问题也是企业在成长过程中的问题，但也不容忽视。我们必须采取切实可行的对策在非国有企业内部建立和谐共赢的劳资关系。否则将影响社会主义市场经济的重要微观基础非国有企业的可持续发展。

三、山西非国有企业建立合作共赢劳资关系的思路与对策

经过对《山西非国有企业劳资关系调查问卷》的数据分析，基本明确了山西非国有企业劳资关系的基本情况和主要问题，针对这些问题的产生原因，本课题研究组认为应该分别从企业、政府、工会、市场、员工五个角度出发，建立健全政府与工会发挥主导作用、企业与个人发挥主体作用与市场发挥基础性作用的长效机制，以提高企业和员工的合作意识、法律意识，建立合作、共赢的新型劳资关系。

（一）建立合作共赢劳资关系的思路与对策的理论依据

1. 劳资双方平等的理论依据。我们知道：企业的劳动雇佣制度，实际上是人力资本产权与物质资本产权的一种特殊契约关系。市场经济作为建立在自愿选择、平等交换基础上的经济体制，必须以交易双方的权利明确界定和有效保护为前提。鉴于此，调整劳资关系必须以两种产权同等保护，两种产权平等交易作为根本指导思想。劳动者拥有人力资本，企业主拥有物质资本，这两种产权必须得到国家同等的法律保护，不可厚此薄彼。在市场交易过程中，这两种资本必须具有平等的权利。任何一方都不能凭借自己有利的市场地位而恃强凌弱，欺压对方。

2. 劳资双方可合作、共赢的理论依据。我们知道，传统经济理论认为，作为劳动者追求的工资（V）和资本所有者追求的利润（M）分属劳动者和资本所有者。两者对立的结果使工资V只能约束在与劳动生产率相适应，仅仅满足劳动力再生产的最低生存需要上。传统理论之所以认为二者对立，实际是建立在V+M是

一定的假设前提下。而如果能很好使用包括工资 V 在内的各种激励职能，通过对劳动者的激励，提升劳动者积极性，从而提高劳动生产率——在单位时间内劳动者会创造更多的 V＋M 时，更多的 V＋M 除弥补 V 的增加外还有剩余使 M 增加（这就是马克思分析的超额剩余价值），增加的 M 可用于扩大再投资与资本所有者的再消费。扩大再投资可为资本所有者创造更多利润、可吸纳更多劳动力就业，再消费可提高其生活质量。此时，劳动者阶层也由于就业人数的增加而增加消费，由于 V 的增加而进行培训以提高素质与提高生活质量。消费的增加可解决经济增长中的消费率低的问题、劳动者素质的提高为我国经济增长方式由依靠要素投入向依靠提高单位生产要素的效率转变奠定了关键性的人力基础。从而既激励了劳动者积极性又增加了劳动者与资本所有者的收入，又扩大了就业。资本所有者企业主与劳动者和社会就实现了合作共赢，也解决了宏观经济发展中的消费率低、有效需求不足与经济增长方式转变问题。此时 V 与 M、就业人数就存在着同方向变化的关系，劳动者与资本所有者就成为了利益共同体。[①]

（二）非国有企业建立合作共赢劳资关系的思路与对策

1. 非国有企业要转变管理方式。非国有企业管理者要知道，人力资本是企业永续发展的最重要资本——只有尊重企业员工、满足劳动者需求才更有利于企业的稳定与持续、快速发展，能够带来更为巨大的经济效益和社会效益；而掠夺性使用人力资源将导致企业人员流动频繁，招聘和培训成本显著上升，生产效率低下，企业发展缺乏持久动力。再伴随政府与社会监管力度的加大，对不遵守劳动法、违法经营企业惩处力度的加强，企业违法成本必会上升。非国有企业的所有者应该对此有高度的认识，且在此认识基础上尽快转变管理方式——由过去的"大棒式"管理向"以人为本"的管理转变。科学制定发展战略，做好工作分析、吸引与招聘更多实现自身发展战略所需要的人才，做好岗前、岗后与转岗时的培训与绩效考核、薪酬设计，建立与此管理方式相适应的符合自身企业特点的企业文化。

2. 多种途径发挥政府的主导作用。

（1）继续加强法制建设，做到有法可依。制定和完善一系列与《中华人民共和国劳动合同法》相配套的单项劳动法规，尤其是一些对劳工的保护性法规，如《工伤事故赔偿法》、《疾病与残废保障法》、《过劳死法》、《不当劳动法》、《工资法》、《社会保险法》等法律，确保维护劳动者权益（特别是劳动者的健康和生命安全）有法可依、执法必严。

（2）做好非国有企业的普法工作、提高企业与员工的法制意识。政府机关和普法工作者要经常进行普法活动，利用多种途径宣传法律知识，通过广泛的普法宣

---

① 杨俊青：《非完全古典假设下的非国有企业与二元经济结构转化》，经济科学出版社 2007 年版。

传，让非国有企业主和员工双方明确各自的权利和义务，提升企业员工的法律意识和维权意识，鼓励他们运用法律武器来捍卫自己的合法权益。

（3）加强对非国有企业劳资关系的监督和监察。一方面，政府部门应在企业全面推行规范化的劳动合同制中发挥重要监督检查作用：①要求企业使用劳动力时均应订立书面劳动合同；②依法加强对民营企业执行劳动合同制度的监督；另一方面对非国有企业发生的劳资纠纷，劳动监察机关对资方不能一味迁就，要切实依法维护工人的合法权益。对资方的不迁就恰恰是依法保护投资者的合法权益，因其违法经营是不能长久的。保护了员工合法权益，会激励员工的工作积极性，从而提高劳动生产率。

（4）进一步完善社会保障制度。按照"先工伤，后医疗，再养老"的顺序，加快社会保障体制建设，探讨更加符合实际的社会保障措施。由于民工的流动性强，目前单一的个人账户养老方式不适应实际的需要。养老金企业不愿出，很多民工个人也不愿投保。一旦流动到其他企业，民工往往要求退保，但只能退回个人投保部分，企业投的部分不给员工退。有鉴于此，可考虑两种方式并行：对工作较稳定、素质高的员工继续采用现行方式；对流动性强的民工可采用退职金的养老方式。按照其在企业工作时间长短，比照养老保障标准发放退职金，用于个人储蓄性养老。这样做，更加公平合理，且操作方便，容易为企业和职工双方接受。

（5）改变对各级政府工作政绩的评价体系，全面考核评价政府工作。应当改变对各级政府工作政绩的评价体系，全面考核评价政府工作。使政府工作真正以全社会的公共利益目标为行为准则，不单单以GDP的提高、税收的增长为政绩标准，综合应用环境、人口、社会、经济与人与人间的和谐度等不同维度的指标，全方位、多侧面的进行考核和评价，避免政府机构为了片面追求经济利益而偏袒用工企业、忽视非国有企业员工权益的事件发生。同时，要求政府机构主动经常性的深入企业基层，了解基层的动态和问题，改变地方政府在劳资关系问题上"不作为"或者"少作为"的社会评价。

3. 完善工会组织建设。工会在企业中具有十分重要的作用，工会作为全体员工的代表，它体现了员工的权益，是企业员工维护和改善权益的坚实依靠。鉴于山西非国有企业工会的发展现状，完善工会组织建设应从以下几个方面着手：

（1）企业工会委员必须由职工直接选举产生，改变当前许多企业出资方决定任免工会主席的不合理现状。工会委员的选举，应实行回避制度，企业股东以及核心管理人员等，不得成为工会委员，以保证工会代表与保护劳动者合法权益的职能可以得到实现。

（2）确保非国有企业中工会干部的各项权益，为工会履行职责建立良好的基础。这可从两方面来着手：①严格限制解除工会干部的劳动关系，无充分理由不能解除；②对工会干部的任职期间加以规定，在任职期间内，企业不得单方面解除工会干部的劳动合同。

(3) 组织企业联合性工会，强化地方工会的组织功能。在人数较少的非国有企业中由于企业规模小，工会组织难以设立，即使设立了工会，其水平与作用也十分有限，因此在不能单独设立工会的企业，应积极按照地域联系或行业联系等原则，组织企业联合性工会，以确保每个劳动者入工会的权利得到实现。

(4) 充分发挥工会的基础职能，全面提高工人素质。工会应致力于为工人争取劳动权益，向工人宣传就业发展变化的同时，激励工人参加学习和培训的积极性和主动性，提高劳动者的文化业务水平，使职工获得个人可持续发展能力，以不懈的努力来稳定就业岗位和减少失业。

(5) 加强工会干部自身素质的提高，对其进行集体协商模式和知识的培训，以便于更好地服务。

(6) 上级工会和工会联合会要以指导、帮助、协调、监督等方式参与基层工会与用人单位的集体协商和签订集体合同。

4. 改变非国有企业员工个人的传统思维模式，增强法制意识、积极学习与工作。中国人习惯于由"家"而不是工会集体为个人提供社会保障。使得工人没有足够的动力参加工会，当他们遇到困难时也通常只是求助于"家"而不是工会组织，并且我国劳动者曾被划分为不同等级身份的群体，如合同工、固定工、临时工等，他们各自的权利和利益不同，甚至相互矛盾，形成基于共同利益的组织意识相当困难。因此必须要进行文化创新，改变传统的由"家"为个人提供社会保障的方式，向逐步实现由家和工会集体共同为个人提供社会保障的方向转变。

同时，劳动者必须加强自身的法制意识和专业技能。非国有企业的员工应该主动参加各种普法活动，积极参加工会，了解自身权益的范围，了解国家相关法律法规，重视维护自身权益不受损害。不能对于普法宣传无动于衷、毫不关心，更不能违背法律盲目行动。同时，非国有企业的员工应该努力学习专业技能，勇于提高专业技术能力和理论水平，使自己成为企业和社会需要的有用人才，通过自身的努力赢得工作，实现个人价值。

再就是使劳动者认识到：自己的利益与企业效益高度相关。个人利益与企业利益是一致的，没有企业的成功自己就会失去工作岗位，提高工资也不长久。一味把资方排在自己的对立面仅仅只能是不得已时的一种无奈选择。在非国有企业所有者尊重劳动者、与劳动者平等相处的条件下，企业员工应该努力工作，勇于奉献，积极为企业想办法、出主意，为企业发展尽心尽力，实现劳资双方的合作与共赢。

5. 促进城乡统一的劳动力市场的发育与成长。目前我国劳动力市场对体力劳动者而言是一个供求极端不平衡的纯粹的买方市场，体力劳动者的供给大大超过需求。农村剩余劳动力的大量转移和城镇公有制企业下岗人员的不断增加，使劳动力的可替代性越来越强，劳动力的供给压力越来越大。因此必须建立统一的市场规则，加强市场中介组织的建设，完善市场信息传递机制；促进劳动力市场从现在局部的、地区性的市场，走向全国性的统一市场。从劳工权益保护的角度来看，通过立法的保护，可以说还是一种静态的保护，如果没有完善的劳动力市场，劳工权益即使受到侵害也很难维护。真正动态的保护是让劳工有充分选择工作的机会，劳动力市场的成熟与完善将会为劳工们提供这样的机会。

总之，在构建和谐社会的大环境下，山西经济以煤炭工业为主导产业的快速增长将为山西非国有企业劳资关系问题的改善提供了重要的基础。充分发挥好政府与工会的主导作用、企业和员工的主体作用、市场的基础性作用，企业和员工新型合作的劳资关系模式必定会建立。这一新型劳资关系模式的建立将会为山西非国有企业的可持续发展、为山西产业结构调整、为和谐山西的建立、为山西农村工业化、现代化的实现、为山西全面实现小康社会将会起到非常重要的作用。

参考文献

常凯：《劳动关系学》，中国劳动社会保障出版社 2005 年版。

工会的社会化维权

——基于浙江义乌工会维权实践

张宗和　宋树理[*]

摘　要： 义乌工会社会化维权成效显著，劳资双方均受其益，证明工会社会化维权是调解劳资纠纷、化解劳资冲突的有效途径。经调查分析，维权内容社会化、维权职能专业化和维权过程法制化是该模式成功的要点。对此模式，一方面，应该看到具有中国工会维权制度创新的普遍意义；另一方面，也要看到，这是基于义乌经济发展产生的制度创新，是对已发生劳资纠纷解决的模式，具有区域性和阶段性。因此，工会维权还应在理念、三方机制、工会教育和冲突解决内部化方面进一步完善。

关键词： 工会　劳资关系　社会化维权

一、问题的提出

　　弱势群体通过组织化来增强自身力量，是社会成员的普遍做法。作为劳工组织典型形态的工会，便是由此而生。因此，工会的天职就是维护劳工的利益。通过工会组织来维护劳工权益，解决劳资冲突，已成为世界各工业国雇员的通常做法。所谓世界通行的劳资关系三方调解机制，其中的一方即是工会。在中国，虽然工会成立已久，但面对改革以后新生的民营经济劳资关系，其如何发挥为雇工维权的职能，还是一个有待解决的问题。自中国特有的"民工潮"形成后，随之产生出大量的劳工（特别是农民工）维权问题。背井离乡的农民工由于脱离原有的社会关系网络，在信息严重不对称和劳动力市场供求失衡的用工大环境中，自身权益极易遭受强势资本的侵害。而外来民工一旦遭受利益侵害，总会进行一定程度的自发维权，由此导致劳资冲突的大量发生。尽管一些地方工会在"民工潮"发生之时，就已经意识到民工群体利益将遭受侵蚀的严重性，但开展有效的维权工作却十分困难。困难主要来自两个方面：一方面，是民工流动性大、组织程度低、依法维权意

---

[*] 张宗和，浙江工商大学经济学院，教授；E-mail: zonghz@hotmail.com。宋树理，浙江教育学院国际工商管理学院，助教。

本文为2005年度国家社会科学基金项目"民营企业突发性群体劳资冲突的形成机理和预控机制研究"（编号：05BJL010）调查成果的一部分。

识较弱；另一方面，工会缺乏维权手段如专职维权机构、专业法律工作者和专项维权经费等。因此，工会维权工作步履维艰。工会维权职能有效性的欠缺，直接后果是劳资纠纷数量急剧上升，"每年劳资纠纷案件多达万起，且以每年约20%的数量上升，严重影响了和谐社会的构建"（陈有德，2005）。因此，在改革开放后的形势下如何充分发挥工会的维权功能，是一个亟待研究的问题。

二、工会维权理论观点回顾

工会维权问题由来已久。早在18世纪末19世纪初，西方世界工业革命兴起后，天然的劳资利益分配不均就致使劳资矛盾不断发生。解决现实问题的需要，使维护劳工权益的问题和随后出现的工会维权问题，就开始进入理论界的研究视野。由于理论家对于劳资利益性质的界定存有根本性的差异，所以提出的工会维权理论就存在差异。主要是各方依据对劳资双方利益对立性、协调性和一致性的认定，提出三大工会维权理论：一是以马克思、恩格斯、列宁为代表的政治色彩鲜明的工会维权理论；二是政治色彩淡化的西方市场经济工会维权理论；三是兼有政治和经济双重属性的新中国的工会维权理论。

马克思、恩格斯的工会维权理论强调劳资阶级的对抗性，认为工会维权不能只依靠谈判手段解决劳资矛盾，必须采取罢工等激进措施，最终推翻资本主义制度建立自己的政权，才能维护自己阶级利益。但是俄国十月社会主义革命之后，这一工会理论发生了变化。因为俄国工人阶级建立自己的政权后，工会看来就失去了阶级斗争的基础，因而，当时对于工会是否为维护工人阶级利益而继续存在就出现论争，这一论争成为列宁过渡时期工会维权学说的来源。列宁认为，政治上，苏维埃机关的官僚主义会侵蚀工人阶级的物质和精神利益；经济上，新经济政策允许存在的私人资本主义依然会侵犯工人阶级的政党权益；文化上，新形成的工人阶级群众缺乏保障自身权益的文化素养。因此，工会维权势在必行。列宁还提出要处理好党与工会的关系、建立贴近群众和联系群众的组织体制、提高工人阶级素质等一系列建设性意见，由此形成了一个崭新的较为系统的社会主义国家工会维权理论。

西方市场经济国家的工会维权理论可以追溯至亚当·斯密，在其之后，分野众多。亚当·斯密（1776）认为劳工之所以联合组织起来，是因为这样可以增强其经济谈判力量从而改善经济地位。而"西方工会理论研究先驱"韦伯夫妇同样认为，工会是以保证和改善雇佣条件等经济目标为主的经常性团体，其集体谈判力量是均衡劳资关系的重要手段，从此也开辟了集体谈判理论研究的先河。之后，学者们针对集体谈判的功能、价值判断和实证分析做了大量卓有成效的研究，其中包括提出劳资有效谈判模型。① 在麦克唐纳和索罗（1981）运用帕累托有效原理重新构建了有效谈判模型之后，学术界的研究兴趣转向有效谈判模型的完善、改进及效果评价方面，以及对罢工行为的探讨。在这方面，有别于早期以汉森（1921）、李斯（1952）为代表的罢工频率与经济周期关系的经验研究，阿什弗尔德和约翰逊（1969）将劳资冲突运行机制研究重点转向计量经济模型分析，确定了雇主谈判的最佳选择问题。对罢工产生的原因，希克斯（1963）引入了信息经济学的概念，认为多数罢工是由于信息不完善以及双方的判断失误引起的，由此引发学者们以此为出发点着手研究罢工与信息的问题，主要有以摩罗（1982）为代表的信息不完备导致双方判断错误的模型，还有特雷西（1987）为代表的劳资拥有信息不对称的模型。其后的理论研究主要在于谈判条款的界定及谈判策略的多重选择等问题不断清晰深入。

关于工会的维权功能，劳资关系五大流派各有见地，新保守派认为工会的作用是负面的；管理主义学派对工会的态度是模糊的；正统多元论学派认为工会和集体谈判有积极的作用；自由改革主义学派认为工会的存在和集体谈判的开展非常必要，但工会的作用发挥是有限的；激进派认为只要资本主义经济体系不发生变化，工会的作用就非常有限，尽管工会可能使工人的待遇得到某些改善，但这些改善是微不足道的，而对于那些中小企业，工会所争取到的让步会受到更多的竞争约束的限制。②

在实践上，西方发达国家早期工会领导的各项行动，既争取经济利益，又为政治利益而斗争。但是20世纪70年代以后政治色彩淡化。原因是，资本借助信息技术的迅猛发展和政府新自由主义政策的实施，极大地强化了自身力量，而工会被严重削弱。③ 面对这样的形势，西方发达国家的工会不得不对自身的维权功能进行了多维度调整：一方面积极参与政府、雇主与工会三方合作解决劳资问题的社会伙伴关系；另一方面，开始淡化工会行为的政治色彩，转向以改善工人经济福利为目标的非政治性"工联主义"。

国外对工会社会化也进行了广泛的理论探讨，探讨的内容比较广泛，不仅有维权问题，还有国家和社会建设的总体目标及其工会在国家经济建设中的角色、工会与社会各方的关系、工会的自身发展等方面。国外工会组织的活动机制，则主要地集中

---

① 艾伦·弗兰德斯、张伯伦和库恩等对集体谈判的功能，艾伦·福克斯、珀塞尔和西森等对集体谈判的价值判断，都做了卓有成效的理论研究，而刘易斯、邓洛普等则对集体谈判进行了大量实证分析。
② 程延园：《劳动关系》，中国人民大学出版社2002年版，第24~29页。
③ 左派经济学家哈里·马格多夫指出20世纪的最后1/4的时间里，美国的阶级斗争是单方面的，资本不断向劳工进攻，并取得了一个又一个胜利；迈克尔·耶茨表示资本主义富国从20世纪70年代初期开始向工人阶级发起凶猛进攻，工人屡屡挫败；菲利普·奥哈拉也总结到工人阶级力量受到严峻挑战的现实。其标志是政府立场的转变，1981年里根采用强硬手段对付美国航空调度员的罢工，撤销他们的工会；英国撒切尔夫人对英国煤矿工人罢工进行残酷镇压。菲利普·奥哈拉阐述到新自由主义政策在美国的主要功绩是增强了资本对劳动的控制能力。

在加强立法参与、加强监督参与、重视参与三方机制和加强工会的教育活动四个方面。

新中国成立之后，关于工会维权的理论探讨从未间断过，问题集中于工会职能地位的明确和工会维权的有效性。第九届全国人民代表大会常务委员会第二十四次会议正式确认"维护职工合法权益是工会的基本职责"，明确了工会的职能地位，研究重点开始转向维权有效性的多层次分析。关于中国工会维权缺乏有效性的原因，理论界存在不同观点：一是以常凯（1995）为代表的劳权论，认为劳权缺乏保障甚至缺失，尤其是罢工权的缺位，应该是重要成因；二是工会组织形式论，陈有德（2005）、赵健杰（2005）认为由于转型期劳资关系多样且复杂，从组织形式上加以创新，实现工会维权分层定位的社会化机制，对于工会维权的实效会较显著；三是工会依附论，许晓军、李珂（2006）基于调查分析，发现企业工会对企业资产所有者和管理者的依附性很强导致工会维权弱势，而乔健（2008）通过与上千工会领导访谈发现工会领导的工会意识和劳工意识有了显著提高，肯定了工会主席职业化、专业化和工会独立性的重要性。与此同时，瑞典、丹麦、德国、美国、日本等国家的工会维权模式也陆续介绍至国内，借鉴比较类文献日渐增多。[①]

综上所述，三种工会维权理论的基点各不相同。然而不论马克思强调阶级斗争的工会维权理论，还是西方经济学界侧重于工资均衡谈判模型设计及罢工的工会维权理论，显然都不适用于现阶段我国的工会维权。而我国学者从劳权、工会结构、工会独立地位等分析了有效维权的成因及方法虽都在一定程度上符合某一方面的国情，但各抒己见，尚未达成共识，理论体系也不够成熟。而国际上各国的工会实践活动和运行机制也在不断发生变化，没有一个也不会有公认的现成的模式。鉴于此，只有深入调查分析，进行实证研究，才能完善具有中国特色的工会维权理论，提高工会维权的有效性。

三、义乌工会的社会化维权实践

面对劳资冲突频繁的社会现实，义乌市总工会自 2000 年起积极探索建立党委领导、工会牵头的社会化维权模式。

（一）基本情况

义乌因存在规模巨大的商业中心，市场经济十分发达，对劳动力需求很大，当

[①] 一些学者也很早就研究东欧国家工会剧烈的历史演变，虽然他们的工会模式以失败而告终，但对于我国工会发展仍然有重要的参考价值，比如姜列青（1992）在其研究基础上对东欧工会演变就给予了客观评价，认为工会维权必须坚持马列主义对社会主义工会运动正确指导和共产党对工会的正确领导，重视工会的独立自主地位，防止工会官僚化、脱离群众等弊端，这对于转型期我国工会维权模式的探索无疑也是有建设性意义的。

地经济对全国各地的农村劳动力有较强的吸引力,因此义乌聚集着大量来自全国各地的农民工。但是,在21世纪初期,农民工的权益却未得到应有维护,较多民工都在工资待遇、工伤补偿、伤残补助、劳动合同等方面与企业发生纠纷,进行维权,大部分不仅没有获得应有的赔偿,反而负债累累。在维权无门的情况下,一些民工抱着"试试看"的心态,找义乌市总工会职工法律维权协会求助,结果在工会的鼎力协助下,问题得到解决。民工与公有制企业的员工不同,通常缺乏"工会"意识,与资方发生利益纠纷先想到是找老乡帮忙,或是找"定远帮"、"开化帮"等民间非法帮派组织解决。① 现在经通过工会维权而获益的民工的宣传,民工工会意识开始增强。据义乌总工会介绍,职工法律维权中心成立后,开通了24小时值班的维权热线"516872885"(后由中华总工会统一改为"12351"),为在义乌工作的70多万外来人口提供法律和政策方面的援助。截至2006年,接听"12351"维权热线并回复共3669人次,其中2006年共323人次;共为当事人追讨工资及挽回经济损失1313.952万元,其中2006年追讨工资及挽回经济损失145.562万元;共接待集体来访303批5965人次,其中2006年共接待13批576人次;阻止恶性群体性事件29起;举办"送法下乡"43次,发放各类宣传资料35 535余份;举办法律培训班126次,受惠人员达18 647人次;共为义乌电台《工会纵横》栏目组稿169期。此外,由于在义乌务工的开化籍职工超过2万人,所以,义乌市总工会与开化县总工会成立了联合维权工作站,到2004年10月底,这个工作站共受理开化籍职工各类投诉案件36起,涉及507人,为外来务工人员追回工资等105.26万元;从2005年初起,义乌市总工会职工法律维权中心又与成都等地进行跨省联动,在全国十多个省外城市工会建立了维权网络。目前,为外省1000多名民工(包括下岗职工)解决了就业问题,帮助他们落实了社会保险、工资待遇等职工权益等问题。截至2007年8月31日,共受理投诉案件4075起,调解成功3770起,调解成功率达92.5%;其中2007年共受理220起,免费为职工出庭仲裁代理7起,出庭诉讼代理32起,中心工作人员担任劳动争议案件仲裁员19起(共248起),中心工作人员担任人民陪审员参加陪审8起(共66起)。②

(二) 主要特征

义乌工会维权模式的基本构件,是维权内容社会化、维权职能专业化和维权过程法制化。维权内容社会化又是由维权平台社会化、维权渠道网络化、维权格局社会化和维权手段社会化四部分内容构成。

---

① "定远帮"和"开化帮"是义乌两个较出名的以民工来源地命名的以同一来源为连接纽带形成的民工帮派,专门进行维权活动,以此向民工收取一定的费用,此类组织号称草根维权力量。

② 数据来源:《义乌市总工会职工法律维权工作机制》(2005);浙江义乌总工会:《工会社会化维权模式》。

1. 维权内容社会化。

（1）维权平台社会化。所谓维权平台社会化，是指维权工作专门机构的建立是社会化的，即工作人员从社会招聘，经费多方筹集。义乌工会维权的平台是经义乌市民政局批准，由市总工会领导的、非营利性的维权工作专门机构——义乌市职工法律维权协会，后改称为义乌市职工法律维权中心。基层工会为团体会员，职工为自然会员。中心工作人员由市总工会向社会公开招聘，与机关干部享有同等的政治、经济待遇。中心的维权经费采取"政府补一点，工会出一点，社会筹一点"的办法解决。中心在业务上接受公、检、法、司的指导。维权中心内设来访接待室、调查处理室、法律服务室。中心的主要工作是：参与工资集体协商、集体合同和劳动合同见证；参与或主持劳动争议协调；参与劳动争议仲裁；免费代理职工劳动争议仲裁、诉讼。

（2）维权渠道网络化。所谓维权渠道网络化，是指义乌市总工会以职工法律维权中心为载体，与各种同劳工维权相关的机构进行联合，共同处理劳资纠纷。如与市司法部门联合、与劳动行政部门联合、与新闻媒体联合、与律师事务所联合、开展城际工会联合维权，并且构建五种新型的联合维权机制。2005年6月6日，《联合维权合作意向书》进一步明确了各方在联合维权过程中的责任和义务。这一模式也实现了横向跨地区，与浙江开化、辽宁抚顺、四川成都和江西弋阳等十多个省外城市的工会实行"城际间工会维权联动"；纵向到企业，市总工会建立职工法律维权中心，镇、街道建立维权工作站，在企业建立劳动争议调解委员会；建立了社会化维权的信息网络体系，与政府相关部门实行热线电话连线，广电联动，部门互动，投资30多万元，建立网站呼叫中心，确保各类询问、投诉案件在第一时间获得回应，得到快速有效解决。

（3）维权格局社会化。维权格局社会化是指义乌市总工会建立的"党委领导、政府支持、各方配合、工会运作、职工参与"的社会化维权格局。为了加强对维权工作的协调和领导，义乌市委成立了由市委、市政府领导任正、副组长，工会等有关部门为成员单位的维权工作领导小组。市总工会聘请了市五大班子分管领导及公、检、法、司、人事劳动社会保障局等职能部门的主要领导为职工法律维权中心特邀顾问；与司法、劳动和社会保障、工商、市场贸易发展局以及市人民法院等有关部门建立了紧密的联合，实现维权工作的互联、互动、互补；与浙江师范大学法政经济学院进行合作，联合成立了"职工维权科研站"，联合开展普法培训、法律咨询以及职工法律维权理论和机制创新的调研等活动。

（4）维权手段社会化。维权手段社会化指义乌市总工会把维权工作落实到劳动关系建立、运行、监督、调处各个环节，组织相关力量，力求把纠纷解决在萌芽状态。如在劳动合同和集体合同方面，与市司法局公证处合作，积极争取党政和社会各方的支持配合，重视做好集体合同的签订、履约和深化工作；在安全生产劳动保护方面，与市安全生产监督管理局联合建立了一委（职业安全卫生联合委员会)、一议(安全卫生合同协议)、一卡(安全生产提示卡)、一书(隐患整改通知书)制度;在劳动争议调解方面,与市司法局联合成立了义乌市总工会人民调解委员会,并积极争取市人民法院的支持,在市总工会设立"义乌市人民法院职工维权调解联络处",及时指导、协助工会化解劳资矛盾等。

2. 维权职能专业化。义乌工会维权的高效率来自维权职能的专业化。虽然职工维权是工会分内之事,但实际操作中,有许多事物是专业性很强的法律性工作,劳资关系实体涉及工资、福利、工作环境等多方面,发生劳资纠纷时就需要工会处理协商、谈判、仲裁、诉讼等问题,工会干部对此并不精通。我们知道,职能专业化是社会分工的延伸,是提高组织效率的充分条件,在维权上,没有维权专业技能就会效率低下。[①] 义乌的维权职能专业化的形成依赖维权专门机构这一载体的建立,而义乌职工法律维权中心的建立为维权职能专业化的形成奠定了组织基础。维权职能专业化主要表现在两个方面:工会内部专业化和工会外部的维权相关机构专业化分工的融合。工会内部专业化体现在中心工作人员由市总工会向社会公开招聘专业人才,而且经济、政治待遇与机关干部同等对待,这就从人员素质和物质待遇层面保证了工会组织运作的专业化,再不是有名无实的编外机构。工会外部的维权相关机构专业化分工的融合体现在工会业务上接受公、检、法、司的指导,并聘请市五大班子分管领导及公、检、法、司、人劳社保局等职能部门的主要领导为职工法律维权中心特邀顾问;与司法、劳动和社会保障、工商、市场贸易发展局以及市人民法院等有关部门建立了紧密的联合;与浙江师范大学法政经济学院进行合作,联合成立了"职工维权科研站",联合开展普法培训、法律咨询以及职工法律维权理论和机制创新的调研等活动;从而围绕"维护职工合法权益"这一根本目标,充分整合社会资源,实现社会专业化分工在工会维权行为中的融合,最大限度地利用社会相关资源解决劳资问题。

3. 维权过程法制化。维权过程法制化是义乌工会社会化维权的第三大特征。义乌工会主席陈有德(2005)认为,义乌工会社会化维权新机制是在依法维护的实践中产生的。从西方工会维权历史进程观看,依法维权是维护工人合法权益的正当途径,而无视法规的工人维权运动大多被国家机器所镇压,维权过程法制化不仅在实践中产生,也在实践中发展。学理研究表明,依法维权可以实现维权效应内部化,降低劳资冲突的交易成本,提高维权收益,所以,维权过程法制化也是提高维权效率的合理途径。义乌市职工法律维权中心的成立即是维权过程法制化的组织载体,其他法制化表现为:一是维权工作程序的法制化,中心的主要工作也是严格依

---

① 维权专业技能的提高不仅能保证工会组织运作的高效率,而且会赢得服务对象的信任,而建立在服务对象信任基础上的工会才是最有力量的。如今,民工是工会服务的重点对象,而民工对于工会的信任程度也决定了工会是否能争取更多的会员增强自身力量,而且这也是克服草根维权力量滋生、民工工会意识薄弱等现有问题的较优选择。韩福国等(2008)认为义乌工会作为维权的组织力量具有来自国家和农民工群体的双重信任。

据法律程序参与工资集体协商、集体合同和劳动合同见证、参与或主持劳动争议协调节、参与劳动争议仲裁、免费代理职工劳动争议仲裁、诉讼等行事；二是维权法律力量的强化，不仅与市司法部门、劳动行政部门、律师事务所、人民法院等机构联合，弥补工会工作人员专业技能的不足，加强法制维权的渗透，而且聘请法律职能部门的主要领导为职工法律维权中心的特邀顾问，指导法制维权工作的顺利开展；三是维权对象的法律教育，通过与浙江师范大学法政经济学院进行合作，联合成立了"职工维权科研站"，联合开展普法培训、法律咨询以及职工法律维权理论和机制创新的调研等活动，还发放各类宣传资料、举办法律培训班、为义乌电台《工会纵横》栏目组稿等，从而提高了劳工法制维权的觉悟，加强了劳工对工会维权的信任。

四、对义乌工会社会化维权模式的几点思考

（一）义乌模式是否具有普遍意义

1. 义乌工会社会化维权模式是在我国经济转型期新生劳资关系复杂多样，原有工会面临新形势需要转变职能时产生的，这一模式通过维权理念的创新，从维权途径、维权手段、维权形式等方面走出一条新路，在缓解劳资冲突、促进劳资关系和谐的过程中，成效显著。在新时期工会发挥维权作用上，毫无疑问对中国地方工会具有普遍意义。

2. 这一模式是义乌经济社会发展的产物，带有区域性和阶段性特征。严格地说，义乌工会社会化维权模式是在地方工会在劳资纠纷高发不能有效解决，面临非法帮会化维权组织取而代之的严峻形势下产生的。而劳资纠纷高发又是民营企业规模较小，中小企业主在资本原始积累阶段过度攫取利润的不良行为因政府在经济体制转换期间难以避免的管理制度不健全缺乏规制，机会主义行为普遍存在所引致的，在这样的形势下，工会社会化维权才凸显出重要性。[①] 因此，工会是否要采取建立职工法律维权中心这样的专门机构来实施维权，是因时因地而异的。

（二）工会维权制度的完善

义务工会社会化维权是对已经发生的劳资纠纷进行解决的一种制度创新，还不是一个解决劳资纠纷的根本性的制度。解决劳资纠纷，还应从尽可能减少劳资冲突

---

① 陈有德（2005）认为，正是由于转型期劳资关系多样且复杂，工会维权创新才成为一种必然趋势。

的发生率方面完善这一制度，否则，工会维权工作将会繁重不堪。工会维权今后可以从以下几个方面进一步改善：

1. 工会要倡导合作共赢理念。固然，在现代社会劳资关系上，不论是个体冲突还是集体冲突，都是不可避免的。雇主和工人的利益不可能始终一致，劳动市场也不可能总是均衡，工人为养家糊口无奈接受不平等的就业和劳动条件是常有之事。在这种情况下只有工会才能维护劳工的正当权益。因此，工会是不可替代的。但是在我国，工会的基本上应当作为"社会缓冲器"发挥作用，工会应当在建立起人民与政府的和谐关系和协调劳资方面的利益方面，在推动国家和社会的繁荣方面，在保障劳工的正常生活和自由发展，特别是满足社会弱势群体的生活需要和减少和避免劳资冲突方面，发挥积极的作用。因此，工会在维权的同时，应当广泛地宣传劳工与企业合作共赢理念，推动经济的发展。现在多数国家的工会都认识到，要实现代表和维护职能，就必须关注和参与经济生活。如德国工会联合会就强调："工会不能对生产问题袖手旁观。只有经济得到了发展，才能够保证人们有工作，企业有效益和支付能力，劳动者的生活水平也会得到实际提高。"因此，工会应当倡导合作共赢理念，为建立文明而有效的劳资合作共赢关系创造舆论环境。事实证明。这对于市场经济条件下实现劳动关系和社会形势稳定是十分重要的。

2. 工会要推动三方机制的建立。工会发挥维权职能的重要途径是参与由政府、雇主和工会组成的三方机制，这项工作日益成为世界许多国家工会领导机关工作的重点。三方机制是构成合作共赢关系的基础。三方合作机制一般分为国家、产业、地方和企业四级：在国家一级建立由政府、雇主协会与工会代表组成的三方委员会。由政府代表主持委员会的活动，其主要职能是定期就全国性的重大社会、经济和劳动问题举行协商和谈判，并签订年度社会总协议，对国家的经济和社会发展目标与计划、各方的权利、义务和责任等作出规定。在产业一级则由工业部门和产业工会举行集体谈判，并签订产业级的集体协议，对本产业的重要问题特别是工资问题做出决定。在地方举行三方谈判和签订相关的协议。在企业一级也要通过集体谈判签订集体合同。产业、地方和企业集体合同的条款都不得低于国家社会总协议的规定。劳动报酬和社会保障等社会和劳动关系中的基本问题都是这些协议与合同要做出规定的重点问题。

3. 工会要推动和参与维权法律法规的进一步完善。工会社会化维权本质上就是要通过维权力量的多元化更好地服务于职工群众，而维权力量职能的强化，则取决于有效的制度保障。劳权理论专家常凯认为，工会维权法律的缺失是维权无效率的重要成因，他强调依法维权是工会履行维权职责的立足之本。因而，工会维权要做到有法可依。目前依法维权的法律依据是《劳动法》、《劳动合同法》、《工会法》、《工会章程》和各地方人民代表大会制定出台的《实施〈工会法〉办法》，这些法律法规对工会履行维护职工合法权益作了明确的规定，给工会履行维护职工合法权益的基本职责提供了法律依据和保障。但是转型期劳资关系的多样且复杂的特点决定着维权法律法规还需要不断健全，否则就会影响工会维权职能履行的效率。如工会主席受威胁、维权律师遭人身攻击等现象时有发生，使维权人员因维权成本过高而选择放弃维权权利的概率上升，因此，工会应当根据实际情况的发展，不断提出诸如保障维权人员合法权益的法律、法规等维权方面的提案，推动劳动法律体系的完善。

4. 工会要重视工会自身的教育，进行工会教育体系改革。在市场经济中，工人维护自己权利的能力在一定程度上取决于他们受教育的水平，工会维护会员群众权益的能力和效果则与工会干部的整体素质成正比。因此各国工会越来越重视教育工作，并进行工会的教育体系的改革。其主要特点是：强调工会教育工作要紧密适应市场经济和工会工作变化的需要，打破传统的办学模式和固有的专业与课程设置，完全根据工会运动和市场经济的需要开设专业和课程。

5. 工会维权要从企业外部为主转变为企业内部为主。义乌工会维权模式主要是创造企业外部维权的社会环境，但大量劳资纠纷应当在企业内部解决。只有在企业内部建立一个来自职工群众的、独立于企业的、体现职工意愿的平等协商机制和民主参与、民主管理及民主监督的维权机制，才能切实维护好职工的合法权益。因此，工会应该推进企业内部劳动关系平衡机制的实现。当前形成企业内长效维权机制的最大障碍是工会依附于企业的资产所有者和管理者（李珂、许晓军，2006；乔健，2008）。因此，工会不应满足和止步于企业外部维权的社会化、专业化和法制化，要积极稳妥地逐步将这"三化"维权机制扩大化，由外向内、由上向下渗透到每个企业内部。所以，从长远来看，社会化、专业化、法制化的维权机制应该与企业内部的维权机制结合起来，内外补充，上下促进，这样才能促进长效的、完善的维权机制的建立。而内部维权的关键在于工会与企业资产所有者和管理者力量的均衡，由于工会力量来源于会员技能的提升和会员规模的扩大，因此，工会应通过教育宣传、定期举办相关技术讲座和培训、配合企业员工培训活动等方式提升会员技能，并通过信任机制的完善扩大会员规模。同时也要仿效日本企业的成功经验，催生企业长期雇佣法律法规的制定，一方面通过影响《劳动合同法》的更新修改，限制企业不签订劳动合同而令劳工失去法律保障或利用《劳动合同法》的漏洞侵害劳工合法权益；一方面通过教育限制技能会员的频繁流动，增强企业对外来务工者的信任和重视，从而，实现劳资利益双赢。

参考文献

1. 姜列青：《东欧各国工会的演变及其特点》，载《中国劳动关系学院学报》1992年第5期。

2. 陈有德：《关于建立工会社会化维权机制的实践探索与思考》，载《中国劳动关系学院学报》2005年第2期。

3. 义乌市总工会：《义乌市总工会职工法律维权工作机制》，2005年7月。

4. 城际间公会维权联动机制课题组：《构建城际间工会维权联动机制的理性思考和对策措

施》，载《中国劳动关系学院学报》2005 年第 3 期。

5. 陈民等著：《农民工维权论》，中国工人出版社 2003 年版。

6. 李珂、许晓军：《论我国工会新型维权机制的建构》，载《上海工会管理干部学院学报》2006 年第 2 期。

7. 谢文年、许晓虹：《论工会维权与促进企业发展的关系》，载《中国劳动关系学院学报》2006 年第 1 期。

8. 张宗和、宋树理：《中国民工荒的制度成因与行为分析》，载《浙江工商大学学报》2006 年第 1 期。

9. 张宗和、宋树理：《农民工异地歧视的经济效应分析》，载《财贸研究》2008 年第 1 期。

10. 韩福国等：《新型产业工人与中国工会——"义乌工会社会化维权模式"研究》，上海人民出版社 2008 年版。

11. 乔健：《在国家、企业和劳工之间：工会在市场经济转型中的多重角色——对 1811 名企业工会主席的问卷调查》，载《当代世界与社会主义》2008 年第 2 期。

人力资本

我国东部沿海地区少数民族人口流动研究
——威海市少数民族人口分布特征及其变动分析

刘 文 马 玉[*]

摘 要：东部沿海地区社会经济文化的迅速发展，吸引和推动了少数民族人口向东部沿海地区的大量流动。近年来威海市少数民族人口数量呈现明显的增加趋势。经济发展的吸引力、婚姻关系、学习培训等是少数民族人口流动到威海的主要动因。少数民族人口的流入使经济、文化的多民族化和多元化成为威海市发展的一大特色和动力。但各民族间思想观念、思维和生活方式的差异，也对城市管理、社会治安造成了不利影响。做好少数民族流入人口的管理工作，为流动的少数民族人口提供教育和工作机会，以及宗教活动场所等条件，有利于促进少数民族人口向东部沿海地区的有序流动、维护社会安定和构建社会主义和谐社会。

关键词：东部沿海地区　少数民族　人口流动　人口分布　威海市

一、引言

少数民族人口向发达地区的流动是一个世界性的发展趋势。据预测，到2050年，亚裔人、西班牙裔人、黑人和其他非白种人群体将占美国总人口的近一半（U. S. Census Bureau，2004）。[②] Dennis Chong 和 Dukhong Kim（2006）针对美国黑人、拉丁美洲人和美国的亚洲人的种族利益受经济地位影响的模式进行了分析研

---

[*] 刘文，山东大学威海分校商学院，教授；E-mail：jnliouwen@163.com。马玉，山东大学威海分校商学院，硕士研究生。
感谢威海市民族宗教局侯俊同志在威海市少数民族调研和数据提供上的帮助，感谢哈工大（威海）副校长蔡琳、山东大学威海分校宋光、威海职业技术学院刘文峰同志在三校少数民族数据上提供上的帮助。
[②] U. S. Census Bureau, U. S. Interim Projections by Age, Sex, Race, and Hispanic Origin, March 2004.

究。其研究发现，对于所有的少数民族，经济地位对种族利益的影响都是由个人的社会经济习惯引起的，因此，种族之间的差异是来源于不同种族的经历和感知能力的差别，而不是理论上进行的界定。①

我国少数民族人口主要分布在西部内陆地区，汉族人口主要分布在中原和东部沿海地区，这样的基本格局持续了相当长的时间。改革开放之前，少数民族向东部城市迁移的数量并不多，相反，出于调节我国各地区人口、资源的不均衡分布状态，缩小经济发展水平和生活水平差距的目的，国家还曾有计划的组织过东部人口密集地区向边远民族地区的大规模移民，东部地区广大农村人口也曾自发的向边疆民族地区进行流动迁移。改革开放之后，城市化进程的加快使得跨越地区之间的人口流动成为必然趋势。东部地区社会经济文化迅速发展，吸引和推动了长期生活在边远闭塞地区的少数民族人口向东部地区和大中城市的大量流动，使东部城市少数民族的人口数量持续增长。

东部地区散杂居少数民族是我国少数民族的重要组成部分。长期以来，无论是政府还是学术界，对散杂居少数民族重视和研究的程度都相对薄弱，学术界对少数民族地区研究西北地区最多，西南地区其次，东部地区相对较少。近年来，东部沿海城市少数民族人口数量呈现明显的增加趋势，流动速度越来越快，规模也越来越大，并呈逐年上升趋势，对流入地和流出地的经济、社会、文化的发展都产生了深远的影响。本文试图对东部沿海地区威海市少数民族人口流动的分布特征、流入动因和影响等方面进行研究，探索通过少数民族人口向东部地区的流动促进民族发展、维护社会安定和构建社会主义和谐社会的基本途径。

二、威海市少数民族的总体发展特征②

威海市③历史上为汉族聚居区，少数民族人口极少，而且这些少有的少数民族

---

① The Experiences and Effects of Economic Status Among Racial and Ethnic Minorities. Dennis Chong, Dukhong Kim. The American Political Science Review. Aug 2006.

② 为了研究的方便，本文的威海市少数民族指在威海居住、生活、从事各种活动的少数民族人口。所有数据均来自于威海市民族宗教局。

③ 威海历史悠久，新石器时代中期，境内就有人类聚居。1398年（明洪武三十一年），为防倭寇侵扰，设威海卫，取"威震海疆"之意，派兵驻屯。1403年，安徽凤阳人陶越调任威海卫指挥金事，奉命征集军民数万人建设卫城，威海卫逐步从有防无城而演变为海防重镇。

1898年，威海卫被英国强租，由英国海军总司令兼理，从1900年开始，设威海卫行政长官署，直接隶属英国殖民部。

1930年10月，中国收回威海卫，直属国民政府行政院。1950年5月，成立文登专区，辖威海（县级）、荣成、文登、昆嵛、乳山、海阳、牟平、福山等8县。1956年2月，文登专区撤销，现威海地改属莱阳专区。1958年10月，莱阳专区改为烟台专区，1967年2月，烟台专区更名为烟台地区，现威海地属之。1983年8月撤销烟台地区，设烟台市（地级），同时威海市（今环翠区）改为省辖县级市，由烟台市代管，文登、荣成、乳山3县归烟台市管辖。

1987年6月15日，国务院以国函〔1987〕105号《国务院关于山东省威海市升为地级市的批复》批准，威海市升为地级市，设立环翠区；将烟台市的荣成、文登、乳山3县划归威海市管辖。9月27日地级威海市举行成立大会，10月1日地级威海市市直机关正式对外办公。

人口经过多年的通婚融合与文化交流,也多与汉族同化。清军入关后,随着清政权的建立,有部分满族居民迁居威海,但直到20世纪80年代,威海市的少数民族人口仍较少。随着改革开放、招商引资和社会经济的发展,少数民族人口开始大量涌入,民族成分和少数民族人口数量都有大幅的增长。

(一) 少数民族人数激增

1990年第四次人口普查,威海市全市总人口为236.50万人,共有少数民族36个,少数民族人口3689人,占全市总人口比重1.56‰。2000年第五次人口普查,全市总人口为259.70万人,共有少数民族46个,占全市总人口5.6‰。2005年全市总人口为249.09万人,共有少数民族44个,2.6556万人,占全市总人口比重10.7‰。截止到2008年10月,全市常住总人口为252.2225万人,暂住人口22.3万人,共有少数民族45个,常住人口13 256人,暂住人口24 720人,占全市常住人口和暂住人口的比重分别为5.26‰和11.85%。

(二) 少数民族结构变化

"四普"时,没有一个少数民族的单民族人数超过1000人,而到"五普"时,朝鲜族、满族、佤族3个少数民族人数超过1000人;100~1000人之间的有蒙古族、回族、拉祜族、白族、傣族、苗族、土家族、彝族、侗族9个少数民族。而且少数民族的位次也发生了一些变化,"四普"时满族是第一大少数民族,而到了"五普"时,朝鲜族变成了第一大少数民族。2005年朝鲜族和满族人数超过1000人,100~1000人之间的有蒙古族、回族、佤族和土家族4个少数民族。2008年,超过1000人的有朝鲜族、满族、蒙古族、回族、佤族5个民族,100~1000人之间的有土家族、白族、壮族、彝族、苗族、达斡尔族、侗族、傣族、拉祜族10个少数民族。在威人数较多的少数民族如朝鲜族、满族、蒙古族、回族、佤族等民族人口数量增加幅度尤为明显(见表1)。

表1   1990年以来威海市各少数民族人口数量变化情况   单位:人

民族 \ 人口分类 年份	常住人口 1990	常住人口 2000	常住人口 2005	常住人口 2008	暂住人口 2005	暂住人口 2008
朝鲜族	740	5770	4278	6306	13 947	16 943
满族	881	3096	2636	3420	1400	2554
蒙古族	170	727	822	1066	499	931
回族	161	463	539	664	242	810
佤族	664	2110	303	481	112	630

续表

民族 \ 人口分类 年份	常住人口 1990	常住人口 2000	常住人口 2005	常住人口 2008	暂住人口 2005	暂住人口 2008
土家族	33	209	113	147	55	170
白族	195	311	53	120	28	65
壮族	51	95	69	110	38	69
彝族	81	158	62	109	73	231
苗族	64	219	65	107	51	127
达斡尔族	10	72	69	90	261	76
侗族	24	104	60	84	30	32
傣族	110	279	45	81	8	54
拉祜族	198	434	41	78	22	83
锡伯族	7	24	57	62	17	33
布依族	29	86	29	47	20	26
哈尼族	28	62	28	39	7	11
藏族	26	24	24	28	47	55
布朗族	36	67	18	23	5	9
瑶族	3	15	19	21	6	10
纳西族	22	28	6	20	1	5
裕固族			0	0	0	2
塔塔尔族			0	0	0	1
赫哲族		6	16	19	1	0
鄂温克族	1	17	15	16	15	25
仫佬族	20	22	10	15	6	4
鄂伦春族		8	15	14	4	10
土族	7	20	9	13	2	11
畲族	6	21	12	12	11	17
傈僳族	66	55	3	11	30	28
黎族	7	10	6	10	17	11
俄罗斯族	1	5	4	9	3	5
维吾尔族	13	35	5	6	116	1417
高山族	4	5	4	4	0	0
羌族	8	2	7	4	3	5
毛南族		4	3	3	1	1
穿青人			1	3	2	15
撒拉族			1	2	2	47
哈萨克族	2	1	1	2	2	12
仡佬族		2	2	4	3	19
景颇族	2	9	1	2	0	0

续表

民族\年份	常住人口 1990	常住人口 2000	常住人口 2005	常住人口 2008	暂住人口 2005	暂住人口 2008
柯尔克孜族		3	2	1	1	132
水族	3	3	1	1	1	1
珞巴族		1	1	1	0	0
东乡族			2	1	0	15
京族	1		1	0	0	0
塔吉克族		3	0	0	0	14
普米族	12	1	0	0	0	1
阿昌族			0	0	9	3
德昂族	4	1				
恕族		1				
乌孜别克族		1				
独龙族		3				
合计	3690	14 592	9458	13 256	17 098	24 720

(三) 少数民族人口流动向中心城市集中

威海市少数民族的分布呈现"两多两少"现象：城区城镇分布得多，乡村分布得少；威海市区分布得多，三县市分布得少。"四普"的时候，环翠区、文登、荣成、乳山的少数民族人数分别占总数的14%、33%、22%和31%。而到了2000年，环翠区的少数民族人数就达到7352人，占整个少数民族人数的50%，文登、荣成、乳山各占18%、16%和16%。2005年和2008年，市区少数民族常住人口和暂住人口占各自总人口的比例都超过了70%，而三县市则都不足30%。从2005年到2008年，环翠区、高区、荣成比例在下降，经区、文登、乳山的比例上升。其原因可能有两个：其一，环翠区在威海市中心，就业压力和人才饱和度相对较大，导致一部分来自经济水平相对落后的地区的少数民族人口进入威海时会选择就业压力相对较小的区域以尽快适应城市的生活。而近年来其他区域的经济发展水平也有所提高，对少数民族流入人口的吸引力也在增强。其二，流入威海的少数民族中有相当一部分在外资企业中工作，有些外资企业为了避开环翠区的高租金，将厂址建在或搬迁至房租成本相对较低的区域，这也会导致环翠区少数民族人口所占比例的下降。

表2　　　　　　　　　威海市少数民族人口区域分布情况

区域	常住人口（人） 2005年	占比*（%）	2008年	占比（%）	暂住人口（人） 2005年	占比（%）	2008年	占比（%）
环翠区	2506	26.50	3323	25.07	11 215	65.59	15 053	60.89
高区	3599	38.05	4861	36.66	2504	14.64	2662	10.77
经区	943	9.97	1452	10.96	570	3.33	1506	6.09
文登	973	10.29	1427	10.77	1254	7.33	3391	13.72
荣成	1062	11.23	1434	10.82	1187	6.94	1271	5.14
乳山	375	3.96	759	5.73	368	2.15	837	3.39
合计	9458	100	13 256	100	17 098	100	24 720	100

注：* 占比为该区域少数民族人口占全市少数民族人口的比重。

（四）少数民族人口性别比失衡

第五次人口普查时，少数民族中的女性人数远远大于男性人数，男性人数为5300人，女性人数为9291人，男女性别比为100∶175.3，比例极其失衡。近年来，性别比失衡现象总体上有所减弱，但各民族发展趋势不同（见表3）。

表3　　　　　　　　2005年和2008年威海市少数民族男女性别比情况

民族 \ 人口分类 \ 年份	常住人口性别比 2005	2008	暂住人口性别比 2005	2008
阿昌族			100∶200	100∶50
白族	100∶341.7	100∶757.1	100∶55.6	100∶41.3
布朗族	100∶1700	100∶666.7	100∶150	100∶71.4
布依族	100∶190	100∶147.4	100∶400	100∶52.9
藏族	100∶118.2	100∶133.3	100∶67.9	100∶103.7
朝鲜族	100∶110.5	100∶109.6	100∶94.1	100∶81.5
穿青人		100∶200		100∶25
达斡尔族	100∶122.6	100∶125	100∶200	100∶130.3
傣族	100∶650	100∶636.4	100∶300	100∶68.8
侗族	100∶275	100∶281.8	100∶200	100∶88.9
俄罗斯族		100∶200	100∶200	100∶400
鄂伦春族	100∶275	100∶366.7	100∶200	100∶900
鄂温克族	100∶200	100∶166.7	100∶150	100∶127.3
高山族	100∶300	100∶300		
哈尼族	100∶600	100∶457.1	100∶133.3	100∶266.7
哈萨克族		100∶100		100∶300
赫哲族	100∶220	100∶216.7		
回族	100∶89.8	100∶94.2	100∶52.2	100∶64.6

续表

民族 \ 人口分类 \ 年份	常住人口性别比 2005	常住人口性别比 2008	暂住人口性别比 2005	暂住人口性别比 2008
京族				100∶3200
拉祜族	100∶412.5	100∶680	100∶83.3	100∶50.9
黎族	100∶500	100∶233.3	100∶54.5	100∶120
傈僳族		100∶266.7	100∶100	100∶86.7
满族	100∶100.5	100∶103.5	100∶104.7	100∶84.0
蒙古族	100∶108.6	100∶114.5	100∶118.9	100∶104.6
苗族	100∶150	100∶148.8	100∶50	100∶62.8
仫佬族	100∶900	100∶400		100∶100
纳西族		100∶300		100∶400
羌族	100∶16.7		100∶200	100∶66.7
撒拉族				100∶30.6
畲族	100∶50	100∶33.3	100∶120	100∶183.3
土家族	100∶88.3	100∶90.9	100∶71.9	100∶41.7
土族	100∶125	100∶62.5		100∶120
佤族	100∶982.1	100∶1165.8	100∶128.6	100∶68.9
维吾尔族	100∶400	100∶500	100∶43.2	100∶89.4
锡伯族	100∶159.1	100∶169.6	100∶112.5	100∶83.3
瑶族	100∶111.1	100∶90.9	100∶100	100∶25
彝族	100∶244.4	100∶336	100∶52.1	100∶68.6
仡佬族		100∶33.3	100∶50	100∶33.3
壮族	100∶91.7	100∶100	100∶111.1	100∶91.7
合计	100∶116.5	100∶120.8	100∶95.5	100∶82.0

注：一些人数较少的少数民族的人口全部为男性或女性，无法计算其性别比，没有列在表中。这些民族有：东乡族、穿青人、哈萨克族、京族、柯尔克孜族、珞巴族、羌族、撒拉族、水族、俄罗斯族、景颇族、傈僳族、毛南族、纳西族、仡佬族、赫哲族、仫佬族、普米族、土族、塔吉克族、塔塔尔族、裕固族。

2000年前威海市少数民族的性别比例失衡主要是因为婚嫁的原因，有十几个少数民族主要是通过婚嫁的形式来到威海，这些民族中有的民族全部是女性。2000年以后，除了婚嫁，威海市的产业结构应该是造成少数民族性别比例偏高的另一个原因。威海市产业结构主要偏重于轻工业，对女职工的需求高于男性。尤其是威海市有很多韩资或日资企业，主要进行电子产品的加工或服装、纺织类产品的生产，一些女性少数民族在这些外资企业中工作。

（五）少数民族人口中儿童比重提高

从2005年到2008年，威海市少数民族人口的年龄结构在各年龄段都发生了微小的变化，有增有减，但并未发现大幅度的波动。少数民族以青壮年为主，20~49 岁的人口比例在 65.46%~81.21% 之间，14 岁及以下儿童比例提高，表明以家庭形式流入威海的少数民族在逐步增加（见表4）。

表4　　　　　　　　　　　威海市少数民族人口的年龄结构

年龄段	常住人口 2005 人数	常住人口 2005 比例(%)	常住人口 2008 人数	常住人口 2008 比例(%)	暂住人口 2005 人数	暂住人口 2005 比例(%)	暂住人口 2008 人数	暂住人口 2008 比例(%)
14 岁及以下	1219	12.89	1787	13.48	1	0.0059	8	0.03
15~19 岁	1181	12.49	996	7.51	965	5.72	1742	7.05
20~24 岁	1254	13.26	1749	13.19	4045	23.98	5334	21.58
25~29 岁	1034	10.93	1446	10.91	3244	19.24	4685	18.95
30~34 岁	1247	13.18	1505	11.35	2287	13.56	2959	11.97
35~39 岁	1063	11.24	1756	13.25	1942	11.51	2886	11.67
40~44 岁	893	9.44	1301	9.81	1675	9.93	2251	9.11
45~49 岁	551	5.83	921	6.95	1252	7.42	1961	7.93
50 岁及以上	1016	10.74	1795	13.54	1454	8.62	2894	11.71
合计	9458	100	13 256	100	16 865	100	24 720	100

注：威海市民族宗教局提供的 2005 年暂住人口的数据中，有 233 人未提供出生年月，因而进行年龄统计时采用的 2005 年暂住人口数是 16 865 人（17 098 人 -233 人）。

（六）少数民族人口分布："大分散，小聚居"

威海市的少数民族人口分布面广，各行各业都有少数民族人员，尚未形成大的单一少数民族的聚居点，且人员流动性较大。他们日常生活呈"小聚居"状态，日常活动呈"小群体"状态。其分布特点呈大分散小集中。有些在威海人数不足 10 人的少数民族，所有在威人口全部集中在相同的区域甚至是相同的工作地点。而像朝鲜族、蒙古族、满族等在威海市人口数量较多的少数民族，其分布则较为分散。为了测定威海市少数民族人口分布的集中或离散趋势，本文用人口离散指数来近似地测定。该指数的含义为：当人口绝对均匀分布时人口离散指数为 1，当人口高度集中于很小的区域时指数接近于 0。其定义如下：

$$D = 1 - \sum_{i=1}^{n} X_i^2 / X^2$$

式中，X_i 表示某民族在各省区（或区域，本文指威海市环翠区、高区、经区、文登、荣成、乳山六个区域，$i=1\sim6$）的人口数；X 表示该民族全市（这里指威海市全市）总人口数，i 表示某个区域。

我们计算了威海市 2008 年各少数民族人口的分布离散度，并与 2005 年数据的变动程度进行了比较。

计算结果表明，2008 年威海市分布最为均匀的少数民族是苗族，离散度是 0.7872，但该水平尚低于全国少数民族人口的离散度水平。2005 年全国少数民族人口分布的离散度是 0.9138。随着社会经济的发展和各地域之间经济文化交流的加强，以及国家少数民族迁移政策的实施，全国少数民族人口分布的离散度仍有上升的趋势。① 2008 年，除全部集中于一个区域的少数民族即离散度为 0 的少数民族外，威海市分布最为集中的是柯尔克孜族，离散度仅为 0.0296。各少数民族分布的集中或离散程度差别并不是很大，近九成的民族人口分布的离散度指数介于 0.5～0.8。各少数民族人口的分布变动趋势并不一致，即有些少数民族的分布趋于集中，而有些少数民族的分布更趋于分散。值得一提的是，由于威海市少数民族人口的总数量占全国少数民族总人口数量的比例相对较小，所以表中所呈现的离散度水平仅可以在一定程度上反映威海市少数民族人口的分布均匀状况。一些在威人数较少的少数民族，如鄂伦春族、阿昌族、哈萨克族等，由于人数较少，即使小规模的人口流动也会导致离散度的大幅度提高或下降，使离散度的变动较大。

表 5　　2008 年威海市各少数民族人口的分布离散度及其对 2005 年的变动率

民族	离散度	变动	民族	离散度	变动
苗族	0.7872	0.0112	俄罗斯族	0.6531	0.0816
傈僳族	0.7837	0.0215	土族	0.6528	-0.0580
布依族	0.7765	0.0052	瑶族	0.6306	0.0962
彝族	0.7734	-0.0155	毛南族	0.6250	0.0000
土家族	0.7706	0.0835	锡伯族	0.6207	-0.0148
侗族	0.7656	0.1903	朝鲜族	0.6108	0.0316
满族	0.7587	0.0046	黎族	0.6032	-0.1870
蒙古族	0.7448	0.0137	哈萨克族	0.6020	0.1576
壮族	0.7446	0.0399	东乡族	0.5859	0.0859
达斡尔族	0.7441	0.3052	鄂伦春族	0.5799	0.0305
鄂温克族	0.7424	0.0624	穿青人	0.5617	0.0617
藏族	0.7380	-0.0333	仫佬族	0.5540	0.0775
白族	0.7374	-0.0491	纳西族	0.5504	-0.0618
回族	0.7155	0.0502	撒拉族	0.5364	0.5364
傣族	0.7143	-0.0041	仡佬族	0.5104	0.5104
畲族	0.7134	0.0669	高山族	0.5000	0.0000
拉祜族	0.7130	0.0962	科尔克孜族	0.0296	-0.4148
赫哲族	0.7091	-0.0313	水族	0.0000	0.0000
佤族	0.6935	0.0357	景颇族	0.0000	0.0000
羌族	0.6914	0.0514	裕固族	0.0000	0.0000
布朗族	0.6680	0.0290	珞巴族	0.0000	0.0000
哈尼族	0.6648	-0.0111	阿昌族	0.0000	-0.4444
维吾尔族	0.6589	0.2353	普米族	0.0000	0.0000

① 骆为祥：《少数民族人口分布及其变动分析》，载《南方人口》2008 年第 1 期，第 45 页。

三、威海市少数民族流入的起因

多种因素决定人口流动。坎贝尔·R·麦考马克等（2004）指出，年龄、教育水平、家庭因素、距离、失业率、住宅所有权、营业执照、当地政府政策、目的地语言、工会会员身份、环境质量等因素影响到人口流动的决策。[①] 林钧昌（2005）则将我国少数民族人口迁入东部地区的方式归纳为三种：因工作调动、毕业分配、部队转业等形式到东部定居；在经济利益拉动下因务工、经商到东部省份安家落户；因婚嫁关系到东部省份安家落户。[②] 威海市少数民族流入的起因及发展既有其他地区少数民族流动的共性，也有自己的特点。

（一）区位优势、经济优势和生态优势，是吸引少数民族人口流入的主要原因

威海市地处山东半岛最东端，三面环海，东与朝鲜半岛、日本列岛隔海相望，是中国距韩国最近的城市，地处环渤海经济带与东北亚经济圈的交汇点，是中国联结内地与东北亚地区之间的"黄金通道"；设有国家级高新技术产业开发区和经济技术开发区，并辖荣成市、文登市、乳山市三个"百强县"[③]，建市以来，GDP年均增长17%左右。完善的基础设施，便利的交通条件，使其成为一座非常适合投资创业的沿海开放城市；天然的气候和地理优势使其获得联合国"人居奖"，成为最适宜人类居住的城市。人居环境和经济发展的机会是威海市吸引外来投资的重要原因，也是外地人口包括少数民族人口大量涌入的重要因素，成为人口迁移流动中典型的人口净流入地区。

（二）婚嫁使西南女性少数民族进入威海的三县市

过去，主要是三县市寻找配偶比较难的农村男青年通过支付聘礼，甚至买卖婚姻的形式与外地少数民族女青年成婚，随着当地经济的发展，外地少数民族女青年开始主动到威海联姻。从调查数据看，"四普"时佤族中有将近600女性嫁到威

---

① 坎贝尔·R·麦考马克、斯坦利·L·布鲁、大卫·A·麦克菲逊：《当代劳动经济学》（第7版），刘文、赵成美等译，人民邮电出版社2006年版，第239~243页。

② 林钧昌：《少数民族人口的迁入对东部城市民族关系的影响》，载《烟台师范学院学报（哲学社会科学版）》2005年第12期。

③ 2008年7月揭晓的第八届县域经济百强县（市）榜单中，荣成市位列第10名，文登市位列第16名，乳山市位列第60名。

海,而到"五普"时,这一数字扩大到将近2000人。佤族主要聚居于云南省西盟、沧源、孟连3县及其周围山区,如果当地人不了解威海,就不会有那么多佤族人嫁到威海来,主要是已嫁入威海的佤族女性起到了媒介和示范作用。

2000年,有14个少数民族主要是通过婚嫁的形式来到威海,这14个民族中有的民族全部是女性,有的是男性的比例很小,不到10%,如纳西族、仫佬族、景颇族等,全部是女性;白族311人,296人是女性;傈僳族55人,54人是女性;拉祜族434人,410人是女性;佤族2110人,2010人是女性。这14个民族有个共同的特点:几乎全部来自西部,以云南、贵州等地的少数民族为主。

(三) 学习培训是青年少数民族人口进入威海的主要动因

中学生和大学生也是威海少数民族流入人口的重要组成部分。威海市驻有3所面向全国招生的高校,包括山东大学威海分校、哈尔滨工业大学威海校区、威海职业技术学院,每年通过招生,有不少少数民族学生进入威海市高校学习,2008年3所高校在校学生中有26个民族,945人,其数量占威海市全部少数民族常住人口的7.13%,其中有13个少数民族的该比例超过了15%,尤其是仫佬族在威海市的4个人皆为高校在校学生。

表6　　　　　　　2008年威海市三所高校少数民族学生人数

民族	山东大学(威海)(人)	哈尔滨工业大学(威海)(人)	威海职业技术学院(人)	总计(人)	占常住人口比例(%)
白族	4	1	4	9	7.50
布朗族	1			1	4.35
布依族	5	2	2	9	19.15
藏族	4	1	2	7	25.00
朝鲜族	53	34	25	112	1.78
达斡尔族	1	1	2	4	4.44
傣族	1			1	1.23
侗族	6	9	2	17	20.24
鄂温克族	1		1	2	11.11
哈尼族	2	2	1	5	12.50
回族	88	44	48	180	12.82
满族	79	123	50	252	27.11
蒙古族	62	74	41	177	7.37
苗族	13	14	5	32	16.60
羌族	1			1	29.91
畲族	2	5		7	6.67
土家族	15	29	4	48	5.00
土族	3	3	3	9	25.00

续表

民族	山东大学（威海）（人）	哈尔滨工业大学（威海）（人）	威海职业技术学院（人）	总计（人）	占常住人口比例（%）
锡伯族	2	3	2	7	58.33
瑶族	3	7	1	11	32.65
彝族	4	6	4	14	69.23
仡佬族	1	1	2	4	11.29
壮族	13	18	2	33	52.38
纳西族		1		1	12.84
仫佬族		1		1	100.00
俄罗斯族			1	1	30.00
总计	364	379	202	945	7.13

自 2000 年起，威海一中、荣成六中、文登市的中学开始设有新疆部，为来自新疆、皮山县、和田等地区的维族学生提供 4～7 年时间的培养教育。每年有超过 200 人的少数民族中学生在威海学习。

（四）早期威海外出流动人口的回迁

流动人口通常遵循"老路子"并聚集到有熟人的目的地。迁移者通常遵循家人、朋友或亲戚以前的路线，这些前期的迁移者通过提供工作信息、就业联系、临时性的住房以及文化上的联系来降低后继者迁移的难度。[①] 很多时候，迁移者及其后代在目的地的工作、生活遇到问题时就存在大量的"回迁"（Backflows）现象。[②]

新中国成立前，胶东人民为生活所迫，有很多人外出谋生。古有"富走南，穷跑京，实逼无奈闯关东"的谚语。外出的人同当地人婚配定居，如今威海社会经济飞速发展，许多当年外出的威海人又重返故土，随迁的家属中就有不少少数民族，尤其以黑龙江、吉林等地的满族、朝鲜族为多。

（五）其他途径

有些少数民族大中专毕业生分配到威海，还有些少数民族人员是通过工作调动、部队转业、投亲靠友来到威海等等。

---

① Paul S. Davies, Michael J. Greenwood and Haizheng Li, "A Conditional Logit Approach to U. S. State-to-state Migration," Journal of Regional Science, May 2001, pp. 337 - 360.

② 在美国出生的移民中，回迁的可能是那些在美国劳动力市场上运气不好的人。Patricia B. Reagan and Randall J. Olsen, "You Can Go Home Again: Evidence from Longitudinal Data", Demography, August 2000, pp. 339 - 350.

四、威海市少数民族流入的影响

大量少数民族人口的流入,使得具有民族特色的饮食、服饰和风俗文化随之深入到东部城市,多民族化和文化的多元化已成为威海城市发展的一大特色和动力。民族间人口流动能够加强不同民族之间的社会交往和经济联系,有利于经济的发展与繁荣,促进民族间的文化认同与变迁,有利于社会进步与文明,但也存在不容忽视的负面影响。

(一) 少数民族人口的流入促进了威海市经济多元化的发展

威海市的少数民族经济主要可划分为朝鲜族、穆斯林和其他少数民族这三类。朝鲜族人口的大量增加,对于招商引资、发展外向型经济、丰富人们的物质生活文化等都发挥了积极的作用。目前,威海的韩资企业已有1700多家,基本上每个韩资企业都雇有朝鲜族职员,他们利用与韩国人语言相通、风俗习惯相同的优势,在企业中从事翻译和管理等方面工作,有的当上了企业的高层管理人员,收入丰厚。朝鲜族在威海市共有200多家生产企业,主要从事服装、电子、厨房用具、工艺品、小商品等的生产,产品主要出口韩国;穆斯林人口分为两类,高学历的穆斯林分布在威海的政府、教育、司法等部门工作,主要来自于大学毕业生和部队转业者;来自西部地区的穆斯林,学历较低,主要是回族和维吾尔族,他们大都在各市区的城区从事个体经营活动,主要是开清真饭店(分布在威海市区的拉面馆有160多家),摆烧烤摊点,卖葡萄干、药材、毛皮等;其他少数民族,像满族、蒙古族很多从事科教、文化行业,开拓能力较强;佤、拉祜、傣、彝、白等族多为妇女,主要在农村,以从事种植业和庭院经济为主。

(二) 少数民族人口的流入促进了威海市文化多样性的发展

流动的少数民族人口是文化传播的载体,也是文化发展的推动力。他们将各民族的传统文化带入城市,从而促进了城市文化多样性的发展,各民族文化互相适应和整合,丰富了城市文化的内涵,也为威海的发展注入了新的活力。

各少数民族大都信仰宗教,甚至有的民族几乎全民信仰某一宗教。宗教伦理对现代经济活动具有积极的影响。市场经济的发展特别是其利益驱动原则的社会化使得人们职业道德意识衰退、敬业乐业精神淡化,而宗教文化在强化职业道德观念、培养人们敬业进取精神方面具有独特的功能;市场经济推进过程中出现的激烈竞争和市场经济对于物质层面的极大关注,极易造成社会生活的世俗化、功利化和非人道化，而宗教文化则通过对人们的思想和精神进行理性的引导，有助于消除社会冷漠，增进人际和谐，对于人们个体的心理和整个社会的健康发展都具有重要意义。威海市作为一个在市场经济的轨道上高速前进的城市，不可避免地会受到市场经济不利因素的负面影响，而少数民族人口的流入带来的丰富的宗教文化和伦理，则在一定程度上有助于缓解不利因素的影响，维护经济的健康运行。宗教文化对威海市现代经济的发展带来积极影响。

（三）促进了本民族的发展

流动人口是最有活力的人口，少数民族人口流迁本身的特点显著，在本民族中有着较强的影响。在威海市的少数民族流迁人口中，既有普通的打工者，也有经商办企业者，既有单纯的体力劳动者，又有知识型的专业技术人才，甚至高层次的专家学者。他们在本民族中有着较高的威望和影响力，具有较强的反映民族意愿的能力，他们代表着打破传统生活的力量，同样是民族地区现代化不可小视的一个社会群体。

人口流动改变了流动少数民族的思想观念，科学、民主意识在不断增强，知识和技能水平不断提高，扩大了其收入渠道，带来了收入的稳定增长和生活水平的持续改善。流动的少数民族与自己的家乡有广泛联系，也与自己民族的其他地区的成员有联系。即使出生在城市并在城市长大的少数民族成员，因父、祖辈的关系，因民族感情、民族意识等纽带关系，加上一些工作关系，大多数都与自己民族地区或其他民族地区有或多或少的联系。由此，沿海地区少数民族与民族地区的少数民族互相影响、互相促动，影响着东部和西部、城市和乡村差别的改变。这无疑会加速中国城市化进程，缩小地区差别。

（四）少数民族人口流入对城市管理和社会治安也带来了负面影响

各民族之间思想观念、思维和生活方式的差异，使流入的少数民族人口并不能迅速融入城市生活，从而增大了城市管理的难度。少数民族流入人口以前的生活环境与现在的城市环境不同，原有的生活方式和行为准则与城市生活方式不同，一些少数民族流动人口以同省、同县、同乡、同村为纽带关系集中居住，他们在保持浓厚的本民族文化传统的同时，又不可避免地与当地文化相接触、相碰撞，对民族尊严和政治平等权益是否受到尊重十分敏感，要求较为强烈。因而对民族间的交往变得敏感而谨慎，喜欢在本民族内组织活动，进行社会交往，不愿意参加到各民族共融的活动中去，民族自我保护意识较强。在这种情况下，如何帮助少数民族流入人口尽快融入城市生活，已成为一个现实的难题。

五、结语

目前和今后一段时期,"孔雀东南飞"的少数民族人口流动趋势还会持续。如何发展少数民族经济、如何有序开展民族宗教工作、如何有力保护少数民族人口的合法权益,促进各民族团结和和谐发展,依旧是威海市城市工作的难点,也是东部沿海地区促进民族团结、维护社会安定和构建社会主义和谐社会面临的共同问题。

1. 做好少数民族流入人口的管理工作,对有关少数民族管理工作的各部门进行民族政策、少数民族经济政策和扶植政策的宣传,并对广大群众进行民族观教育;加强少数民族管理的法规建设和体系建设,完善少数民族人口的法制化管理服务机制。中国的民族法制建设已经形成了以《民族区域自治法》为核心的民族法制体系,民族工作已初步纳入法制轨道,各民族群众中民族法制观念得到培育,特别是1993年《城市民族工作条例》颁布以来,各地城市民族工作取得了很大成就。但是涉及少数民族人口流动工作的法律法规还较为薄弱,因此应该尽快完善相关的法制基础,从而使少数民族流动人口的管理工作有法可依;同时,应该建立和完善有效率的民族工作体系和管理服务机制,在处理民族问题上加强忧患意识和责任意识,采取积极有效的措施,构建和谐的新型民族关系。

2. 城市建设工作的开展,应充分考虑到各少数民族人口的需求。各少数民族大都信仰宗教,宗教活动需要固定的场所和设施。威海市的宗教建筑凸显了历史的轨迹,天主教的宽仁院体现了英国传统建筑的风格,基督教的福门堂具有日韩建筑的特色,赤山法华院则在中、日、韩佛教界中享有盛名。但是,世界三大宗教之一的伊斯兰教在威海尚无宗教活动场所。威海现有10多个民族信仰伊斯兰教,穆斯林3000余人,由于没有清真寺,穆斯林的日常礼拜、开斋节、古尔邦节等宗教活动受到限制,对穆斯林在威海的发展不利,影响了威海市向国际都市迈进的步伐。因此,建设富有阿拉伯特色的清真寺、穆斯林公墓,使威海的宗教文化均衡发展,不仅能够满足流入威海市穆斯林的宗教需要,也能为吸引世界穆斯林,尤其是中东国家的客商和游客创造条件。适宜的文化、宗教设施和条件,将丰富威海"最佳人居"城市的人文内涵。

3. 加大对少数民族经济社会发展的扶持力度。针对流入威海市的少数民族人口以青壮年为主,14岁以下儿童比重增加的现状,为少数民族的教育、医疗、保险等提供条件。在涌入威海的众多少数民族人口中,虽然也有很多靠勤劳和技术发家致富并带动本民族经济发展的典型,但大多数少数民族人口的经济条件都相对落后于当地平均水平。究其原因则主要是少数民族人口大多科技文化素质较低,市场风险意识差,家庭负担重,缺乏政策的扶持。较高的经济地位能够淡化对种族差别的强调。① 应为少数民族提供更多的培训、就业机会，为其提供户口登记、子女入学、计划生育、经商地点、房屋租住、法律咨询、务工信息等服务，进一步改善和提高少数民族流动人口的生活质量，使各族人民共享经济发展的成果。

参考文献

1. Dennis Chong, Dukhong Kim：The Experiences and Effects of Economic Status Among Racial and Ethnic Minorities, The American Political Science Review, Aug, 2006.

2. Patricia B. Reagan and Randall J. Olsen：You Can Go Home Again：Evidence from Longitudinal Data, Demography, August 2000, pp. 339 – 350.

3. Paul S. Davies, Michael J. Greenwood, Haizheng Li：A Conditional Logit Approach to U. S. State-to-state Migration, Journal of Regional Science, May 2001, pp. 337 – 360.

4. U. S. Census Bureau, U. S. Interim Projections by Age, Sex, Race, and Hispanic Origin, March, 2004.

5. Marc Hooghe, Ann Trappers, Bart Meuleman, Tim Reeskens：Migration to European Countries：A Structural Explanation of Patterns, 1980 – 2004, The International Migration Review, Summer, 2008, pp. 476 – 502.

6. 迟丽华：《山东东部沿海地区少数民族人口流迁问题研究》，载《满族研究》2006 年第 2 期，第 14 ~ 20 页。

7. 坎贝尔·R·麦考马克、斯坦利·L·布鲁、大卫·A·麦克菲逊著：《当代劳动经济学》（第 7 版），刘文、赵成美等译，人民邮电出版社 2006 年版，第 239 ~ 243 页。

8. 林钧昌：《少数民族人口的迁入对东部城市民族关系的影响》，载《烟台师范学院学报（哲学社会科学版）》2005 年第 12 期，第 16 ~ 20 页。

9. 骆为祥：《少数民族人口分布及其变动分析》，载《南方人口》2008 年第 1 期，第 42 ~ 49 页。

10. 马克林：《宗教伦理在西部经济发展中的作用》，载《开发研究》2002 年第 5 期，第 40 ~ 42 页。

11. 张善余、曾明星：《少数民族人口分布变动与人口迁移形势》，载《民族研究》2005 年第 1 期，第 18 ~ 20 页。

---

① Dennis Chong, Dukhong Kim：The Experiences and Effects of Economic Status Among Racial and Ethnic Minorities, The American Political Science Review, Aug. 2006.

河北省利用京津物质资本和人力资本优势的机制研究

王金营　贾冀南[*]

摘　要：当前，京津冀经济一体化已经是中国经济的热点。但是，河北经济在此进程中却表现得落后于京津两地，即不存在经济学上所阐述的经济趋同现象。本文从新古典经济学的理论入手来分析京津冀物质资本及人力资本的流动及带来的影响，最后提出了河北今后应采取解决措施。

关键词：京津冀　物质资本　人力资本

一、引言

进入21世纪以来，京津冀地区由于其空间关系、经济地理的特殊性和一省两市经济、社会、文化、环境等方面的内在联系，客观上形成了一个具有人缘、地缘和业缘密切往来的经济统一体。这一地区的人口数量、市场容量、投资环境、资源结构、经济密度和生产要素的特殊组合，充分展示了京津冀地区将成为21世纪我国区域经济发展新的增长极的可能性。京津冀是环渤海经济圈的核心部分，虽与长三角、珠三角存在差距，但已逐步成为带动我国区域经济发展的第三个增长极。

京津冀合作的优势主要在于三地所具备的完整基础设施体系，基础产业体系，较完善的城镇体系和港口体系，拥有丰富的自然和人文资源优势等。所以，京津冀可能也应该成为中国北方最重要最发达的地区，成为北方地区的经济、贸易、金融、科技中心；并将可能成为继珠三角、长三角之后，中国经济发展潜力最大的经济增长中心。

然而，该区域内作为一个环绕京津拥有得天独厚条件的河北省却在经济发展水平社会发育程度上与京津差距较大，与珠三角和长三角两个区域相比，京津冀区域内部协调，河北省长期大差距落后于京津最终会制约该区域经济社会发展。为什么京津冀没有像其他两个区域那样子区域处于相对协调？这其中必然还存在很多的问

---

[*] 王金营，河北大学经济学院，教授、博士生导师；E-mail: wangjy369@263.net。贾冀南，河北工程大学，副教授，河北大学世界经济专业博士研究生。

题。主要表现为京津冀经济发展的不平衡、不协调的矛盾对京津冀区域经济发展所产生的制约远甚于其他的区域经济体。有人认为三方高层次合作磋商机制没有建立、合作模式不明确等。固然有此一说,但是对河北省来说,核心的问题是不能够等着京津改变他们的发展思路,而是如何创造条件和机制去充分利用京津的各种优势,特别是积极吸引物质资本和高水平人力资本为河北省经济建设服务。基于此就涉及京津冀之间物质资本与人力资本的流动问题。简单地说,如果三地物质资本与人力资本流动都积聚到京津地区,那么,河北的经济发展不但会落后,而且会直接影响京津冀经济一体化的合作与前景。那么,到底为什么产生这样的状态呢?本文将从物质资本和人力资本的流动着手来分析这个问题。

二、新古典经济理论关于人力资本流动和地区经济趋同的理论分析

(一) 人力资本流动的理论

人力资本流动研究最早可追溯到古典人力资本理论(Mincer, 1958; G. R. Becker, 1962; T, D. Schultz, 1961)。人力资本的流动是一种复杂的社会经济现象,E. M. 胡文(E. M. Hoover)在谈到就业区位选择与劳动力流动性时指出,人们喜欢在一个地区工作,不喜欢在另一地区从事同样工作,其原因为:第一,流入地的报酬和福利较高;第二,相同收入水平下生活费低;第三,可能考虑到工作本身的某方面优势;第四,该社区作为居住地更合适,如气候、文化和社交机会及同其他地方来往。E. G. 雷文斯德恩(E. G. Ravenstein)提出了颇具解释力和影响力的"推—拉"人力资本流动理论模型,认为无论是在人力资本的迁出地还是在迁入地都存在一定的推力因素和拉力因素,只不过在迁出地的推力因素和迁入地的拉力因素所产生的合力大于迁出地的拉力因素和迁入地的推力因素所产生的合力,进而导致人口流动;反之,则人口反向流动。"推—拉"人力资本流动理论分析了劳动力流动的动力机制,认为人们流动是在"推力"和"拉力"的共同作用下产生的。

在现代经济中,人力资本的流动是技术扩散的必要条件,是科学技术进步和经济增长的重要源泉。按照新古典经济理论,如果生产要素的流动没有受到任何限制,那么人力资本的流动将促使区域收入水平趋同。有关研究结果显示,只有拥有一定人力资本的欠发达国家或地区才能实现经济的快速发展,而人力资本的流动使发达地区与欠发达地区人力资本的差距越来越大。高学历、高素质的高科技人才及管理人员则倾向于从欠发达地区流向发达地区,即物质资本倾向于流向人力资本存量集聚的地区。同样,人力资本也趋于流向物质资本丰富的区域。而这种流动的结

局最终导致区域间人力资本差距的扩大及由此所产生的区域经济增长速度放慢的局面。Walz（1997）认为，通过劳动力的流动，会导致知识及技术信息在区域间的转移，这会使发展中国家或落后地区形成产业集聚，从而促进区域经济的增长。

新增长理论强调知识技术是内生的，并导致要素边际收益递增（至少不是递减），使得经济实现持续的增长。阿罗（Arrow，1962）最早用内生技术进步来解释经济增长，假定整个经济体系内存在技术溢出，在不存在政府干预时竞争性均衡是一种社会次优，均衡增长率低于社会最优增长率，政府可以采取适当政策提高经济增长率，使经济实现帕累托改进。此后，罗默（Romer，1986）在其知识溢出模型中，用知识的溢出效应说明内生的技术进步是经济增长的唯一源泉，强调知识的外部性对经济的影响。卢卡斯（Lucas，1988）的人力资本溢出模型则认为整个经济体系的外部性是由人力资本的溢出造成的。人力资本对知识和技术创新扩散有较强的外部性，并影响经济增长。进行技术创新的产业集群在空间集聚，与大学、政府、中介等社会组织密切结合。因此不同区域创新能力的不同导致区域经济增长的不平衡。人是进行知识和技术创新、扩散的最重要的主体。在技术创新的过程中，人力资本作为一种重要的生产要素，各种不完全同质的人力资本相互匹配、相互作用、相互学习创造出效益。人力资本的良性结合不仅能提高人力资本的生产效率，还能提高其他生产要素（例如物质资本等）的边际生产率。

因此，一个落后国家或地区要实现经济发展，一方面要尽快培养和积累大量的人力资本，另一方面应鼓励对外开放和吸引外部资本进入，促使先进技术溢出到本国或地区，形成一种有效的"外溢效应"，促进本地区经济快速增长。

（二）区域经济增长的趋同与差异

根据新古典经济增长理论中资本要素的边际收益递减规律，资本由稠密地区向稀疏地区流动，因此人均资本存量较少的区域由于较高的资本收益而比经济发达区域有较高的经济增长速度。因此，经济欠发达区域存在向经济发达区域的趋同。罗伯特·约瑟夫·巴罗和萨拉·I·马丁（Robert Joseph Barro & Sala-I. Martin，1995）把趋同分为 σ 趋同和 β 趋同，并进行了大量的实证研究。从世界各国或者某国家内各区域之间的相对人均收入差异程度随时间推移而减小，亦指各区域人均 GDP 差异随时间的推移而缩小，这种趋同称之为 σ 趋同，是一个与横截面数据相关的趋同假说。在两个国家或区域之间进行比较，欠发达地区的经济增长速度快于发达地区的经济增长速度，使得两个国家或区域最终的人均收入水平趋于相同，这称之为 β 趋同，是指与时间序列相关的趋同假说。β 趋同又分为绝对 β 趋同与条件 β 趋同两种形式。绝对 β 趋同是指各区域的产业结构、投资率、人力资本条件、技术水平等结构变量不存在显著差异，经济贫穷的地区在不受经济条件限制的情况下比富裕地区有更快的人均收入增长，各区域向相同的稳定态收敛。而当各区域的结构变量差异较大时，各区域存在不同的稳定状态，那些离稳定状态值越远的区域经济增长越快，使得各区域经济会向各自不同的稳定态收敛。换言之，在这些存在不同结构变量的区域中那些拥有相似结构特征的区域，在人口增长率、劳动参与率、储蓄率、投资率、折旧率和生产函数等方面表现出明显的趋同性，并独立于其起始的条件，即形成条件β趋同。俱乐部趋同是条件β趋同的一种形式。各国家或区域因技术、制度、文化、偏好特征相似形成国家或区域俱乐部，每个俱乐部内部各国家或区域间具有相同的经济稳态，因而各俱乐部的成员均向各自的经济稳态趋同，这种现象称为"俱乐部趋同"。

索罗（Solow，1992）在利用内生经济增长模型解释地区间经济增长的收敛机制时，假设地区间是不存在劳动力的流动的。同样，巴罗和萨拉·I·马丁（1992）用于验证地区间经济增长存在条件趋同时所建立的模型中也做出了同样的假设。这个假设是基本上符合有严格出入境管理的国家之间的实际情况的。因为美国的劳动力市场发育比较完善，市场的价格机制可以很好地调节人力资本在地区间的配置，在这样的国家之间不存在大规模的人力资本流动。但是在一国之内或具有开放边界的欧盟情况却完全不同，此假设下的索罗的内生收敛机制也无法解释中国的地区差异。

新古典经济增长理论依据资本边际收益递减的假设做出预测，认为不同地区间的经济增长存在趋同趋势。即初始物质资本存量少的地区具有比初始物质资本存量多的地区更高的边际收益率，所以会有相对较快的经济增长速度，并最终达到与初始物质资本存量较高的地区的趋同。鲍莫（1986）采用麦迪逊（Maddison）的数据进行了实证分析，结果显示，自1870年以来16个较富裕国家的经济增长显示了较强的趋同性。但德朗（Delong，1988）认为鲍莫选取的样本有偏，故结果值得怀疑。他用更广的数据加以实证，发现并不存在广泛的趋同现象。罗默（1986）在其提出的内生增长模型中认为，由于知识资本内生于生产函数中，其外溢效应和累积效应又会产生规模递增，这样就导致初始产出水平较高的国家具有更高的人均知识资本存量，从而也就具有更高的人均产出。这样罗默就从理论上提出了对增长收敛理论的怀疑。卢卡斯（1988）通过将人力资本引入经济增长理论，并将其区分为一般人力资本和专业化人力资本，进而通过分析一般人力资本的外溢效应和专业化人力资本在国际贸易中对两国经济增长模式的锁定效应，也对经济增长的趋同假说提出了质疑。这种矛盾的现象其根源在于由于人力资本的外溢性和人力资本趋利流动性使得区域经济增长不遵循趋同理论。

对中国的实证分析表明，中国的经济增长始终存在着区域差距。因此，改革开放以来的中国的经济增长，各个地区的起点是不同的。大多数的研究都发现，改革以来的经济发展差距不仅继续存在，而且呈现扩大的趋势。进一步的研究表明，中国的经济增长虽然在整体上不存在趋同现象，但是却存在以东部、中部和西部各省区为单位的地区内的"俱乐部趋同"现象。当前的研究表明，全国范围和西部省区内部并不存在绝对趋同。如果通过有意识的控制诸如初期人力资本存量、市场化程度、贸易依存度、投资效率、工业化程度等这些影响因素,创造条件,全国地区之间的趋同是可能实现的,区域间的"俱乐部趋同"也是可以实现的。但是,目前的研究文献又大都忽略了人力资本地区间流动和各地区人力资本激励制度差别的对于地区间趋同的影响,本文将深入分析物质资本和人力资本流动对京津冀地区间差距的作用机制,以期为河北省建设经济强省战略实施中如何利用京津物质资本和人力资本优势,在理论上和实证上提出有效途径和战略指导。

三、京津冀区域间物质资本与人力资本流动的现实

(一) 京津冀物质资本流动现状

在京津冀经济圈中,河北省由于历史等多方面的原因,经济发展水平明显落后于京津地区,虽然经济总量排全国第五,但人均 GDP 仅是京津的 1/2 左右。河北省要融入京津冀经济一体化的发展过程中,迫切需要的就是资金投入,尤其是京津资本的大量投入。但是,当前三地之间的物质资本流动却是京津地区对河北省的物质资本产生了明显的"虹吸"作用,河北省由于缺乏物质资本的支撑使得经济发挥展受到了极大的制约。

由于京津冀之间民间物质资本投资统计数字的局限性,所以,我们可以从金融资本的流动和资本市场上的资金流动来说明京津冀之间的物质资本的流动情况。何况,企业之间的跨地区投资,很大一部分是通过银行系统的转账来实现的,所以,研究一个区域的存贷比可以很好地反映出京津冀之间民间物质资本的流动趋势,而同时以京津冀之间资本市场的筹资额间接反映三地资本之间的流动。

1. 京津冀之间存贷比。存贷比即银行贷款总额/存款总额。从银行盈利的角度讲,存贷比越高越好,因为存款是要付息的,即所谓的资金成本,如果一家银行的存款较多,贷款相对较少,这就意味着它成本高,而收入少,银行的盈利能力就较差。存贷比这个指标可以从理论上衡量区域间金融资源的流动和配置关系,存贷比相对较高的地方说明资金利用率越高,银行闲置资金较少,储蓄转化投资率较高,甚至吸引区域外资金流入;存贷比较低的区域与之相反。从理论上讲,发达地区的存贷比要高于欠发达地区。

从京津冀之间的存贷比来分析可以看出,1995~2006 年,北京的存贷比呈小幅上升的趋势,天津的存贷比也比较稳定,而河北省的存贷比却有比较大幅度的下降。在 1995 年存贷比为 91.13%,到了 2006 年存贷比下降到了 59.05%。河北省的存贷比呈下降趋势,但是北京的存贷比呈小幅上升趋势。从表 1 中可以看出,河

北的存贷比要高于北京,但是,北京信贷基数较大,并且存贷比呈上升趋势,河北省正好相反,基数小且存贷比呈下降趋势。这就说明河北省的金融资源并没有留在本地,而是大量地流向了其他地区,具体流向了哪些地区虽然不很明确,但是河北省与京津的地缘关系、产业之间的紧密联系远比其他地区要近。所以,河北省的金融资源流向京津地区的可能性无疑会相对更大,河北省与京津之间的金融资本流动无疑是处于净流失状态。据统计,仅2003年1年北京通州区引自于河北的项目就达16项,引资额19 100万元。这种物质资本的流动更加剧了河北资本量的紧缺,而缺少物质资本的流入已经制约了河北经济的快速发展。

表1　　　　　　　　　　1995～2006年京津冀三地存贷比　　　　　　　　　单位:%

年份	北京	天津	河北
1995	51.10	103.15	93.13
1996	47.85	97.02	87.74
1997	49.86	91.92	91.55
1998	49.08	87.55	92.25
1999	51.19	88.60	91.90
2000	55.60	81.68	77.58
2001	53.95	84.29	76.45
2002	55.65	83.46	76.77
2003	58.89	84.94	73.10
2004	57.09	80.80	66.51
2005	52.94	77.71	59.59
2006	53.65	78.18	59.05

资料来源:根据《河北经济年鉴(2007)》、《北京统计年鉴(2007)》、《天津统计年鉴(2007)》计算整理。

2. 京津冀之间资本市场筹资比较。资本市场发展的差异使得河北省大量的物质资本流向了其他地区。从市场总市值比较,如表2所示,仅2006年京津冀三地的上市公司数量和市值存在较大差异,北京和天津的资本市场总市值分别是河北省的51.82倍和7.63倍。由于京津两地上市公司不仅数量较大,而且大多属于经营业绩稳定且极具潜质的公司,无疑河北省的资金通过资本市场大量流向了京津地区。

表2　　　　　　　　　　2006年京津冀之间资本市场对比

省份	上市公司数量(家)	证券营业部数量(家)	证券服务部数量(家)	总市值(亿元)
北京	92	172	14	50 029.48
天津	23	73	11	7365.73
河北	35	61	61	965.36

资料来源:根据《河北经济年鉴(2007)》、《北京统计年鉴(2007)》、《天津统计年鉴(2007)》整理。

(二) 京津冀人力资本流动现状

据 2003 年的数据,河北省与京津在各种人才指标上与京津相比有很大差距。如专业人员总量京津冀分别为 1 469 909、474 767、1 593 781 人,每万人拥有的专业技术人员及在全国的名次,北京为 1009.55 人,排名第一,天津为 469.6 人,排名第二。河北省为 235.45 人,仅排名第 17 位,是北京的 1/4 和天津的 1/2。人才市场发展指数及在全国的名次中,北京为 0.691,占第三;天津为 0.631,排第七;而河北省为 0.418,排第 28。以上这些数字显然与河北省作为东部沿海经济大省的地位很不相称。河北省这几年人才流失问题严重,而流向京津的人居多。据河北省人事厅的一项研究报告表明,2001～2004 年河北外流的 8170 名人才中,90% 流向了了京津和上海,且流入京津的高技术人才逐年增多呈现上升趋势。

(三) 京津冀物质资本和人力资本流动的影响

河北省具有丰富的自然资源、完整的经济体系、完备的基础设施、齐全的地形地貌、雄厚的农业基础和众多的人力资源,这是河北省的优势所在。1997 年以来,河北省的 GDP 总量长期居于全国第六位,2003 年跃居第五位,可以说,河北省称得上是一个经济大省。尽管如此,河北省与京津的经济发展极不平衡,差距十分明显,这种差距不是呈梯度缓坡状而是呈落差悬崖状态。近 10 年来,京津在城市发展上同河北省一样一直处于集聚周围生产要素的时期,远未形成扩散机制,其间存在着障碍因素,京津经济的高速发展并未对河北省的经济起到明显的辐射与带动作用。因此,京津与河北省在经济上并没有达到互动共赢的理想关系。理论上,在生产要素流动中,只有当流入的生产要素与原有生产要素形成质的融合,才能引起生产要素流入成员的产业结构得到优化、生产要素流出成员的产业结构得到进一步演进,从而实现双赢和提升经济圈整体竞争力。中国自改革开放以来,尤其是 90 年代初以来一直存在着地区间的大规模人力资本流动。劳动力的合理迁移也是人力资本投资的一种方式,因为迁移会提高资源的配置效率并进而提高边际生产效率。在京津冀经济圈中,对于相对落后的河北省来说,需要通过以流入的技术、资金等生产要素作为"增长点"或"扩散源",带动原有生产要素发生"优化"运动,从而使河北省产业系统生产要素在形态组合关系上由原来低层次均衡状态进入非均衡态发展,最后达到产业结构升级的目的。然而,河北省目前的物质资本和人力资本流入都较少,相反流出较多,资本和人力资本存在着净流出,因此这种要素流动并不能给予河北经济的快速发展带来足够的推动力,相反已经成为制约河北经济快速发展、促进京津冀区域协调发展的阻碍。

从京津冀三地的物质资本和人力资本总量来分析，京津地区拥有丰裕的物质资本与人力资本，而河北省的物质资本相对较少，人力资本拥有量相对较丰裕（相对于京津地区来说就显得少了）。按照赫克歇尔—俄林（H-O）的要素禀赋理论的解释，要素要从资源禀赋丰裕的地区流向资源禀赋相对缺乏的地区，这种流动会使要素获得较高的边际产出，最终使得要素获得均衡收入。但从目前京津冀要素流动来分析，明显表现出两种要素（物质资本和人力资本）双单向流动的态势，即河北省的物质资本和人力资本大都单向流向京津地区，两种资本的净流入量都是负值。河北省是一个缺少物质资本的省份，资本的边际产出率应该较高，而京津地区资本充裕，边际产出率理应较低，按照H-O理论，物质资本应从京津地区流向河北省以期获得较高的边际产出，而实际的情况是京津资本并没大规模地流向河北，而主要集聚在本地。相反，河北省资本也没有留在本地寻求较高的边际产出，而是大规模地流向京津地区，而京津地区从理论上分析其边际产出率应该较低，资本是应该流向河北省的，这并不符合H-O理论。究其原因，主要是京津冀地区人力资本流动带来的影响。从人力资本流动分析，京津地区人力资本大部分留在了本地，流向河北省的人才无论从数量上还是质量上都较少；相反，河北省长期以来由于经济发展水平等方面的原因，人才收入相对于京津来说较低，在"推—拉"理论的作用下，大量的河北省人力资本流向京津去获得较高的收入及其他收益，诸如更好的就业机会、人文环境、生存发展机会、升迁机会、子女升学等。

由于京津两市本身拥有较充裕的人力资本，又加上河北以及全国各地的大量高水平人力资本流向京津（主要是北京），而京津相对人口来说密集的物质资本和充裕的人力资本相结合，高水平、高存量的人力资本对密集的京津资本起到了稀释作用，加之人力资本的外溢性，使得京津的物质资本在本地就能获得不低于投入河北省所能获得的边际产出，京津资本投入到河北省的量少也就不足为奇了。如果河北省的人力资本今后仍持续单向流向京津，造成京津人力资本的大量集聚，那么，京津资本在这种情况下也就不会大量流入河北省，河北省的物质资本也会源源不断地流向京津。其结果是拉大了河北省经济与京津的差距，致使河北省的经济发展落后于京津地区。长期以来，京津毫不客气地对河北省实施反向拉动，大量地抽取河北省的资金、技术和人才，河北无论如何也无法与京津平起平坐。由于大量河北省资金、人才流向京津，而京津资本流向河北省相对较少，这就是使得在经济上难以和京津相抗衡，京津冀经济一体化也只是京津经济一体化，而河北省从中受益较少，甚至越来越落后，京津冀地区也就不会出现经济学理论中的经济趋同或"俱乐部趋同"现象，京津冀经济一体化的进程就会受到影响。

四、河北人力资本流失的主要原因

(一) 利益诱导机制导致河北省人力资本大量外流

京津冀地区的人力资本流动的主要动因就是遵循"利益诱导机制"。这里所说的"利益诱导"是指包括收入水平、福利待遇、就业机会等经济因素以及包括生活环境、人文状况等社会因素差异在内的一切引致人力资本流动的诱因。市场经济条件下，人力资本流动主要是在这些利益诱导机制作用下，以经济发展为目的而流动。作为人力资本所有者正是在不断追求利益最大化和收入平等化的过程中，自我调整，自愿流动。当然，在市场经济条件下，利益诱导机制之所以能够发挥作用，还得基于人力资本所有者对所承载的人力资本流动或迁移的成本与收益计算、衡量与分析。而流动或迁移的收益则包括社会收益和个人收益两个方面。从社会收益的角度分析，人力资本的合理流动不仅能够推动经济的快速增长和经济的不断优化，而且还能够带来许多正的外部效应；从个人收益的角度分析，主要是因流动或迁移而带来的收入累计净增加值（即需扣除生活费差异部分）。那么，劳动者决定流动或迁移的前提条件是在一定时期内因流动或迁移带来的受益净现值，即收益和成本之差大于零。只有这时，人力资源的流动或迁移才会发生，而这正是利益诱导机制的重要体现。河北省人才工资水平、福利待遇与京津相比差距较大，人才价格相对较低。据中华人民共和国国家统计局2007年2号文件公布的数据，2006年全国城镇在岗职工平均工资是21 001元，而据有关数据，北京市职工年平均工资达到36 097元，天津市职工平均工资是22 740元，而河北省的在岗职工平均工资是16 590元。北京和天津分别是河北省的2.18倍和1.37倍，甚至全国平均水平也是河北省的1.27倍。而且，河北省与京津的收入差距还有扩大的趋势。收入上的巨大差距是人力资本流动的最主要的原因，而河北省的低收入水平直接导致了大量人力资本流向京津等高收入地区。

(二) 河北省人才开发投入低，人才创业平台少

据河北省、北京市和天津市2007年统计年鉴，2006年，河北省研究与发展（R&D）经费支出69.4亿元，北京市研究与试验发展（R&D）经费支出450亿元，北京是河北省的6.5倍。在反映人才效能数值的专利申请量、专利授权量、签订技术合同上，2006年，河北省专利申请量7220件，授权量4131件，北京市专利申请量2.7万件，授权量1.1万件，天津市受理专利申请13 299件，专利授权4159

项，北京和天津在专利申请量上分别是河北的3.05倍和1.84倍，在专利授权量上分别是河北的2.66倍和1.01倍。2006年，河北省签订技术合同3725项，技术合同成交金额15.9亿元，北京市成交技术合同5.2万项，成交总额697.3亿元，天津全年签订技术合同10 181项，交易额58.86亿元，北京和天津在签订技术合同数量上分别是河北省的13.96倍和2.73倍，在成交总额上分别是河北省的43.86倍和3.70倍。河北省高等教育发展落后，还没有全国一流大学，唯一一所省属211学校还在天津，因此河北省缺少著名一流大学对人才的聚集和科技创新与扩散；高新技术开发区是吸引外资和高层次人才的重要载体，河北省的开发区数量虽多，但普遍档次低，成本高，基础设施和服务环境较差，竞争观念和服务意识较薄弱，承接产业转移能力较低，与京津的高新技术开发区差距很大。所以，河北省的高层次人力资本由于在省内没有较好的研究条件和充足的资金支持，大量流向京津和其他省市，京津和其他地区的高层次人力资本来河北省创业也就更少了。其实，高水平人力资本的流动有时不仅仅是追求高收入和城市较高的生活质量，能实现其自身的价值仍是一部分高水平人才的首选目标。当然，京津多年的限制人口措施限制了相当一部分河北省人力资本的流动，这对于河北省留住本地人才来说是一件好事。但是，近年来京津都出台了许多引进高水平人才的措施，人才进入津京也比以往容易了许多，这也是京津促进本地经济增长的措施，而这对河北省来说又是不利的，所以，河北省急需出台新的人才政策来留住人才。

五、河北吸引京津物质资本与开发人力资本的途径

实践证明，用高新技术来改造传统工业，用信息化来促进工业化，可以实现跨越式发展；用知识来替代传统要素，可以实现用较少的物质资源达到同样的经济增长。20世纪后期美国迎来了以高科技为代表的新经济，保持长达10年的经济高速增长，就是明证。无论是知识还是技术都是属于人力资本的范畴，知识越丰富、技术越先进，人力资本水平就越高。人力资本理论认为，人力资本在生产过程中通过内部效应和外部效应能促进经济增长，且人力资本投资收益率要远高于物质资本投资收益率。我国学者认为每增加1亿元人力资本投资，次年可带来近6亿元GDP增加额，而每增加1亿元物质资本投资，仅能够带来2亿元GDP的增加额。在改革开放过程中，先进技术的引进、吸收和创新以及先进管理方式的运用都需要以高水平的人力资本为前提。因此，在实现河北省经济崛起的一系列条件中，高水平人力资本是最重要的，是河北省经济腾飞的支撑点。河北省经济要发展，应该从两方面加大力度，一方面尽可能多地吸引京津资本流入；另一方面要提高认识，加大对人力资本的投入力度和尽可能多地挽留本地人才。

(一) 河北省吸引京津资本的政策措施

根据金（Hak Min Kin, 1999）提出了国际资本流动交易成本模型，认为交易成本是影响国际资本流动的重要因素。我们把金的模型应用到京津冀三地的物质资本流动中。本假设以京冀两地的物质资本流动为例。假设某投资者既在北京投资，又在河北省投资，那么，投资收益是北京和河北省的投资收益总和：$YT = Y + Y^*$ 或 $YT = L(K - I^*) + L^*(I^*)''$（$YT$：两地投资收益之和；$Y$：北京投资收益；$Y^*$：河北省投资收益；$K$：两地投资总和（$K = I + I^*$）；$I$：北京投资额；$I^*$：河北省投资额；$L$：预期北京投资收益率；$L^*$：预期河北省投资收益率）。另外，河北省投资的边际收益率是河北省投资的预期收益率与北京投资的预期收益率之差，即 $dYT/dI^* = L^* - L$；在不完善市场条件下，$L = r(1 - C)$；$L^* = r^*(1 - C^*)$（r 代表国内利率，r^* 代表国外利率）。进而，河北省投资的边际收益率可以表达为：$dYT/dI^* = r^*(1 - C^*) - r(1 - C)$（$r$ 代表北京实际利率，r^* 代表河北省实际利率，在国内 r 与 r^* 水平基本无差异）。与国际资本流动流量理论相比，国际资本流动交易成本理论认为，国际资本流动不仅受国内外利差的影响，还受国内外投资交易成本的制约。相对于京津冀三地资本流动来说，具体而言，在不完善市场条件下，决定京津冀资本流动方向有9种状态，见表3（资本内流代表京津资本留在本地或河北省资本流入京津，资本外流代表京津资本流向河北省）。

表3　　　　　　　　交易成本理论下的京津冀资本流动状态

序号	情况	在河北省投资的边际收益率	资本流向
1	$r^* < r$ 和 $C^* = C$	$dYT/dI^* < 0$	资本内流
2	$r^* > r$ 和 $C^* = C$	$dYT/dI^* > 0$	资本外流
3	$r^* = r$ 和 $C^* > C$	$dYT/dI^* < 0$	资本内流
4	$r^* = r$ 和 $C^* < C$	$dYT/dI^* > 0$	资本外流
5	$r^* < r$ 和 $C^* > C$	$dYT/dI^* < 0$	资本内流
6	$r^* > r$ 和 $C^* < C$	$dYT/dI^* > 0$	资本外流
7	$r^* < r$ 和 $C^* < C$	$dYT/dI^* = ?$	方向不定
8	$r^* > r$ 和 $C^* > C$	$dYT/dI^* = ?$	方向不定
9	$r^* = r$ 和 $C^* = C$	$dYT/dI^* = 0$	无资本流动

金的理论对京津冀三地物质资本流动有一定的借鉴意义。表3中的模型考虑了国际资本流动中利率成本的影响。而在国内，由于是全国具有统一的利率体系，利率自由化还没有完全在全国推广和实施，那么，京津冀三地的利率成本应该是相同的。但是，河北省如果要加大引资力度，就必须从利率这方面来实行优惠措施，比如对于河北省优先发展的重点产业如钢铁、冶金、化工、纺织、港口、建材等领

域，政府一方面要鼓励当地银行给予优惠利率；另一方面，在考虑银行资金成本的情况下，河北省应该给予京津资本在本地融资的财政贴息以减少京津投资企业的筹资成本。运用该理论，交易成本是影响国际资本流动的重要因素。运用于京津冀三地的资本流动中也是适合的，抽象地说，交易成本包括搜寻信息成本、谈判成本以及监督成本，具体到区域投资，交易成本主要包括资本转移成本、信息获得成本、管制成本、财务成本等。因此，通信技术的发展、金融工具的创新、管制的放松以及优惠的税收待遇等都会降低交易成本，促进京津冀三地资本的区域流动。所以，河北省应该在降低交易上下大功夫，努力创造一个良好的投资环境，这不仅对吸引京津资本是有利的，而且还会吸引大量的国内其他地区和国际上的资本投资。

（二）河北省发挥京津人力资本优势的措施

1. 河北省应加大基础教育的投资力度。在整个经济发展中人力资本要素发挥作用的问题上，劳动力整体素质的提高（即人力资本存量的增加）要比高级人才、尖端人才的拥有量的增加更具有现实意义。一方面，整体劳动者人力资本水平的提高是经济增长基础，人力资本对技术扩散、技术进步以及人力资本外溢作用的发挥都离不开整体劳动者人力资本水平的提高；另一方面，只有将基础的人力资本水平提高到一个高水平上，才能够吸引和拥有更多的高层次、尖端人才。河北人力资源的损失和投资收益率的降低，其原因也主要是基础人力资本水平较低，人口特别是劳动者整体人力资本水平相对较低，不能够保证资本获得更高收益，不能够保证人力资本获得更高收益，使得更具发展能力和流动能力的高级人才的流失。鉴于此，在投资总量确定的情况下，河北地区在人力资本投资上应更加注重投资结构问题。政府作为投资主体之一，应将主要的资金投入到能够全面提高地区劳动力整体素质的基础教育、职业教育、公共卫生和保健等事业中去。同时，当代通信信息技术的发展和网络化革命已大大降低了获取一般性知识的成本，为运用现代科技手段，创造和应用较为廉价的知识获取方式提供了有利条件，因此，加强对知识传播设施的投资和建设，将有助于较快地提高河北人力资本的存量。

2. 河北省应正视人力资本流动现实，努力谋求人才共享。所谓人才共享，其基本含义是指在不改变人才原有身份的情况下，通过有偿使用、平等协商、利益驱动、市场定位、政府引导等形式，使同一人才可以同时属于多个单位或多个地区，其智力资源由多方共享。人才共享的巨大优势在于，它运用新思维，把遏制人才流出的努力变为跨时空使用人才。人才共享拓宽了选才、用才的视野和途径，它绕开了户籍制度、人事制度、产权制度、分配制度、教育制度等体制性壁垒，不求所有，但求所用，是人才资源开发、使用和管理的新模式、新机制。对于急需人才和高级人才的获得，河北省一方面可以采用类似于企业的定向培养方式，选择本地区具有培养潜力的人员，与其签订具有法律效力的合同，通过规定一定的服务年限来保证人才资本投资的收益；另一方面也可以针对地区发展中所面临的具体理论或技术难题，设立专项人才基金，通过高薪招募、联合攻关、"柔性"流动的方式来解决人才短缺的危机，这比自己独资培养要更为现实和经济。

3. 大幅度提高高素质人力资本在河北省的经济收益。长期以来，河北省的知识分子尤其是高级知识分子的报酬严重偏低，与发达经济省份相比存在着巨大差距，从而导致了人力资本临界线降低，可流出的人力资本范围过分偏大，人才流失严重。因此，解决人力资本外流最直接的办法莫过于提高河北省高素质人力资本存量人才的报酬，缩小与发达省市的差距。此外，完整的报酬不仅能体现人才在积累人力资本过程中支出的经济成本，而且也应体现人才在维持生产和再生产中的所有成本和风险，如住房、养育子女、医疗、养老及失业保险等。其中，在提高高素质人力资本的经济收益的时候，有两类高素质的人才应予以特别重视：一类是目前河北急需领域的人才；另一类是对工资待遇比较敏感的，在人力资本金字塔中处于中间或中间偏上层的人才。提高前一类人才的税后工资可解决河北省的某些当务之急，而将有限资金用于提高后一类人才的税后工资可获得相对较大的产出。

4. 加强对人力资本的激励和保障。人力资本的产权只属于个人，若要使人力资本发挥出作用，就要对它激励。因此对人力资本所有者，要将激励政策落到实处，从分配制度入手，按效率优先的原则，建立起按劳分配与按生产要素分配相结合的分配制度。一方面，允许人力资本作价入股，直接参与企业的投资、注册和经营。不应限定比例过低，也不要规定上限，而是按其价值、市场前景、风险程度等因素合理确定；另一方面，对优秀的企业家、经理也要根据其业绩使其合理参与企业的收益分配。

5. 建立良好的政策环境和服务环境，形成社会化、市场化的人才供求机制。河北省应加大对教育、培训等投资，改革高等教育体制，建立多层次劳动力市场，采取多种有效措施，改善用人环境，以吸引国内外优秀人才。最终要建立起人力资本供给与需求关系的市场调节机制、合理的人力资本市场价格实现机制、通畅的人力资本流动渠道、促进人力资本效能充分发挥的经济和社会条件。河北省经济的崛起，需要有高水平的人力资本作为支撑点，需要充分发挥人力资本的重要作用。

六、结论

由于京津地区具有独特的地缘优势和政策优势，从而吸引了河北和全国的大量的物质资本和人力资本。物质资本投资的增加必然引起对人力资本需求的增加，而京津地区有较高的人力资本存量恰好适应了这种需求，使物质资本的边际产出得以维持在较高水平。产出的增加会增加人力资本的存量，人力资本存量的增加又会进而引起物质资本投资的增加。这样的反复作用就促使京津地区的经济快速增长起来。而对于河北省而言，由于人力资本存量较低，在很大程度上降低了物质资本的边际生产率。另一方面，过低的人力资本存量严重地限制了河北省的学习能力。主要表现在：河北省在接受新产品和新思想方面显得能力不足，体制改革和市场机制的引入显得困难重重，由于研究和开发中的人力资本投入严重不足，所以导致新的产品和新的思想难以产生，而后者又是技术进步的关键；过低的人力资本存量使得其"外溢效应"无从体现。因此，尽管河北省作为后发经济体系应该具有对先进技术的低成本模仿优势，但是过低的人力资本存量却严重地限制了这种低成本模仿的学习能力。这样一来，河北省就会很自然地陷入"贫困陷阱"之中了。从这个意义上来说，如果不能够切实提高河北省的人力资本存量，京津冀地区之间的差距将会进一步拉大。所以，在今后的一段时间内，河北省经济要发展，真正融入京津冀经济一体化的进程中，从根本上将在两个方面加大力度：一是要实施优惠政策吸引京津及全国的物质资本；二是加大人力资本的存量及加大引进人才力度，而后者又是吸引物质资本的先决条件。

参考文献

1. Barro R. J. Sala-Imartin X. Convergence across states and regions, Brookings on Economic Activity, 1991. (2).

2. Barro R. J. Sala-Imartin X., 1992: "Convergence", Journal of Economy. 100 (2).

3. Romer P. M., 1990: Houman capital and growth: theory and evidence, Carnegie—Rochference Serirs on Public Policy, 32, 251 – 286.

4. Locas R. E., 1988: On the mechanics of economics develoment [J]. Journal of Monetary Economics, 34, 143 – 173.

5. Hak Min Kin, Globallizational of International Financial Markets-Cause and Consequences [M]. Ashgate Publishing Ltd, 1999, 143 – 222.

6. 崔和瑞：《京津冀区域经济一体化可行性分析及发展对策》，载《技术经济与管理研究》2006 年第 5 期。

7. 彭中文：《西方关于人力资本与技术溢出研究综述》，载《经济纵横》2006 年第 4 期。

8. 易成栋、何雄、刘一春：《区域创新体系中的人力资本》，载《聊城大学学报》2003 年第 6 期。

9. 孙久文、邓慧慧：《京津冀区域趋同的实证分析》，载《地理与地理信息科学》2006 年第 9 期。

10. 刘强：《中国经济增长的收敛性分析》，载《经济研究》2001 年第 6 期。

11. 林毅夫、蔡昉、李周：《中国转轨时期的地区差异分析》，载《经济研究》2001 年第 6 期。

12. 连玉君：《人力资本要素对地区差异的作用机制——兼论西部人力资本积累策略的选择》，载《财经科学》2003 第 5 期。

13. 陈永国：《京津冀经济圈生产要素流动的实证分析》，载《价值工程》2006 年第 6 期。

14. 孔祥荣：《西部地区人力资本流动分析及对策研究》，载《理论视野》2006年第1期。

15. 王建强、王元瑞、刘玉芝：《京津冀人才开发一体化与河北省人才发展策略》，载《河北学刊》2006第3期。

16. 《高新区崛起的支撑点：发挥人力资本优势》，www.nmg.xinhuanet.com。

17. 荣芳、赵劲松：《我国人力资本外流的成因分析及对策建议》，载《科学与科学技术管理》2000年第12期。

18. 岳琳琳：《人力资本系统与整体性人力资本战略》，载《生产力研究》2006年第7期。

基于管控模式的母子公司人力资源控制探讨

陈志军[*]

摘　要：母子公司管理控制模式可分为行政管理型模式、治理型模式和管理型模式。从控制层次来看，母公司通常对子公司的董事会和监事会、经理层、专业技术人才等进行控制。从控制过程来看，母公司对子公司的人力资源控制表现为对人力资源规划、招聘、培训、人员流动、考核、薪酬的管理流程控制。调查发现不同管理控制模式下，母子公司人力资源控制的侧重点各有不同。最后提出了母子公司控制模式与人力资源控制方法的匹配，以期指导企业集团管理实践。

关键词：控制模式　母子公司　人力资源控制

母子公司管理控制是母公司以信息沟通为基础，权变选择控制模式，采取适宜的控制手段，促使子公司实现其目标和意图。人力资源控制手段是母公司为优化企业集团整体利益所采取的管理控制子公司最为普遍的方法和措施。不同的母子公司管理控制模式对人力资源管理控制手段的使用有差异，对此问题的探讨有利于提高母子公司管控水平。

母子公司管理控制模式是母子公司管理体制的表现形式，是从某个角度对权力分配类型的命名。母子公司管理体制一般可分为相对集权、相对分权和集权与分权相结合（或称之为相对均衡）等类型，管理控制模式也就反映着各种权力分配类型。笔者结合有关文献特别是约翰·庞德（John Pound）关于两类公司划分的思想及葛晨、徐金发对行政管理型管理模式的描述，并联系中国实际，从公司治理角度把中国母子公司管理控制模式分为三种类型：基于子公司治理不作为的行政管理型控制模式，基于子公司治理的治理型控制模式和基于子公司治理的管理型控制模式（下面分别简称行政管理型模式、治理型模式、自主管理型模式），并分别对应于相对集权、集分权结合和相对分权的管理体制。三种管理控制模式只是一种理论抽象和概括，实践中管理控制形式多种多样，行政管理型模式和自主管理型模式是管理体制划分的两极，许多企业集团的母子公司管理控制模式介于两极之间或是混合管理控制模式。

行政管理型模式是母公司越过子公司董事会直接对子公司行使集权管理的控制

---

[*] 陈志军，山东大学管理学院，教授、博士生导师；E-mail：czj926@sina.com。

模式。母公司对子公司的管理控制几乎等同于单个企业对分公司、分厂的管理控制。子公司董事会设立只是为了符合法律规范，基本是形同虚设。行政性控制模式是最集权的模式；管理型模式是母公司对子公司的管理透过子公司治理实现，子公司董事会对公司运营享有完整的决策和控制权，经理层享有子公司运营权，管理型模式是最为分权的一种模式；治理型模式是母公司对子公司的管理建立在尊重其独立法人地位的前提下通过完善的子公司治理实现的。母公司在对子公司实施管理控制的同时，给予子公司必要的自主权。治理型模式是一种集权分权结合的模式。

从狭义的角度看，控制是管理的一项职能，人力资源控制是人力资源管理的一个具体方面，不包括人力资源的计划、组织、指挥和协调的过程或者工作。从广义控制论的角度来看，人力资源管理的各种手段和方式都可以归属于控制的范畴。人力资源管理中的很多活动，其本身就具备管理控制的含义，都可以使用控制的概念，将人力资源管理实务中的各项活动整合归纳成组织理论中控制形态。斯内尔（Snell）认为人力资源管理中的招聘、培训、考核、薪酬等功能，都属于人力资源控制的范畴。从这个角度来讲，人力资源控制包括了人力资源管理的各种职能。

母子公司人力资源控制作为母子公司控制的重要手段，母公司通过选聘、派遣母公司的经理人员到子公司关键岗位任职，对子公司关键职位人员招聘、培训、考核、薪酬、人员交流实施控制，从而实现对子公司的控制。人力资源控制常常是母公司首选的控制手段，也是应用最广泛的控制手段。为客观分析不同管理控制模式下母子公司人力资源控制的现状，笔者向海信、天津药业等企业集团共发放问卷200份，回收130份，问卷回收率65%，其中有效问卷122份，有效回收率为61%。在回收的有效问卷中，集团公司或母公司填答54份，子公司填答68份。在发放问卷同时，与山东商业集团等近10家企业进行了访谈。

一、基于控制层次的母子公司人力资源控制

（一）母子公司人力资源控制层次

母公司对子公司人力资源控制的层次因母子公司控制模式不同而存在差异。从控制客体控制的层次看，母公司对子公司人力资源控制，可以表现为以下几个层次：

1. 对子公司董事会、监事会的控制。在母子公司体制中，母公司作为子公司的控股股东，是通过向子公司派遣董事实现对子公司董事会的控制。董事、监事作为母公司派驻到子公司的代表，负有重大的运营监督职责。人员派遣情况在母子公司中是十分普遍的，如日本松下公司、NEC公司其子公司的董事成员有一半来自母公司的各个职能部门。

2. 对子公司经理层的控制。母公司对子公司经理层的控制，主要通过董事会间接实现。当子公司法人治理结构不完善时，子公司的董事会有可能形同虚设，母公司的董事会或经理层，越过子公司的董事会直接选聘、任命、考核子公司的主要经理人员。母公司是子公司的决策机构，它负责子公司的战略决策，子公司的经理层则是执行机构，负责执行母公司的决策以及公司的日常管理工作。

3. 对专业技术人才的控制。许多母公司根据集团发展的需要，对子公司关键岗员工和专业技术人才任职资格、工作经验、能力素质等方面做出要求，并制定相应的福利待遇、职位晋升等等激励机制，来留住这些关键技术人才，并通过集团内员工流动，传播集团内部知识和技能。

4. 对一般员工的控制。对集团内部一般正式员工，母公司可能会通过集团内部统一招聘或者制定的集团内部正式员工的任职资格、能力素质等程序性的规章制度来实现对子公司一般员工的招聘。对子公司员工数量，母公司可以采取员工总量的控制、人均绩效产出控制以及员工总体薪酬数量等等控制方式。例如人力资源控制"两个低于"的原则，即企业工资总量的增长要低于效益的增长，职工年均收入的增长要低于劳动生产率的增长。"两个低于"的原则是母公司从总体上对子公司一般员工进行控制的准则，通过这"两个低于"从宏观上对集团内部一般员工进行调配和控制。

（二）控制模式与人力资源控制层次的匹配关系

对于行政管理型模式，母公司对子公司人力资源控制的层次不仅仅是子公司的董事会、经理层，很可能对于子公司专业人才、一般员工的招聘、考核等等方面都要进行干预；对于自主管理型模式，子公司具有很大的自主权，母公司仅仅控制子公司的董事会，子公司经理层的选聘到一般员工的管理都由子公司自主决策，所以控制层次仅仅到子公司的董事会；对于治理型模式，是一种集分权相结合的模式，它不像行政管理型模式甚至对子公司的一般员工进行控制，也不像自主管理型模式仅控制到子公司的董事会，它可能会子公司的经理层的任免、考核方面有一定的干预。

二、基于控制过程的人力资源控制

母子公司人力资源控制过程表现为对人力资源规划、培训、人员流动、考核、薪酬等人力资源管理流程的控制。

（一）人力资源规划

企业人力资源规划的目的是实现经营目标，企业的整体战略是人力资源规划的基础。在单体企业中，人力资源经理及其下属专业人士对人力资源规划负有主要责任，他们要参与企业整体战略的规划过程，并根据企业整体战略制定人力资源战略，进行人力资源规划。对母子公司来说，一般由母公司承担起集团内部人力资源规划的职责，负责整个集团内部的人力资源规划，子公司根据其业务单位战略制定人力资源战略。当然，根据集团控制模式的不同，母公司对子公司人力资源规划方面的干预程度会有所区别。对于行政管理型模式，母公司可能统筹集团内部各个子公司的人力资源规划工作，子公司只是负责执行。对于治理型模式，母公司会适当放权给子公司，在人力资源规划上，母公司会采纳子公司的意见和建议，母子公司共同制定子公司的人力资源规划，或者是子公司根据实际情况制定其人力资源规划，然后报母公司批准。而对于自主管理型的母子公司，母公司完全放权给子公司，子公司有权自主做出人力资源规划，只是在母公司备案存档即可。

(二) 招 聘

招聘是人力资源管理的事前控制方式，通过招聘过程的控制，只有具有特定能力素质、工作经验、学习专业背景、个人的思想道德素质以及认同组织文化和价值观的人员才能进入到组织中来。对母子公司来说，招聘成为母公司控制子公司的一种控制手段，母公司根据总体控制程度的不同，对子公司不同层次的人员的招聘和任命，采取不同的措施。

行政管理型对子公司人力资源招聘的控制层次是最多的，最低层次可能会控制到子公司的普通员工。母公司可能会以统一招聘的形式实现对普通员工的进入控制，或者子公司自主招聘，但是母公司会控制子公司普通员工的总量、增长速度等等；而对于自主管理型的母子公司，母公司只会做好子公司董事会成员的选聘工作，母公司通过选聘代表母公司利益人员入主子公司董事会，子公司的经理人员或者一般员工则由子公司自主招聘；治理型母子公司，母公司招聘选拔的层次介于上述两者之间，表现在招聘的层次上，可能会对子公司的经理人员实施一定的干预。

(三) 培 训

培训是指那些有助于实现组织目标而进行的提高员工个人知识、技能和能力的过程，是一种组织希望能融入每个员工大脑思维中的东西。如何保持和影响所拥有的人力资源，使其成员接受适当的培训，不断提高素质，以支持整体战略的实施是母子公司面临的一个重大问题。母公司通过建立规范的培训和训练程序，定期或不定期地对子公司的经理人员、专业技术人员进行管理、业务和企业文化等等方面的培训。相对于单体企业而言，母子公司的培训更加强调对员工的控制职能，这主要是通过培训向员工灌输组织理念和价值观的过程，向员工表明什么是组织成员所需的能力与价值观，使员工从思想上与组织的理念达成一致，从而在工作中尽职尽责。

（四）人员调动

在企业中，人员调动是对员工的岗位、部门进行定期或者不定期的调整和转换，它有利于提高员工的多方面技能，实现员工的工作内容丰富化，同时有利于培养企业内部人才。在母子公司中，母子公司以及子公司之间的人员调动不仅具有单体企业的一般职能，更重要的是通过人员调动来实现母公司对子公司的控制，实现集团内人才转移与共享，发挥集团整体规模优势和协同效应。

在母子公司内部，人员的调动主要体现为董事会成员、高级经理人员的调动、主要技术人员的调动。人员调动从最初的填补职位空缺转变成为一种控制方式，通过人员的调动与转移，增加了母公司、子公司以及子公司之间的沟通与交流，增进母子公司之间的信任关系，实现了集团内部的技术、知识、文化以及规章制度的转移，从而更有利于母子公司的控制。对于行政管理型的母子公司，人员调动的频率较高，主要集中在董事会成员、经理人员和技术人才这三个层次上，而对于自主管理型的母子公司，子公司拥有经理阶层的自主任命权，在人员转移方面的频率和层次上都比较少。

（五）考核

在母子公司管理体制中，考核是母公司人力资源控制的重要方式。母公司通过采用绩效结果导向、行为导向、过程导向的考核体系，将子公司经理人员的薪酬与企业绩效或日常行为表现、能力素质相联系。根据母子公司总体控制程度的不同，母公司对子公司人力资源考核的具体实施内容和频率也有很大的不同，对于行政管理型母子公司，考核的内容是多方面的，不仅要考核子公司的绩效产出，而且要考核子公司经理人员的行为以及能力素质；考核的次数频繁，可能是每月、每周都要进行考核。而对于自主管理型母子公司，母公司对子公司的具体经营完全放权，子公司经理人员的能力、行为表现不是母公司考核的对象，母公司只关注子公司的总体绩效产出，以此来考核子公司经理人员；其考核的频率是很低的，可能是每季度甚至是每年考核一次。

（六）薪酬

薪酬是母公司控制子公司经理人员及普通员工的重要方式。对不同层次员工的薪酬控制直接体现了母公司的控制程度。对于行政管理型母子公司，母公司不但要制定子公司董事会成员、总经理阶层的薪酬，而且还在集团内部统一制定专业人才和一般员工的工资标准。而对于自主管理型母子公司，母公司只会行使股东的身份，负责制定子公司的董事会成员的薪酬标准，而对于子公司内部经理阶层、技术人才和一般员工的薪酬，则由子公司自主决定。

三、样本母子公司人力资源控制现状

（一）人力资源控制层次

数据统计分析显示（见表1），不管是行政管理型还是自主管理型的母子公司，其人力资源控制的层次大体一致，主要集中在对经理人员的控制上。不同之处在于：自主管理型模式较多的是控制子公司总经理；行政管理型和治理型较多的是控制子公司的财务经理或其他部门经理。

表1　　　　　母子公司控制模式与人力资源控制层次的关系　　　　　单位：%

	行政管理型	治理型	自主管理型
董事会成员	4.2	10.7	0
总经理	27.1	32.1	46.7
财务经理	35.4	39.3	26.7
其他部门经理	31.3	17.9	20
技术人员	2.1	0	6.7
一般员工	0	0	0

资料来源：笔者整理，下同。

根据理论分析与样本公司的调研现状，本文提出母子公司控制模式与人力资源控制层次之间的匹配关系（见表2）。

表2　　　　　母子公司控制模式与人力资源层次匹配关系

控制模式 \ 控制层次	董事会成员	经理阶层 总经理	经理阶层 财务经理	经理阶层 一般经理	专业人才	一般员工
行政管理型	√	√	√	√	√	√
治理型	√	√	√	—	—	—
自主管理型	√	√	—	—	—	—

当然，对于母子公司控制模式与人力资源控制维度及层次的匹配关系不是绝对的，这就需要在母子公司人力资源控制实施过程中，把握母子公司人力资源控制的

"度"的问题，根据母子公司自身特点以及外部环境的需要，权变处理。

(二) 人力资源控制方法分析

1. 人力资源规划。子公司在选聘员工时是否必须遵循母公司的正式规章或程序，数据统计分析显示（见表3），行政管理型、治理型、自主管理型母公司在这个问题上存在明显的阶梯式差异，说明三种类型的母公司承担了不同程度的子公司人力资源规划职能，以行政管理型和治理型最为显著。

表3　　　　　母子公司控制模式与人力资源规划的关系　　　　　单位：%

	行政管理型	治理型	自主管理型
选聘员工必须遵循母公司的规章	90.5	73	63.3
选聘员工不必遵循母公司的规章	9.5	27	36.7

2. 招聘。

(1) 经理人员的任命，数据统计分析显示（见表4），不管是在行政管理型、治理型、还是在自主管理型模式中，采用母公司直接任命或母公司审核的企业集团分别占81.0%、82.1%、60%，比例较高，说明母公司对子公司经理人员的控制总体上是集权的。

表4　　　　　母子公司控制模式与经理人员任命的关系　　　　　单位：%

	行政管理型	治理型	自主管理型
母公司直接任命	49.7	60.7	33.3
子公司提名，母公司审核	31.3	21.4	26.7
子公司任免，母公司备案	12.5	14.3	33.3
子公司自主	8.3	2.6	6.7

(2) 子公司普通员工的招聘，对其控制程度的不同主要体现在是母公司审核还是母公司备案，数据统计分析显示（见表5），行政管理型侧重于子公司招聘、母公司审核，治理型和自主管理型则侧重于子公司招聘、母公司备案。

表5　　　　　母子公司控制模式与一般员工招聘的关系　　　　　单位：%

	行政管理型	治理型	自主管理型
集团公司统一招聘	12.5	17.9	14.2
子公司招聘，母公司审核	37.5	14.3	12.4
子公司招聘，母公司备案	29.2	35.7	46.7
子公司自主招聘	20.8	32.1	26.7

3. 培训。本文主要调查了母公司是否对子公司管理人员进行了正式的技能或

文化培训。数据统计分析显示（见表6），采取行政管理型、治理型或自主管理型模式的母子公司对子公司管理人员培训的重视程度存在显著差异，呈阶梯状分布，以行政管理型和治理型较为显著。

表6　　　　　　　　母子公司控制模式与文化培训的关系　　　　　　　单位：%

	行政管理型	治理型	自主管理型
母公司对子公司管理人员进行文化培训	78.6	70.3	53.3
母公司不对子公司管理人员进行文化培训	21.4	29.7	46.7

4. 人员调动。数据统计分析显示（见表7），在行政管理型母子公司中，流动程度在一般及其以上者占64.3%，而治理型和自主管理型，其比例仅分别占50%、40%，这说明行政管理型模式下人员调动程度比较高。

表7　　　　　　　　母子公司控制模式与人员调动的关系　　　　　　　单位：%

	行政管理型	治理型	自主管理型
低	2.4	16.2	16.7
较低	33.3	35.1	43.3
一般	28.6	27	20
较高	28.6	16.2	13.3
高	7.1	5.4	6.7

5. 考核。数据统计分析显示（见表8），在行政管理型母公司中，较多的是由母公司董事会和母公司总经理负责对子公司经理人员进行考核；在治理型中，较多的是由子公司董事会和母公司董事会负责对子公司经理人员进行考核；而在自主管理型母公司中，较多的是由子公司董事会负责对子公司经理人员进行考核。

表8　　　　　　母子公司控制模式与子公司经理人员考核的关系　　　　　单位：%

	行政管理型	治理型	自主管理型
子公司董事会	19	35.1	50
母公司总经理	35.7	21.6	23.3
母公司董事会	40.5	37.8	23.3
其他	4.8	5.4	3.4

6. 薪酬。

（1）子公司经理人员的薪酬。数据统计分析显示（见表9），在行政管理型母子公司中，子公司经理人员的薪酬是由母公司决定或子公司制定、母公司审核，所占比例为88.1%；而在治理型和自主管理型母子公司中，经理人员的薪酬由子公司制定、母公司审核或子公司制定、母公司备案的比例分别为75.7%、83.3%。

表9　　　　　　　母子公司模式与经理人员薪酬的关系　　　　　　单位：%

	行政管理型	治理型	自主管理型
母公司决定	57.1	24.3	16.7
子公司决定，母公司审核	31	46	50
子公司决定，母公司备案	11.9	29.7	33.3

（2）子公司一般员工的薪酬。数据统计分析显示（见表10），在行政管理型母子公司中，子公司普通员工的薪酬由集团统一制定、子公司制定母公司审核或子公司制定母公司备案的比例大体相当；而在治理型和自主管理型母子公司中，一般员工的薪酬更多的是子公司制定，母公司审核或者备案，比例分别为89.2%、86.7%。

表10　　　　　　　母子公司模式与一般员工薪酬的关系　　　　　　单位：%

	行政管理型	治理型	自主管理型
集团公司制定	38	10.8	13.3
子公司决定，母公司审核	31	27	36.7
子公司决定，母公司备案	31	62.2	50

四、母子公司控制模式与人力资源控制方法的匹配

根据理论分析和样本公司的调研现状，本文提出母子公司控制模式与人力资源控制方法之间的匹配关系（见表11）。

表11　　　　　母子公司控制模式与人力资源控制方法之间的匹配关系

控制方法 \ 管控模式		行政管理型	治理型	自主管理型
人力资源规划		广泛使用	一般使用	较少使用
培训		广泛使用	一般使用	较少使用
招聘	经理人员	母公司任命、审核	母公司任命、审核	母公司审核、备案
招聘	一般员工	母公司统一招聘、审核	母公司审核、备案	母公司备案、子公司自主招聘
人员调动	经理人员	广泛使用	一般使用	较少使用
人员调动	一般员工	较少使用	较少使用	较少使用
考核	考核主体	母公司董事会、母公司总经理	母公司董事会、子公司董事会	子公司董事会
考核	考核内容	行为、产出	产出	产出
薪酬	经理人员	母公司制定、审核	子公司制定，母公司审核、备案	子公司制定，母公司审核、备案
薪酬	一般员工	集团统一规定；公司制定，母公司审核	子公司制定，母公司审核、备案	子公司制定，母公司审核、备案

参考文献

1. Snell, Control theory in strategic human resource management: the mediating effect of administrative information, Academy of Management Journal, 1992, 35 (2): 292 – 327.

2. 约翰·庞德著，孙经纬、高晓辉译：《公司治理》(The Foreground of Governed Corporation) 中国人民大学出版社 2004 年版。

3. 葛晨、徐金发：《母子公司的管理与控制模式——北大方正集团、中国华诚集团等管理与控制模式案例评析》，载《管理世界》1999 年第 6 期。

4. 陈志军：《母公司对子公司控制理论探讨——理论视角、控制模式与控制手段》，载《山东大学学报》2006 年第 1 期。

5. 齐中熙、刘羊旸：《央企负责人与职工薪酬相差 13.6 倍　差距逐渐拉大》，http://www.chinahrd.net/zhi_sk/jt_page.asp?articleid=46671，2004 年 12 月 24 日。

6. 赵曙明等：《人力资源管理》，电子工业出版社 2003 年版，第 47、198 页。

收入与就业

行政垄断与行业收入差距的相关性研究
——基于工业细分行业的面板数据分析

侯风云 伊淑彪[*]

摘 要：行业收入不但与行业的技术水平、行业工人的人力资本含量、资本劳动比率等因素有关，而且还与行业的行政垄断程度有着巨大的相关性。本文通过1996～2006年工业细分行业的面板数据（Panel Data）研究了行政垄断与行业收入差距的相关性。计量结果表明：行政垄断行业的收入水平与行政垄断程度显著正相关；对竞争性行业而言，行政垄断程度与行业收入水平显著负相关；对部分行政垄断程度变化不大的行业而言，行政垄断程度对行业收入水平的影响不显著。所以说，行政垄断的存在加剧了行政垄断行业与竞争性行业之间的收入差距。另外，行业工人的平均劳动生产率等因素也是影响行业收入水平的重要因素。

关键词：行政垄断 行业收入差距 相关性 面板数据分析

一、引言

我国各行业之间的职工收入差距在日趋扩大的同时，呈现出与计划经济时期完全不同的特点：行业收入的高低越来越取决于行业的垄断集中程度。改革开放以来，职工工资格局发生了很大变化，呈现以下特征：

---

[*] 侯风云，山东大学经济学院，教授、博士生导师；E-mail：houfengyun100@163.com。伊淑彪，山东大学经济学院，博士研究生；E-mail：shubiaoyi@163.com。
本项研究为侯风云教授主持的东北财经大学产业组织与企业组织研究中心立项教育部人文社会科学重点研究基地重大项目"中国自然垄断产业多元化研究"（批准号2006JDXM049）；于良春教授主持的教育部哲学社会科学研究重大课题攻关项目"转轨经济中的反行政垄断与促进竞争政策研究"（批准号06JZD0015）的阶段性成果。

1. 行业间工资差别不断扩大。以最高职业工资与最低职业工资的对比为例，最高职工工资与最低职工工资之比在1992年前均不超过2倍，到1996年则达到4.03倍，2006年为6.82倍，而最高职工工资与最低职工工资之差则从1996年的13 105元，到2006年为23 972元，10多年内增长了4.11倍①，即使考虑到物价上涨、货币购买力下降的因素，实际职工工资差距的扩大速度也是惊人的。而且各行业在住房、医疗、福利及其他非工资性货币收入方面的差别并不比工资的差别小，如果将这个因素考虑进去，上述趋势将更加明显。

2. 最低职工工资行业基本稳定，职工工资最高的行业变动频繁但有规律可循。1996年至今，被列入职工工资最低行业的前三位的一直是农林牧副渔业、道路运输业、批发零售业、建筑业、采矿业。10年中曾进入职工工资最高的前三名的行业为铁路运输业、电信和其他信息传输服务业、航空运输业、计算机服务业、城市公共交通业。这些行业除计算机服务业这一新兴高科技行业外均为行政垄断行业，这表明在体制转型这一特定时期，行业职工工资已经不再取决于行业的劳动强度及艰苦危险程度，而主要取决于行业的行政垄断程度。

另外，我国行政垄断行业尽管在少数年份的增长率可能低于其他行业，但是，从整个研究区间看，在大部分的年度里，行政垄断行业的职工平均收入的环比增长率水平高于全国平均水平和其他行业。换言之，我国行政垄断行业与其他行业的收入水平差距在研究区间里长期存在，而且这种差距并没有出现缩小的趋势。相反，从近几年的情况看，甚至有扩大的趋势，如金融业、管道运输业、航空业，职工收入的增长率近两年保持了近20%的增长率，远远高于其他行业。最高收入行业与最低收入行业的收入差距（见图1），呈现出了一个不断恶化的增长趋势。如果这样的局面长期持续下去，必然带来我国社会的贫富差距问题进一步恶化，从而产生巨大的经济社会问题。

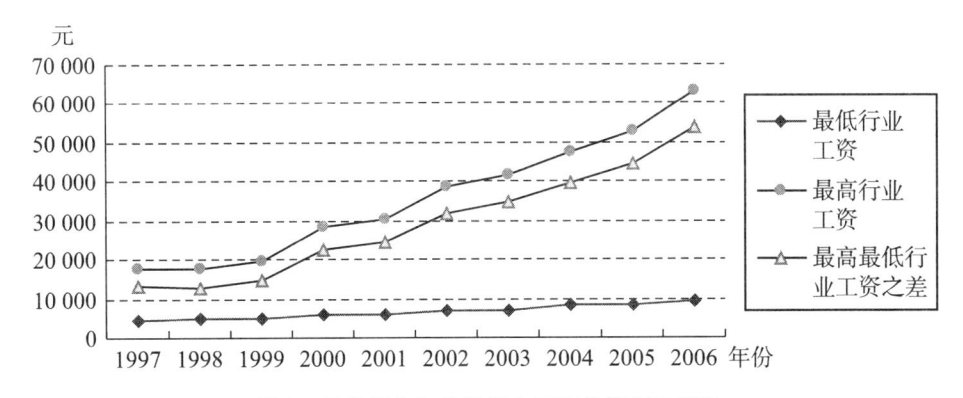

图1　最高行业与最低行业工资差额变动趋势

资料来源：根据1998～2007年《中国统计年鉴》整理而来。

---

① 数据来源于历年《中国统计年鉴》，中国统计出版社。

二、文献回顾

关于行业收入差距问题,国内外学者分别从不同的角度进行了一系列的论述。

(一) 从市场机制本身的角度对收入差距问题进行分析

姚芳、姚萍、孙林岩(2004)[①]认为,即使所有行业都处于同一起跑线上,但由于各行业的自身特点、资本有机构成、市场机遇等不同,其发展水平势必参差不齐,甚至差距悬殊。王晓英(2000)[②]认为,市场机制的引入使产品价格主要由市场供求关系来决定,这样在竞争中就产生效益好的企业和效益不好的企业,企业之间的职工收入就会产生很大差别。王检贵(2000)[③]认为,金融业、保险行业、房地产行业、高科技产业出现较高的工资,很难用垄断经营来解释,应该看成是市场竞争(高素质劳动力)的结果。徐林清(2006)[④]认为中国巨大的行业之间的工资差异反映了中国严重的劳动力市场分割现状。

(二) 从政府的角度解释行业收入差距

国家宏观调控可以在一定程度上弥补市场调节的不足。由于我国实行市场经济体制比较晚,再加上社会主义国家的性质和特殊的国情,宏观调控显得更为复杂。国家宏观调控不力,是造成行业间收入差距拉大的一个重要原因。一是政府主观治理不力。行业收入差距之所以长期存在,卢嘉瑞(2003)[⑤]认为"一个重要原因是根本没有治理过,即根本没有对某些重点行业采取过坚决有力的治理措施对他们的收入进行调节和规范,致使这些行业的收入始终保持一个不合理的高水平"。二是政府的调控能力和调控艺术有所欠缺。杨宜勇(2005)、蒋国平(2004)[⑥]等认为,我国政府的宏观调控能力和调控艺术还有所欠缺,不能综合运用各种政策对国有垄断企业的收入分配问题加以管理,再分配调节手段又未能充分发挥其应有的功效,在某些领域甚至还存在逆向调节问题。

[①] 姚芳、姚萍、孙林岩:《我国行业间工资合理比例关系研究》,载《山西财经大学学报》2004 年第 6 期。
[②] 王晓英:《我国行业间职工收入差距分析》,载《山西财经大学学报》2000 年第 5 期。
[③] 王检贵:《收入差距问题研究的进展及评价》,载《教学与研究》2000 年第 3 期。
[④] 徐林清:《中国劳动力市场分割问题研究》,经济科学出版社 2006 年版。
[⑤] 卢嘉瑞:《我国现阶段收入分配差距问题研究》,人民出版社 2003 年版。
[⑥] 蒋国平:《规范分配秩序,实现公平分配》,载《唐都学刊》2004 年第 2 期。

(三) 从行业自身的特点来解释行业收入差距

不同行业之间由于工作性质、工作特点、工作要求等不同，会导致其职工的收入不同。在产业结构升级过程中，各产业面临的市场需求环境、自身的劳动生产率、所处行业的竞争程度等因素的不同，决定了其生产率及产值增长率的不同，从而形成从业人员收入增长率的差异。王晓英（2000）[①]认为："当前一些新兴行业职工的收入比较高，但这些新兴行业以知识、技术、资金密集为特征，增加值高，风险大，工作节奏快，强度大。同时，这些行业也是率先实行诸如住房等福利货币化的行业。到这些行业就业，先期付出的成本高。所以，对这些行业的高工资收入应当予以充分肯定。"刘海军（2004）[②]也认为："收入分配开始向科学技术含量高的行业和新兴产业倾斜是正常现象。"

(四) 垄断和行业收入差距问题

一方面，垄断行业凭借其垄断地位，可以获取高额垄断利润。垄断行业垄断某些生产要素、某一经营范围、或者某些产品价格，加之享受国家在投资、信贷、税收等方面的优惠政策，所以，与一般行业相比，其在生产经营过程中承担着较少的风险，能够较多、较快地获得利润。垄断厂商还有意设置行业进入壁垒，使得资金和劳动力等生产要素不能或很难进入这些行业，阻碍了资源在行业间的自由流动。垄断行业将其谋取的高额垄断利润，以不同的形式将其中的一部分分配给职工，导致行业高收入现象的存在（杨宜勇，2005；刘良群，2001；张岳红，2004；罗志蓉，2001）。另一方面，垄断行业手里握有可以分配的国有资产，即使发生行业亏损，也可以通过内部人控制侵蚀大量国有资产，增加职工收入，出现企业亏损职工收入反而增加的现象。许多单位还通过设立名目繁多的津贴、补贴及福利项目来增加职工收入，这既侵蚀了国有资产，又影响了企业的自我发展能力。肖玉明（2004）[③]认为，我国的政府行政部门、经济管理部门也习惯于权力直接参与并控制经济生活，这使权力易于经济化、利益化，与市场经济的要求背道而驰，强化了部门利益。

综上，目前对于我国行业收入差距的研究成果有很多，对中国行业收入差距问题的研究的角度也有很多。但是，行政垄断视角下的行业收入差距的研究还很少，

[①] 王晓英：《我国行业间职工收入差距分析》，载《山西财经大学学报》2000年第5期。
[②] 刘海军：《我国居民收入差距成因分析及对策探讨》，载《北京市经济管理干部学院学报》2004年第4期。
[③] 肖玉明：《论社会公平与收入分配——关于我国目前分配制度的整合》，载《长白学刊》2004年第2期。

而对行政垄断与行业收入差距的相互关系的研究以及两者的实证检验的分析基本处于空白阶段。

三、理论假设与计量数据

行政垄断行业凭借着行政垄断的力量获取了大量的企业利润，由于行政垄断行业中普遍存在的所有者缺位问题，在位者倾向于在企业内部分配利润，这样就首先引起了行政垄断行业的高收入。同时，在我国，由于行政垄断行业和竞争性行业的劳动力市场分割，以及市场歧视的存在，导致劳动力的自由流动受到限制，劳动力市场的供求机制不能发挥作用。这样在行政性垄断、所有者缺位、劳动力市场分割、市场歧视的联合作用下，形成了最终的行政垄断行业和竞争性行业收入的长期的巨大差距。我们将对这一理论分析进行实证检验。[①]

西方国家通常用一个行业中最大的几家厂商的销售收入占该行业全部销售收入的份额来表示一个行业的垄断程度。然而用这种方法来衡量中国的行政垄断程度并不合适，因为我们在这里要研究的是由于行政权力过度干预经济所形成的排斥竞争的垄断。金玉国（2001）[②] 用国有化企业人数与行业总人数的比重做行政垄断程度的指标，而这种方法也是比较粗略的一种方法。本文综合上述两种方法，用国企人数占总人数的比重和国企销售额占总销售额的比重的算术平均数来衡量行政垄断的程度 AM（Administrative Monopoly）。即 AM =（国企销售额/总销售额 + 国企人数/总人数）/2。

平均报酬[③]、劳动生产率分别用 AR（Average Reward）[④]、PROD（Productivity）来表示。由于考虑到历年价格指数的影响，笔者对平均报酬和劳动生产率的数据进行了指数化处理。指数值为1978年为基期的定基指数。历年指数值如表1所示。

表1　　　　　　　　消费物价指数（以 1978 年为基期）

年份	1996	1997	1998	1999	2000	2001	2002	2003	2004	2005	2006
基数值	429.9	441.9	438.4	432.2	434	437	433.5	438.7	455.8	464	471

资料来源：《中国统计年鉴（2007）》，中国统计出版社2007年版。

人均资本含量[⑤]，女性比例分别用 CSPC（Capital Stock Per Capita）、FP（Feminine Proportion）表示。劳动生产率指根据产品的价值量指标计算的平均每一个从业人员在单位时间内的产品生产量。目前我国的全员劳动生产率是将工业企业的工

---

① 侯风云、伊淑彪：《行政垄断与行业收入差距的传导机制》，载《贵州财经学院学报》2008年第1期。
② 金玉国：《行业工资水平与垄断程度的定量测度》，载《统计与决策》2001年第2期。
③ 历年《中国劳动统计年鉴》。
④ 数据由历年《中国劳动统计年鉴》整理而来。
⑤ 历年《中国工业经济统计年鉴》与《中国统计年鉴》。

业增加值除以同一时期全部从业人员的平均人数来计算的。计算公式为：全员劳动生产率＝工业增加值/全部从业人员平均人数。所用数据分别由《中国工业经济统计年鉴》、《中国劳动统计年鉴》、《中国统计年鉴》整理得来。

另外，行业的收入水平与行业人力资本含量有巨大的关系，人力资本含量高的行业（如金融行业），收入水平也比较高。所以如果在实证分析中加入表示人力资本含量的值（如职工的人均受教育年限）无疑会极大地加强实证分析的解释力度。由于本文以工业中细分行业的样本数据进行分析，所以难以找到相应的代表人力资本含量的指标，同时我们也注意到，人力资本含量高的产业劳动生产率高，人均推动的资本量大，因此如果将人力资本与劳动生产率两个变量同时进入方程进行回归，可能会出现变量之间的多重共线性问题，所以将这一因素看成随机扰动因素。

四、实证分析

如果对大的门类行业进行分析，得出来的结果显然毫无意义。为了减少由于行业的跨度过大导致的数据分析失效问题，尽可能地利用细分行业的数据进行分析。在实证分析中，我们选用工业企业中39个细分行业（由于行业划分标准的变化，部分行业的数据缺乏连续性，实际上只是利用了其中36个细分行业的数据）[①]。

（一）截面数据分析

对2005年工业企业中各个细分行业的数据进行相关性分析，从表2中可以发现它们之间的关系。

表2　　　　　　　　　相关性分析结果

相关变量	相关类型	相关系数	显著水平	结论
行业平均报酬和行政垄断	皮尔逊数值相关	0.5909	0.0001	***
	斯皮尔曼等级相关	0.4862	0.0017	**
行业平均报酬和劳动生产率	皮尔逊数值相关	0.8029	0.0000	***
	斯皮尔曼等级相关	0.7004	0.0000	***
行业平均报酬和女性比例	皮尔逊数值相关	－0.2020	0.1951	
	斯皮尔曼等级相关	－0.2370	0.1464	
行业平均报酬和人均资本量	皮尔逊数值相关	－0.1055	0.5227	
	斯皮尔曼等级相关	0.5650	0.0002	***

注：*** 表示在1%的显著性水平上相关，** 表示在5%的显著性水平上相关，* 表示在10%的显著性水平上相关。

---

① 删除了工艺品及其他制造业、废气资源和废旧材料回收加工业和水的生产和供应业三个行业。

在上述相关性的分析中，我们可以看到，行业平均报酬和行政垄断、劳动生产率无论是皮尔逊（Pearson）数值相关还是斯皮尔曼（Spearman）等级相关都是在1%的水平上显著的，行业的平均报酬和人均资本量在1%的显著性水平下斯皮尔曼相关，但是却皮尔逊数值不相关，而行业的平均报酬和女性比例两者之间无论是皮尔逊数值相关还是斯皮尔曼等级相关都不是显著的，所以在后面的分析中，有必要把行业中的女性比例作为一个随机扰动项来进行分析。

由于对样本数据取对数既不会改变数量之间的关系，又能部分消除样本数据的异方差性，因此本文对所有时间序列的样本数据都进行了对数化处理。自变量平均报酬 AR（Average Reward）对数化后为 ln AR，因变量行政垄断 AM（Administrative Monopoly）、劳动生产率 PROD（Productivity）对数化之后分别为：ln AM、ln PROD。

（二）面板数据（Panel Data）模型的实证检验

1. 模型分析。以上研究是以 2005 年的截面数据为基础进行的分析，为了能够更加精确和深入地研究行政垄断对行业收入的影响，笔者将对 1996~2006 年各行业的面板数据进行模型检验。

面板数据包括不同时点不同截面的数据，面板数据模型不但增加了样本容量，而且能够同时反映研究对象在时间和截面单元两个方向上的变化规律及不同时间、不同单元的特性，从而综合利用了样本信息，使研究更加深入，同时可以减少多重共线性带来的影响，从而提高了估计的精度和检验功效。

面板数据模型的一般形式为：

$$y_{it} = \alpha_{it} + x'_{it}\beta_i + \varepsilon_{it}, \qquad i=1,\cdots,n;\ t=1,\cdots,T \qquad (1)$$

其中，y_{it} 是因变量，α_{it} 表示影响 y_{it} 的全部不可观测的因素，ε_{it} 为随机扰动项。x_i 和 β_i 分别是对应于 $i=1,2,\cdots,n$ 的截面成员的解释变量 K 维向量和 K 维参数。每个截面成员的观测期为 $t=1,2,\cdots,T$。模型中的系数随着时间和个体不同而改变，因而可以反映模型中被忽略的时间因素和个体差异因素的影响（称这些因素为"潜变量"）。[①]

面板数据建立的模型有三种：混合估计模型、变截距模型和变系数模型。由于模型（1）中有 nT(K+1) 个系数和 nT 个方程，无法从模型中直接识别所有参数，所以实际应用中需要对模型附加一定的约束条件。如果参数随时间而变化，即模型（1）可以表示为：

$$y_{it} = \alpha_i + x'_{it}\beta_i + \varepsilon_{it}, \qquad i=1,\cdots,n;\ t=1,\cdots,T \qquad (2)$$

[①] 赵卫亚：《中国城镇居民消费函数的变系数 Panel Date 模型》，载《数量经济技术经济研究》2003 年第 11 期。

模型中的截距系数 α_i 和斜率系数 β_i 随着个体的不同都在改变,即用 α_i、β_i 共同反映模型中被忽略的潜变量的影响,模型 (2) 称为"变系数模型"。

在模型 (2) 中若再假定斜率系数是常数,则得到:

$$y_{it} = \alpha_i + x'_{it}\beta + \varepsilon_{it}, \qquad i = 1, \cdots, n; t = 1, \cdots, T \qquad (3)$$

即潜变量影响所形成的个体之间的差异反映在截距项的不同之上,所以称模型 (3) 为"变截距模型"。

在模型 (2) 中若假定截距和斜率系数都是常数,则得到:

$$y_{it} = \alpha + x'_{it}\beta + \varepsilon_{it}, \qquad i = 1, \cdots, n; t = 1, \cdots, T \qquad (4)$$

即模型中被忽略的潜变量(包括时间因素和个体因素)对截距和斜率系数都没有影响,此时相当于将 T 个时期的横截面数据融合成一个"混合样本"(样本容量为 nT),所以模型 (4) 为"混合回归模型"。

2. 面板数据模型的识别。在满足古典回归模型假设的情况下,利用 OLS 法估计面板数据模型可以得到无偏一致估计,各类固定效应模型的估计式为:

(1) 变系数模型。

$$\hat{\beta}_i = W_{xx,i}^{-1} W_{xy,i} \qquad \hat{\alpha}_i = \bar{y}_i - \bar{x}_i \hat{\beta}_i$$

其中:

$$W_{xx,i} = \sum_{t=1}^{T} (x_{it} - \bar{x}_i)'(x_{it} - \bar{x}_i) \quad W_{xy,i} = \sum_{t=1}^{T} (x_{it} - \bar{x}_i)'(y_{it} - \bar{y}_i) \qquad (5)$$

(2) 变截距模型。

$$\hat{\beta} = W_{xx}^{-1} W_{xy} \qquad \hat{\alpha}_i = \bar{y}_i - \bar{x}_i \hat{\beta}$$

其中:

$$W_{xx} = \sum_{i=1}^{T} W_{xx,i} \quad W_{xy} = \sum_{i=1}^{T} W_{xy,i} \qquad (6)$$

(3) 混合回归模型。

$$\hat{\beta} = T_{xx}^{-1} T_{xy} \qquad \hat{\alpha}_i = \bar{y}_i - \bar{x}\hat{\beta}$$

其中:

$$T_{xx} = \sum_{i=1}^{n} \sum_{t=1}^{T} (x_{it} - \bar{x})'(x_{it} - \bar{x}) \quad T_{xy} = \sum_{i=1}^{n} \sum_{t=1}^{T} (x_{it} - \bar{x})'(y_{it} - \bar{y}) \quad (7)$$

所以,建立面板数据模型是首先需要正确的设定模型,否则将会产生较大的估计误差。实际应用中,可以采用 F 检验来识别模型。在假设 $H_2(\alpha_1 = \alpha_2 = \cdots = \alpha_n, \beta_1 = \beta_2 = \cdots = \beta_n)$ 成立的情况下:

$$F_2 = \frac{(S_3 - S_1)/[(n-1)(K+1)]}{S_1/[n(T-k-1)]} \sim F[(n-1)(K+1), n(T-K-1)] \quad (8)$$

$$F_1 = \frac{(S_2 - S_1)/[(n-1)K]}{S_1/[n(T-k-1)]} \sim F[(n-1)K, n(T-K-1)] \qquad (9)$$

其中,S_1、S_2、S_3 分别为变系数模型、变截距模型和混合回归模型的残差平方和。

因此，对于给定的显著水平，首先利用 F_2 统计量判断是否为混合回归模型。若 F_2 小于临界值，则接收原假设 H_2，认为模型中的参数与个体的变化没有关系，用式（7）估计混合回归模型；否则继续利用 F_1 统计量检验 H_1，确定参数变化的类型。若 F_1 小于临界值，则接收原假设 H_1，模型设定为变截距模型，用式（6）估计模型；若 F_1 大于临界值，则拒绝原假设 H_1，模型设为变系数模型，用式（5）对模型进行估计。

本文主要研究行政垄断对行业收入的影响，从直观认识上看，各个行业收入在时序上对行业行政垄断程度的敏感程度是不同的，根据前面的理论分析，行政垄断行业在行政垄断庇护下，形成了较高收入，也就是说，行政垄断行业受行政垄断程度影响较深，而竞争性行业受其影响较浅。存在时间影响因素，且很难保证各个行业模型的截距项相同，所以推断应该用变系数模型。现对推论进行检验：

$n = 36 \quad k = 2 \quad t = 11$

$(n-1)(k+1) = 105 \quad (n-1)k = 70 \quad n(t-k-1) = 288$

$$F_2 = \frac{(S_3 - S_1)/[(n-1)(K+1)]}{S_1/[n(T-k-1)]} = ((61.87153 - 8.05533)/105)/(8.05533/288)$$

$= 18.32451$

$F_2 > F[(n-1)(K+1), n(T-K-1)] = F(105, 288)$ (10)

所以，拒绝原假设 $H_2(\alpha_1 = \alpha_2 = \cdots = \alpha_n，\beta_1 = \beta_2 = \cdots = \beta_n)$，也就意味着不采用混合效应模型。继续利用 F_1 统计量检验 H_1，确定参数变化的类型。

$$F_1 = \frac{(S_2 - S_1)/[(n-1)K]}{S_1/[n(T-k-1)]} = ((11.95170 - 8.055338)/70)/(8.05533/288)$$

$= 1.99007$

$F_1 > F[(n-1)K, n(T-K-1)]$ (11)

同样，拒绝原假设 $H_1: \beta_1 = \beta_2 = \cdots = \beta_n$，意味着不采用变截距模型，而采用变系数模型。

对模型进行的 F 检验表明，各个行业中，行政垄断程度对行业收入水平的影响存在着差异性，也就是说不同行业中，行政垄断对行业收入影响的状况是不同的，即行政垄断程度对行业收入差距没有一个统一的影响程度在里面。这在一定程度上验证了前面部分的假设。用变截距模型得出统一影响系数的面板数据分析是不合适的。我们假设行政垄断行业的收入水平受行政垄断的影响程度较大，而竞争性的行业受行政垄断的影响较小，然后进一步对这一假设进行检验。

3. 实证检验。笔者采用变系数模型 $y_{it} = \alpha_i + x'_{it}\beta_i + \varepsilon_{it}$；$i = 1, \cdots, n$；$t = 1, \cdots, T$ 对行政垄断程度和行业的收入水平进行面板数据分析，y_{it} 表示行业 i 在 t 年份的收入水平，β_i 代表行业 i 的影响系数，$n = 36$，$t = 11$，i 的数值表示不同的行业，ε_{it} 表示随机扰动因素。由于部分数据难以获得（如各个细分行业的平均人力资本含量），同时为了防止多重共现性的问题，本文在这里只采用生产率和行政垄断两个影响因素作为自变量进行分析，而没有采用人均资本含量指标，其他因素作为随机扰动项来考虑。直接得出变系数的估计结果如表3所示。

表3　　　　　　　　　　相关性分析结果

行　业	系数	标准误	T统计量	P值	结论
煤炭开采和洗涤业	1.3956	0.8223	1.6973	0.0906	***
石油和天然气开采业	0.7746	0.1157	7.4424	0.0000	***
黑色金属矿采选业	1.0329	0.1750	5.9022	0.0000	***
有色金属矿采选业	2.1372	0.3413	6.2626	0.0000	***
非金属矿采选业	0.5729	0.1463	3.9164	0.0001	***
其他采矿业	0.7685	0.1495	5.1421	0.0000	***
农副食品加工业	0.0639	0.0444	1.4395	0.1510	
食品制造业	0.1375	0.0550	2.5025	0.0128	
饮料制造业	0.1436	0.0335	4.2873	0.0000	***
烟草制造业	11.6356	1.7072	6.8157	0.0000	***
纺织业	0.1759	0.0430	4.0948	0.0001	***
纺织服装、鞋、帽制造业	-0.1668	0.0405	-4.1221	0.0000	☆☆☆
皮革、毛皮、羽毛及其制造业	-0.0171	0.0162	-1.0539	0.2927	
木材加工及木、竹、藤、草制品业	0.0841	0.0695	1.2104	0.2270	
家具制造业	-0.2205	0.0374	-5.8883	0.0000	☆☆☆
造纸及纸制品业	0.2852	0.0619	4.6095	0.0000	***
印刷业和记录媒介的复制	-0.0202	0.0569	-0.3548	0.7230	
文教体育用品制造业	-0.1070	0.0291	-3.6813	0.0003	☆☆☆
石油加工、炼焦及核燃料加工业	0.5829	0.3094	1.8839	0.0605	*
化学原料及化学制品制造业	0.7631	0.1198	6.3689	0.0000	***
医药制造业	0.1363	0.0447	3.0475	0.0025	***
化学纤维制造业	0.5277	0.0779	6.7719	0.0000	***
橡胶制品业	0.2209	0.0619	3.5685	0.0004	***
塑料制品业	-0.0752	0.0217	-3.4675	0.0006	☆☆☆
非金属矿物制品业	0.3962	0.1269	3.1233	0.0019	***
黑色金属冶炼及压延加工业	0.6263	0.1466	4.2723	0.0000	***
有色金属冶炼及压延加工业	1.5646	0.1584	9.8746	0.0000	***
金属制品业	0.0200	0.0457	0.4387	0.6611	
通用设备制造业	0.3770	0.1112	3.3913	0.0008	***
专用设备制造业	0.4079	0.1721	2.3700	0.0184	**
交通运输设备制造业	0.1472	0.3153	0.4668	0.6409	
电器机械及器材制造业	0.0605	0.0548	1.1046	0.2701	
通信设备计算机及其他电子设备制造业	-0.0678	0.0360	-1.8861	0.0602	☆
仪器仪表及文化办公用机械制造业	0.2213	0.0862	2.5675	0.0107	**
电力、热力的生产和供应业	0.1750	0.0636	2.7510	0.0067	***
煤气生产和供应业	2.3790	0.2002	11.8822	0.0000	***

续表

	行　业	系数	标准误	T统计量	P值	结论
劳动生产率指标分析	煤炭开采和洗涤业	0.9379	0.0244	38.5092	0.0000	***
	石油和天然气开采业	0.7631	0.0095	80.0488	0.0000	***
	黑色金属矿采选业	0.9644	0.0191	50.4087	0.0000	***
	有色金属矿采选业	0.9990	0.0254	39.3231	0.0000	***
	非金属矿采选业	0.8833	0.0240	36.8523	0.0000	***
	其他采矿业	0.9326	0.0171	54.4874	0.0000	***
	农副食品加工业	0.7858	0.0092	84.9935	0.0000	***
	食品制造业	0.8333	0.0088	94.2627	0.0000	***
	饮料制造业	0.7972	0.0029	271.6599	0.0000	***
	烟草制造业	0.7647	0.0057	133.7378	0.0000	***
	纺织业	0.8644	0.0072	120.3033	0.0000	***
	纺织服装、鞋、帽制造业	0.8062	0.0137	58.9951	0.0000	***
	皮革、毛皮、羽毛及其制造业	0.8499	0.0063	134.3710	0.0000	***
	木材加工及木、竹、藤、草制品业	0.8281	0.0141	58.6849	0.0000	***
	家具制造业	0.7618	0.0118	64.4739	0.0000	***
	造纸及纸制品业	0.8611	0.0098	87.4544	0.0000	***
	印刷业和记录媒介的复制	0.8367	0.0067	125.3925	0.0000	***
	文教体育用品制造业	0.8496	0.0100	85.0239	0.0000	***
	石油加工、炼焦及核燃料加工业	0.8067	0.0094	85.8648	0.0000	***
	化学原料及化学制品制造业	0.8784	0.0100	88.0096	0.0000	***
	医药制造业	0.8243	0.0039	210.2867	0.0000	***
	化学纤维制造业	0.8281	0.0157	52.7329	0.0000	***
	橡胶制品业	0.8668	0.0088	98.0133	0.0000	***
	塑料制品业	0.8093	0.0056	145.2452	0.0000	***
	非金属矿物制品业	0.8993	0.0200	45.0410	0.0000	***
	黑色金属冶炼及压延加工业	0.8628	0.0088	97.9945	0.0000	***
	有色金属冶炼及压延加工业	0.9381	0.0115	81.8902	0.0000	***
	金属制品业	0.8348	0.0105	79.5655	0.0000	***
	通用设备制造业	0.8934	0.0130	68.7992	0.0000	***
	专用设备制造业	0.8894	0.0159	56.0757	0.0000	***
	交通运输设备制造业	0.8493	0.0184	46.2464	0.0000	***
	电器机械及器材制造业	0.8349	0.0099	84.3527	0.0000	***
	通信设备计算机及其他电子设备制造业	0.8078	0.0055	147.2392	0.0000	***
	仪器仪表及文化办公用机械制造业	0.8926	0.0136	65.8411	0.0000	***
	电力、热力的生产和供应业	0.7905	0.0062	128.2970	0.0000	***
	煤气生产和供应业	0.9149	0.0226	40.3968	0.0000	***

注：*** 表示在1%的显著性水平上正相关，** 表示在5%的显著性水平上正相关，* 表示在10%的显著性水平上正相关；☆☆☆ 表示在1%的显著性水平上负相关，☆☆ 表示在5%的显著性水平上负相关，☆ 表示在10%的显著性水平上负相关。

五、结论与启示

在上面的实证分析中，首先通过对 2005 年的截面数据进行了相关性分析，主要是利用历年工业企业中细分行业的数据对行政垄断与行业收入的关系进行了简单的相关性分析，得出行业中女性职工的比例与行业收入差距的影响在统计上是不显著的。随后，为了进一步研究行政垄断程度与行业收入的相互关系，笔者以 1996～2006 年各个行业的数据进行了面板数据分析，主要得出如下结论：

1. 对绝大多数企业来说行政垄断程度与行业收入差距正相关。在变系数模型分析中，36 个行业中有 29 个行业行政垄断程度和收入水平正相关，其中有 23 个行业的相关性是显著的。值得注意的是所有前面分析到的行政垄断行业两者之间的关系都是显著正相关，如石油和天然气开采业烟草制造业、电力、热力的生产和供应业、煤气生产和供应业等典型的行政垄断行业。这验证了上文所分析的行政垄断与行业收入差距的传导机制，也就意味着在行政垄断行业，行政垄断程度是影响人们收入增加的一个非常重要的因素。本身作为一个高收入群体的行政垄断行业，在行政垄断的作用下收入水平进一步提高，即行政垄断行业的行政垄断的存在加大了行政垄断与竞争性行业的收入差距。

2. 对近年来行政垄断变动程度不大的行业而言，行政垄断对行业收入的影响不显著。近年来竞争比较激烈而且行政垄断程度一直比较低的行业（皮革、毛皮、羽毛及其制造业、印刷业和记录媒介的复制、电器机械及器材制造业等共 8 个行业）其收入水平受到行政垄断程度影响的检验结果为不显著。这主要是由于对这些行业而言，行政垄断相比较其他影响行业收入差距的因素，如行业之间的劳动生产率的差异，人均资本含量的差异等显得非常不重要了。

3. 对少数行业而言，行政垄断对行业收入水平的影响是显著负相关的。这也进一步地印证了笔者前面的假设。首先这部分行业的数量比较少，共 5 个行业。其次，有必要对这些行业进行进一步分析。这部分行业共包括纺织服装、鞋、帽制造业，文教体育用品制造业，通信设备计算机及其他电子设备制造业等共 5 个行业。这部分行业大都是起初国家行政垄断程度比较强，后来通过投资主体的多元化等一系列的改革，逐步走向市场化道路的行业。这些行业行政垄断程度逐步降低但是收入水平却逐步提高了。这种情况不但不与我们前面的分析相冲突，反而给我们解决前面的问题指明了一条道路，即通过让企业面向市场，减少行政垄断可以有效地提高资源的利用率，实现产业结构的升级，促进社会收入分配的平衡。

4. 影响行业收入水平的因素有很多。如表 3 所示，令人吃惊的是所有行业的劳动生产率与行业收入水平的关系都在 1% 的显著性水平上正相关。这在很大程度上表明，我国的收入分配制度虽然在一定程度上受到行政垄断等非合理因素的影响，但令人欣慰的是，占主流的依然是那些在公平范围之内的合理的影响因素。

参考文献

1. D. Schwartzman, Monopoly and Wages, Can. Jour. Econ. Aug. 1960, 25: 428 – 438.
2. Durlauf, Steven N., A Theory of Persistent Income Inequality, Journal of Economic Growth, Springer, Vol. 1 (1), March, 1996: 75 – 93.
3. G..J. Stigler, The Theory of Economic regulation. Bell Journal of Economics, 2 (Spring 1971): 3 – 21.
4. Galor Oded, Joseph Zeira, Income Distribution and Macroeconomics, Review of Economics Studies, 60 (1): 35 – 52.
5. Kuznets, S., Economic Growth and Income Inequality, American Economic Review, 1955, 45 (1): 1 – 28.
6. L. M. Weiss, Concentration and Labor Earnings, The American Economic Review, March 1996, 56: 96 – 117.
7. 侯风云、伊淑彪：《行政垄断与行业收入差距的传导机制》，载《贵州财经学院学报》2008 年第 1 期。
8. 金玉国：《行业工资水平与垄断程度的定量测度》，载《统计与决策》2001 年第 2 期。
9. 陆德明：《改造产业组织，建立垄断竞争市场》，载《经济研究》1988 年第 10 期。
10. 戚聿东：《中国经济运行中的垄断与竞争》，人民出版社 2004 年版。
11. 石淑华：《行政垄断的经济学分析》，社会科学文献出版社 2006 年版。
12. 王俊豪：《政府管制经济学导论》，商务印书馆 2001 年版。
13. 杨兰品：《行政垄断问题研究述评》，载《经济评论》2005 年第 6 期。
14. 于良春等：《自然垄断与政府规制》，经济科学出版社 2003 年版。

回汉居民工资收入差距及其原因

——河南回汉居民收入问卷数据

樊 明[*]

摘 要：不同民族居民收入差距过大往往是导致民族矛盾和冲突的重要原因。要建设和谐社会必须不断缩小民族收入差距。本文研究回汉居民工资收入差距及其原因，数据来自笔者组织的河南回汉居民收入问卷调查。方法为：先确定影响居民工资收入的显著因素，再研究在这些显著因素上回汉居民的差距从而导致的工资收入的差距。本文提出的方法可应用于分析导致两个群体某一均值产生差距的原因。研究发现，回民比汉民工资收入低13.66%。原因主要为：回民受教育年数少、按人口比例在管理层岗位工作的比例低、不利于回民收入的行业分布以及回民中中共党员比例低从而导致了在高收入的政府部门工作的比例低。据此，提出缩小回汉居民收入差距的政策建议。

关键词：回民 收入差距 问卷数据 河南

一、导言

民族问题在当今世界范围内变得更加敏感和尖锐，并不时导致激烈的冲突，带来严重的社会危害，如20世纪90年代美国洛杉矶黑人骚乱，2005年法国非洲裔青年骚乱。在国内，民族冲突在局部也有发生，如2004年在河南中牟县发生了回汉居民严重冲突。

导致民族冲突的原因是多方面的，有宗教、历史和文化等诸多方面的因素，但不同民族间收入差距的拉大往往是一个非常重要的原因，这一点从洛杉矶黑人骚乱、法国非洲裔青年骚乱中都不难看出。不同民族收入差距的不断拉大，导致某些民族的居民在经济上处于相对不利地位，这种经济上的不利地位往往和政治上的不利地位联系在一起，结果使得某些民族的居民在社会上被边缘化。这些被边缘化民族的居民容易产生一种带有集体意识的民族怨恨甚至反主流社会的倾向，尤其是在

---

[*] 樊明，河南财经学院市场经济研究所，教授；E-mail：fanming1022@sohu.com。
杨继生老师为本研究的计量工作提供了重要帮助。郝鹏等95名同学为本研究进行了问卷调查。作者向这些老师和同学表示衷心感谢。

一个民族混居、不同民族生存状况对比强烈的社会。

关于民族收入差距问题，在经济学上国外有比较多的研究。就美国来说，有许多涉及不同民族劳动市场表现的研究，涉及众多学科。就经济学来说，贝克尔（Becker, 1957）发表《歧视经济学》可谓这一领域开先河之作，主要针对美国黑人所受歧视问题。以后有大量的涉及种族和性别歧视问题的研究。另在关于劳动市场表现的研究方面，如工资、就业方程，一般要加上种族变量来控制种族因素对劳动市场表现的影响（樊明，2002）。然而，就中国情况来看，从经济学的角度、用现代经济学的方法研究少数民族劳动市场表现问题，根据笔者所作文献查询，基本是一个的空白。国内的学者或可能没有注意到，或注意到了但担心课题的敏感性而不愿触及。对民族问题的研究主要集中在历史、文化和艺术方面。

笔者认为，面对民族差距问题，我们应该正视它，研究它，解决它，而不应该有意或无意采取回避的态度。回避只能延误问题的解决，并可能导致问题更为复杂和严重。本研究正是一项力图正视民族差异的研究，着眼点主要在回汉居民工资收入差距。这项研究可以帮助我们找出导致回汉居民工资收入差距的主要原因，从而可以提出有针对性的政策措施来不断缩小这种差距，使回汉居民能够共同享受经济发展的成果。中国是一个多民族国家。本研究所采用的方法是为本研究课题而提出的方法，可用于分析其他地区不同民族之间收入差距问题的研究及其他涉及群体差异问题的研究，如为什么女性工资比男性低这样的问题。本研究也填补了在国内用经济学的方法研究民族收入差距问题的空白。自改革开放以来，收入差距问题一直是一个热点问题。我们有关于城乡收入差距的研究，有地区居民收入差距的研究，也有关于个体收入差距的研究（樊明，2006），但很少有关于民族收入差距问题的研究。

本文导言部分后分三部分：第二部分介绍数据、方法和模型，第三部分报告计量研究的结果，分析导致回汉居民工资收入差距的主要因素，第四部分为结论及政策建议。

二、数据、方法和模型

为了研究回汉居民工资收入差距及其原因，2006年春笔者组织学生在郑州、开封和河南其他一些回民相对集中的地区对回汉居民的工资收入及其他相关因素进行了问卷调查，共获得样本700多个。

表1给出相关的回汉居民主要劳动市场表现的数据。从表1可以看出，回汉居民的收入差距主要来自工资方面，回民平均月工资比汉民低13.66%，金额为190元。根据显著性检验（$z = 1.87$），在95%以上的显著水平上拒绝汉民平均月工资小于回民平均月工资（详见附录）。这个差距也比较符合我们的直觉判断。在工作

时间和就业率方面回汉居民几乎一致。

表1　　　　　　　　　　回汉居民劳动市场表现

劳动市场表现	汉民 均值	汉民 样本数	回民 均值	回民 样本数	全部 均值	全部 样本数
月工资（元）	1389.4	462	1199.6	175	1337.3	637
小时工资（元）	6.518	462	6.108	175	6.405	637
周工作小时	57.148	462	57.149	175	57.148	637
就业率	0.911	507	0.911	192	0.911	399

本研究所采取的方法是，先确定哪些因素对工资的影响是显著的，特别是那些受人的行为影响较强的因素，如教育，这主要通过建立工资的回归方程来进行，再看看这些因素上，回汉居民的差距从而可估计出这些因素对回汉居民工资收入差距的具体影响。

首先讨论工资方程。为节省篇幅，对一些经典的变量不做详细讨论，给出描述统计。

1. 受教育程度。受教育程度是影响工资的重要因素，人力资本理论对此有大量的讨论，在此不再赘述。表2给出不同受教育程度所对应的平均工资。很显然，随着受教育程度的提高，平均工资显著提高。就回汉比较而言，汉民平均受教育年数为12.21年，而回民为10.78年，相差1.43年。

表2　　　　　　　　　　受教育程度和平均工资

教育程度	月工资（元）	小时工资（元）	样本数
未受正规教育	923	3.37	10
小学	705	3.94	47
初中	969	4.26	161
高中及中专	1141	5.17	204
大专	1676	7.89	118
本科	2175	11.90	88
研究生	3511	15.89	9

2. 工龄。工龄的增加一方面代表人力资本的积累，但同时也包含着知识老化、人力资本折旧的过程。人的体力也随着工龄的增加而衰减。直接面对顾客的服务人员到达一定年龄后，其劳动市场的价值也降低。因此，一般来说，工资和工龄呈抛物线关系。就本数据来说，存在工资随工龄先升后降的基本趋势，整体上工资和工龄为负相关。表3给出工龄和平均工资的关系。

表3　　　　　　　　　　　　工龄和平均工资

工龄（年）	平均月工资（元）	平均小时工资（元）	样本数
1~3	1278.4	6.31	119
4~6	1480.9	6.74	99
7~9	1638.2	7.66	61
10~12	1394.4	6.41	90
13~15	1505.0	8.62	47
16~18	1851.5	9.05	33
19~21	1137.9	5.06	62
22~24	1226.7	4.83	28
25~27	871.8	4.21	22
28~30	936.3	4.05	27
31~35	931.2	4.63	24
36~45	966.0	6.05	25

3. 性别。男性的工资一般要高于女性。就本数据而言，男性的平均月工资为1499元，小时工资为7.20，而女性的月工资为1120元，小时工资为5.33元。

4. 是否为中共党员。在目前中国的政治体制下，党员公民有更多的机会在政府部门服务。根据本次调查，在政府部门工作的有40人，其中党员占82.5%，而党员在全部就业样本中的比例仅为19.2%。在40人中，汉民党员28人，占汉民就业居民的比例为6.1%，而回民5人，占回民就业居民的比例为2.9%。在各行业中，汉民党员占汉民就业居民的21.0%，而回民只占13.7%。政府部门的平均工资为各行业最高，平均月工资为1766元，而各行业平均月工资为1337元。此外，党员身份和是否在管理层工作也有一定的正相关性。

5. 行业。不同行业平均工资水平相差悬殊。表4列出不同行业的平均工资。有几点值得注意：回民最集中的行业是商业餐饮业，工作时间长，而小时工资在非农行业最低。而工资相对较高的行业，如政府行政、金融保险、建筑、文教卫生等，回民占回民就业居民比例均比汉民要低。

表4　　　　　　　　　　　　不同行业平均工资

行业	月工资（元）	小时工资（元）	周工作小时	汉民占汉民就业比例（%）	回民占回民就业比例（%）	样本数
农业	539	2.34	63.7	4.1	5.1	28
制造业	1293	6.71	50.6	8.2	1.31	60
建筑业	1848	8.87	56.2	10.4	3.4	54
交通运输	1159	5.04	56.0	7.4	4.6	42
邮电通信	1295	8.17	46.4	5.7	3.4	30
商业饮食	1243	5.13	64.5	37.7	52.0	264
金融保险	1738	9.62	45.8	3.5	2.9	21
文教卫生	1371	7.60	49.6	16.7	10.9	96
政府行政	1766	9.40	46.3	6.9	4.6	41

6. 工作职位。在管理层次还是在普通的操作层次是决定工资的重要因素。本调查把工作职位分三个层次：操作层、中层管理和高层管理。表5列出不同层次的平均工资。从表5可以看出，对应不同职位，平均工资悬殊。而在这方面，回民也是处于相对不利的地位。一方面，在中层管理层次，汉民占汉民就业居民比例要高于回民。另一方面，在相同管理层次上，汉民的平均工资要比回民高。

表5　　　　　　　　　　　工作职位和平均工资

工作职位	月工资（元）	小时工资（元）	样本数	工作职位	月工资（元）	小时工资（元）	样本数	占就业居民比例（%）
操作层	914	4.25	423	汉民	903	4.14	299	64.72
				回民	941	4.51	124	71.26
中层管理	1925	9.58	173	汉民	1988	9.80	133	28.79
				回民	1715	8.86	39	22.41
高层管理	3227	15.2	41	汉民	3587	15.63	30	6.49
				回民	2245	14.13	11	6.32

7. 民族歧视。问卷询问："您有没有感受到民族歧视？"回答可选择："没有、不明显、有点、较严重、严重"，依次分别赋值从0到4。汉民的民族歧视均值为0.168，回民为0.333。表6报告了民族歧视和工资的关系。可以看出两点：（1）回民的民族歧视感并不强，感到受到较严重和严重歧视的比例不到3%。（2）工资和受民族歧视程度的关系不明显。

表6　　　　　　　　　　　民族歧视和工资

	受歧视程度	样本数	占汉民（%）	月工资（元）	小时工资（元）	周工作小时
汉民	没有	419	90.69	1387.0	6.5	56.9
	不明显	17	3.68	1658.8	6.9	55.8
	有点	15	3.25	1069.3	5.7	52.7
	较严重	9	1.95	1683.3	6.5	72.4
	严重	2	0.43	700.0	3.5	55.0
	受歧视程度	样本数	占回民（%）	月工资（元）	小时工资（元）	周工作小时
回民	没有	137	78.29	1141.8	5.9	56.9
	不明显	21	12.00	1335.7	5.9	56.9
	有点	11	6.29	1963.6	10.3	61.5
	较严重	5	2.86	650.0	2.8	54.0
	严重	1	0.57	900.0	2.7	77.0

8. 就业歧视。问卷询问："您在工作中有没有遭受歧视的感觉？"回答方式和对民族歧视的一样。汉民的就业歧视均值为0.477，而回民为0.354。一种可能的解释是，回民中个体户占36.0%，而汉民只占19.7%。个体户不存在就业歧视。

另外，在调查中了解到，不少回民在回民集中的企业中就业，在工作中并没有受到太多的歧视。表7报告了就业歧视和工资的关系。从表7可以看出，随着就业歧视的严重程度增加，工资明显下降，尤其是小时工资。

表7　　　　　　　　　　　　　就业歧视和工资

	受歧视程度	样本数	占汉民（%）	月工资（元）	小时工资（元）	周工作小时
汉民	没有	344	74.46	1502	7.03	56.50
	不明显	42	9.09	1373	6.88	54.07
	有点	51	11.04	873	4.20	58.52
	较严重	13	2.81	1029	3.93	69.92
	严重	12	2.60	817	3.22	66.92
	受歧视程度	样本数	占回民（%）	月工资（元）	小时工资（元）	周工作小时
回民	没有	136	77.71	1257	6.73	55.18
	不明显	20	11.43	1150	4.90	61.55
	有点	13	7.43	991	3.46	66.77
	较严重	4	2.29	588	1.78	75.00
	严重	2	1.14	375	1.74	49.00

9. 健康状态。大量文献研究表明，健康不良对工资有着负面影响（樊明，2002）。问卷询问：与您周围人相比，您的健康状况如何？答案可选择："差、一般、比较健康、健康、很健康"，依次分别赋值从1到5。表8给出健康状态和工资均值的关系。然而，这次调查没有发现健康状态和工资之间明显的正向关系。

表8　　　　　　　　　　　　　健康状态与工资

健康状态	月工资（元）	小时工资（元）	月工作小时	样本数
差	710	4.45	217	13
一般	1262	6.40	239	140
比较健康	1398	6.65	250	167
健康	1363	6.52	241	197
很健康	1367	6.09	265	120

10. 相貌。在问卷调查结束后，由调查者对被调查者的相貌气质打分，分7档，1代表最差，7代表最好。关于相貌和工资的关系，国外有一些研究。哈梅梅史（Hamemesh）和Biddle（1994）发现，相貌较差一些的比相貌平均的人少挣5%~10%，相貌超过平均水平的多挣5%。而且，不仅对相貌有特别要求的行业，如空中服务，相貌较好的人挣钱多，在工作和相貌无关的行业相貌较好的人挣钱也较多。好的相貌是一种稀缺资源，有一定的市场价值，尤其在服务业。本次调查也发现，随着相貌指数的提高，平均工资明显提高，见表9。但没有发现回汉居民在

相貌方面有明显差别。

表9　　　　　　　　　　　相貌和工资

相貌指数	月收入（元）	小时工资（元）	年龄	样本数
1~2	706	2.68	40.93	26
3	1177	6.19	37.75	117
4	1173	5.48	35.87	236
5	1480	6.88	34.61	169
6	1891	9.42	31.99	81
7	1963	8.23	27.00	8

11. 月工作小时。月工资在小时工资既定的条件下是月工作小时的函数。但表10显示，工作时间长的工作往往小时工资低。因此，月工作小时和月工资的关系不确定。

表10　　　　　　　月工作小时和月工资、小时工资

月工作小时	22~150	151~180	181~235	236~299	300~350	>350
月工资（元）	1612	1505	1279	1104	1519	1058
小时工资（元）	16.42	8.68	6.12	4.39	5.00	2.71

12. 回民。回民虚拟变量，和汉民作比较，看是否回民身份直接影响工资。

根据以上分析，建立下列工资模型：

log（月工资）= $\alpha_0 + \alpha_1$ 教育 + α_2 工龄 + α_3 性别 + α_4 中共党员 + α_5 制造业 + α_6 建筑业 + α_7 交通运输 + α_8 邮电通信 + α_9 商业饮食 + α_{10} 金融保险 + α_{11} 文教卫生 + α_{12} 政府行政 + α_{13} 高层管理 + α_{14} 中层管理 + α_{15} 就业歧视 + α_{16} 民族歧视 + α_{17} 健康状态 + α_{18} 相貌 + α_{19} 月工作小时 + α_{20} 回民

采用月工资作为分析对象和对本研究关于工资收入问题更为相关，当然缺少工作时间的因素是其不足。不过，采用本数据、就分析影响工资的因素来说，二者相差不大。月工资采用自然对数的形式会获得更好的拟合度并便于解释结果。以女性为性别的比较基础，以农业作为行业的比较基础。

三、统计分析：导致回汉居民工资收入差距的主要因素

工资方程的回归结果报告如下：

log（月工资）= 5.176 + 0.050 教育 - 0.006 工龄 + 0.117 性别
　　　　　　　（26.92）（6.287）　　（2.419）　　　（2.568）

$$+ 0.171\text{ 中共党员} + 0.421\text{ 制造业} + 0.721\text{ 建筑业}$$
$$(2.621)\qquad\qquad(3.342)\qquad\qquad(5.591)$$
$$+ 0.594\text{ 交通运输} + 0.413\text{ 邮电通信} + 0.542\text{ 商业饮食}$$
$$(4.394)\qquad\qquad(2.817)\qquad\qquad(5.017)$$
$$+ 0.486\text{ 金融保险} + 0.441\text{ 文教卫生} + 0.373\text{ 政府行政}$$
$$(3.005)\qquad\qquad(3.606)\qquad\qquad(2.556)$$
$$+ 0.947\text{ 高层管理} + 0.530\text{ 中层管理} - 0.063\text{ 就业歧视}$$
$$(10.386)\qquad\qquad(9.943)\qquad\qquad(2.580)$$
$$- 0.012\text{ 民族歧视} + 0.011\text{ 健康状态} + 0.094\text{ 相貌}$$
$$(0.354)\qquad\qquad(0.560)\qquad\qquad(4.396)$$
$$+ 0.00004\text{ 月工作小时} + 0.030\text{ 回民}$$
$$(0.181)\qquad\qquad\qquad(0.601)$$

$R^2 = 0.4833$，样本数为 637，其中汉民为 462，回民为 175。括弧中为 t 值。

绝大多数变量的符号和理论预期的一致，大多数达到 99% 以上的显著水平。这首先反映了问卷数据的质量是可靠的，其次工资模型的设定是恰当的。值得注意的是，回民身份并不是一个显著的变量，也就是说，回民并没有在劳动市场上因回民身份直接受到歧视从而导致工资降低。然而，回民的平均月工资又确实比汉民低。显然，导致回民平均月工资低一定有其他的因素。下一步就是要找出哪些因素可能导致回汉居民工资收入差距。这些候选的变量应符合下列要求：

1. 统计上和经济上是显著的变量。这是基础，否则这个变量对工资决定没有显著作用，也就更谈不上导致工资收入差距。

2. 人的行为选择对这些变量有较大的影响，包括当事人和其他相关的人。如果变量不受人的行为的影响，则没有政策应用可言。

3. 回汉之间存在较大差异。这主要是针对要研究的问题。如果变量对工资有显著影响，但在这个变量上，回汉居民没有差异，则这个变量不是导致回汉居民工资收入差距的因素。

符合这 3 个标准的变量主要有：教育、是否党员、行业和工作岗位。

教育的月工资的弹性约为 5%，也就是说，教育年数每增加 1 年可增加月工资收入 5%。平均月工资为 1337.3 元，1% 的工资增加为 66.87 元，而回汉平均受教育年数相差为 1.43 年，由此可以推断，因回汉平均受教育年数的差异导致的平均月工资的差异为 95.6 元。

党员身份的月工资的弹性为 17.1%，也就是说，入党（中共产党 = 1）在其他条件相同的条件下平均可增加月工资 228.7 元（= 1337.3 × 0.171）。汉民的党员比例比回民高 0.067 个百分点，因此导致汉民平均月工资增加 15.3（= 228.7 × 0.067）。

在行业的虚拟变量中，农业是比较的基础。制造业的系数就是从事制造业比从事农业月收入增加的百分比,即42.1%,金额为563.9元(=1337.3×0.421)。这个金额可理解为如果所有居民均从事制造业,则平均月工资可比如果从事农业增加563.9元。汉民中有8.2%的居民从事制造业,因此汉民因这些居民从事制造业而非农业使得平均月工资增加46.3元(=563.9×0.082)。以同样的理解计算出回民因从事制造业比农业增加的平均月工资。两者之差就是回汉因在该行业分布不同而导致的平均月工资差异。类似地可计算出其他行业的相应的值。将这些值加总就是要求的回汉居民由于行业分布导致的平均月工资差额。

表11　　　　　　　　由回汉行业分布导致的平均月工资差

行业	行业工资弹性系数	从事该行业比农业增加月工资	汉民从事该行业的比例	汉民因从事该行业比农业增加的月工资（A）	回民从事该行业的比例	回民因从事该行业比农业增加的月工资（B）	回汉因在该行业分布不同导致平均月工资差异（A-B）
制造业	0.421	563.9	0.082	46.3	0.131	74.1	-27.7
建筑	0.721	964.6	0.104	100.2	0.034	33.3	66.9
交通运输	0.593	793.9	0.074	58.4	0.046	36.3	22.1
邮电通信	0.413	552.5	0.052	28.7	0.034	18.9	9.8
商业饮食	0.542	725.0	0.377	273.0	0.520	377.0	-104.0
金融保险	0.485	649.9	0.035	22.5	0.029	18.6	3.9
文教卫生	0.440	589.6	0.167	98.3	0.109	64.0	34.2
政府行政	0.373	499.1	0.069	34.6	0.046	22.8	11.8
回汉因在各行业分布不同导致平均月工资差额							17.1

工作岗位是影响工资的显著变量,无论在统计上还是在经济上。从表5可见,回汉居民在工作岗位上的差距主要在中层管理层次。中层管理的月工资弹性系数为53%,也就是说,担任中层管理职位(中层管理=1)可增加平均月工资709元(=1337.3×0.530)。汉民担任中层管理岗位的比例比回民高0.059个百分点,因此导致汉民平均月工资增加41.8元(=709×0.059)。

上述4个变量对回汉平均月工资差异190元解释了其中的170元。这些变量的重要性依次为:受教育程度(95.6元)、工作岗位(41.8元)、行业分布(17.1元)分布和党员身份(15.3元)。

需要说明的是,在上述计算中我们已假定以上变量的工资弹性系数不存在汉民和回民之间的差异。事实上,在做上述计算前对此已进行了检验,方法是在工资方程中加上这些变量和回民变量的乘积,但发现几乎没有一个乘积变量是显著的。由此可以推断,以上变量的工资弹性系数不存在显著的汉民和回民之间的差异。

四、结论及政策建议

以上研究了回民和汉民之间工资收入的差距及其原因,获得下列结论:

1. 回民平均月工资比汉民低 13.66%,金额为 190 元,工作时间和就业率相仿。
2. 绝大多数回民并没有感受到严重的民族歧视,甚至就业歧视也没有汉民感受得强烈。
3. 回民身份没有直接导致回民在劳动市场工资的降低。
4. 导致回汉居民工资收入差距的主要原因依次为:回民受教育年数比汉民少、回民按人口比例在管理层岗位工作的比例比汉民低、不利于回民收入的行业分布以及回民中党员比例比汉民较低从而导致了在高收入的政府部门工作的比例低。

要提高回民的工资收入水平,政府要采取更多的措施帮助回民提高受教育的水平,这是根本所在。比如,在高考录取时可适当降低分数线,给予回民子弟更多的助学贷款,等等。在美国及其他发达国家在高校录取时也有对少数族裔的照顾政策。如果教育水平提高了,争取在管理层岗位工作的机会就会增多。提高回民的受教育水平有助于其到高收入行业就业,而不是集中在商业餐饮业,以个体户的身份在路边摆一食品摊从事低收入的劳动。党组织要给回民入党给予更多的关心和支持,让更多的回民参与到国家的政治生活中来,在选举人大代表、安排政协委员时,给回民更多的参政议政的机会。在政府录用公务员时,给回民予以适当的照顾也是可以考虑的。

本研究主要是通过分析问卷数据获得的结论。下一步还将通过访谈的方式进一步了解回民的心理和行为。比如,回民对教育的态度,对入党和政治参与的态度,是其自身采取了不积极的态度还是社会环境没有给予积极的鼓励而导致了回民态度的消极,或两者兼有?

最后要强调的是,对民族差异问题,应向西方学习,采取面对和积极寻找问题解决的态度。中国经济学界对民族差异问题,特别是收入差异问题,不应是集体失声,而应该表现出责任和智慧。

附录:汉民月平均工资超过回民月平均工资显著性检验

检验 $H_0: \mu_1 - \mu_2 > 0$

这里,μ_1 和 μ_2 分别代表汉民和回民月平均工资。定义检验统计指标:

$$z = \frac{\bar{y}_1 - \bar{y}_2}{s_1 - s_2}$$

这里，$\bar{y}_1$ 和 $\bar{y}_2$ 代表汉民和回民样本的月平均工资。s_1 和 s_2 代表汉民和回民样本的月工资方差。

$$s_1 - s_2 = \sqrt{\frac{s_1^2}{n_1} + \frac{s_2^2}{n_2}}$$

这里，n_1 和 n_2 代表汉民和回民样本数。如果 $z > z_{(\alpha)}$，则拒绝 H_0，这里 α 为置信度。$\alpha_{0.05}^{120} = 1.658$。根据计算，$z = 1.87$，因此，在95%以上的显著水平上拒绝汉民平均月工资小于回民平均月工资。

参考文献

1. Becker G., 1957: The Economics of Discrimination, Chicago: University of Chicago Press.
2. Hamemesh D. S. & Biddle J. E., 1994: "Beauty and The Labor Market", American Economic Review, 84, pp. 1174 – 1194.
3. Herrnstern R. J. & Murray C., 1994: The Bell Curve—Intelligence and Class Structure in American Life, New York: The Free Press.
4. Mincer J., 1974: Schooling, Experience and Earnings, New York: Columbia University Press.
5. Keeley M., 1981: Labor Supply and Public Policy, Academic Press.
6. 蔡昉:《城乡收入差距与制度变革的临界点》，载《中国社会科学》2003年第5期。
7. 樊明:《健康经济学：健康对劳动市场表现的影响》，社会科学文献出版社2002年版。
8. 樊明:《居民收入差距的劳动市场因素——郑州问卷调查数据》，载蔡昉、万广华主编:《中国转轨时期收入差距与贫困》，社会科学文献出版社2006年版。

经理报酬决定因素的解释力研究

彭文平[*]

摘 要：本文首先建立了上市公司总经理报酬决定综合模型，模型包括一系列报酬决定的经济与非经济因素。然后采用上市公司 2004 年至 2006 年面板数据检验了综合模型，我们发现地区是报酬的最显著解释变量，解释力为 14.4%；其次是公司规模和所属行业，解释力分别为 7.6%、4.3%；地区、行业、规模三者的解释力达 26.3%；而公司业绩、公司战略的解释力仅为 1.4%、0.7%，经理权威与人力资本、董事监事治理、股权结构、组织内部竞争、行业与社会管制、社会比较的解释力分别为 1.1%、1.3%、2.8%、0.2%、1.3%、2.4%。结果表明经济因素仍旧是经理报酬的主要决定因素。

关键词：报酬决定 综合模型 经济因素 非经济因素

一、引言

西方研究发现经理报酬水平除了可以通过经济因素，如公司规模、业绩、经理人力资本、公司经营特征和公司战略来解释外，还发现非经济因素可能是经理报酬的更重要解释变量（Talmor and Wallance，2001），如董事会控制、所有权结构、薪酬委员会（Mehran，1995；Core et al.，1999；Hartzell and Starks，2003；Conyon et al.，2004）、行业管制（Franclin and Mixon，2001）、组织内部竞争（Lambert et al.，1993）、社会比较（O'Reilly et al.，1988）。比较而言，国内研究远不如西方全面和充分，已有研究主要关注公司所在地区、规模、业绩、经理人力资本、股权结构和董事会治理对经理报酬的影响。国内有关经理报酬水平决定的模型对经济因素的考虑不全面，往往忽略公司业务复杂性代表变量，如公司战略，对经理报酬水平决定的影响；未考虑非经济因素，如行业和社会管制、组织内部竞争、社会比较对经理报酬的影响。而且缺乏文献全面比较各种经济、非经济因素对报酬水平的解释力。

与已有研究相比，本文所考虑的报酬决定因素更加全面，引入了公司战略、行业与社会管制、组织内部竞争、社会比较等经济和非经济因素，并且，我们采用上

---

[*] 彭文平，华南师范大学经济管理学院，副教授；E-mail: peng-wenping@163.com。
本文是教育部人文社科研究项目"开放式基金经理能力成长与激励机制研究"的阶段性成果。

市公司面板数据，分别检查了各经济和非经济因素对总经理报酬水平的解释力，尤其关注了行业与社会管制、组织内部竞争、社会比较等非经济因素对总经理报酬水平的影响和解释力。

二、总经理报酬决定模型设计

公司多元化和国际化往往是经营复杂性的代表，鲁普和史密斯（Rupp and Smith，2002）发现公司分散化（所经营行业数量）解释11.4%的红利方差；桑德斯和加彭特（Sanders and Garpenter，1998）发现，企业实行国际化战略会导致经理报酬水平增加。

研究一般支持人力资本变量，包括经理的年龄、任期和教育背景对报酬有影响（Waston et al.，1994；Attaway，2000），经理权威对报酬水平有正的影响（Core et al.，1999）。影响经理报酬的公司治理因素主要包括董事会控制、所有权结构、薪酬委员会（Mehran，1995；Core et al.，1999；Hartzell and Starks，2003；Conyon et al.，2004）。

行业管制是经理报酬的重要影响变量。弗兰克林和米克森（Franclin and Mixon，2001）指出受管制企业、有政治和官僚机构支持的企业的CEO追求更利己的报酬组合，受管制行业的企业经理报酬低于不受管制行业的企业经理报酬。

组织内部竞争对经理报酬有显著影响，高级管理层中随着排名的提高，排名间的薪酬差距加大，CEO同二号人物之间的薪酬差距尤为大；高薪酬差距与公司绩效之间呈正相关关系（Lambert et al.，1993）。

奥赖利等（O'Reilly et al.，1988）认为在报酬制定中社会比较起到重要作用。比齐克、莱蒙和内文（Bizjak，Lemmon and Naveen，2000）发现大部分公司在设置经理工资、奖金和期权时参照同行或竞争者的水平。报酬水平位于中值以下的公司，获得更多的报酬增加数。报酬水平朝着同行报酬中位数靠近，有向上的棘轮效应。

国内研究仅关注公司业绩、行业、地区、规模、无形资产比例、经理个人特征、董事会治理、股权性质和结构对经理报酬的影响（李增泉，2000；杜胜利、翟艳玲，2005）。

我国上市公司股权结构和董事会治理与西方企业相比存在差异，主要体现在几个方面：（1）国有控股比较普遍，民营和集体控股上市公司相对较少；（2）股权集中度高、第一大股东持股比例一般较高；（3）董事会下属机构，"四委"[①]设

[①] 中国证监会在颁布的《上市公司治理准则》中提到，上市公司董事会可以按照股东大会的有关决议，设立战略、审计、提名、薪酬与考核等专门委员会。

置不统一,只有少部分公司设置了"四委",其余公司设置了部分或未设置任何委员会。设计总经理报酬决定综合模型时,我们综合考虑我国上市公司的经理激励现状,治理结构,以及经济环境等因素。在选取报酬决定因素及其代表变量时,尽量体现我国上市公司的经营和治理现状,我们设计的报酬决定综合模型如下:

报酬 = f(行业,地区,规模,成长性,公司业绩,公司战略,个人权威与人力资本,董事会治理,股权结构,组织内部竞争,行业与社会管制,社会比较)

模型所包含的报酬决定因素与替代变量的定义见表1。

表1　　　　　　　　　　总经理报酬决定因素与变量的定义

因素	变量名称	变量定义
行业、规模、成长性	行业 D 变量	根据行业大类[①],定义从字母 B~M 共12个行业 0-1 变量。根据样本公司的行业代码分别赋值该行业变量
	地区 D 变量	如公司注册地在北京、上海、广东(包括深圳)、浙江、江苏五地[②],则令该变量为1,否则为0
	地区市场化进程	根据樊刚等主编的《中国市场化指数——各地区市场化进程2004年度报告》获取样本公司所在地的地区指数
	资产规模	以公司总资产的对数表示
	雇员人数	以公司雇员的总人数表示
	托宾 Q	为公司总市值除以公司总资产的账面价值
	Beta 系数	Beta 的计算公式是根据 Earnings Betas from NonsynchronousData 得到的,数值来自于色多芬数据库
公司业绩	营业利润净利率	= 营业利润/净资产
	净资产收益率	= 净利润/净资产
	股票回报率	= (调整后的股价$_t$ - 调整后的股价$_{t-1}$)/调整后的股价$_{t-1}$
	超额营业利润净利率	= 公司营业利润净利率 - 行业大类加权平均营业利润净利率[③]
	超额净资产回报率	= 公司净资产收益率 - 行业大类加权平均净资产收益率
	超额股票回报率	= 公司股票回报率 - 行业大类加权平均股票回报率
公司战略	国际化	如公司有海外业务则令该变量为1,否则为0
	关联交易	= 公司关联交易占总资产的比重
	行业数量	= 公司经营涉及的行业数
	多元化 H 指数	= 各行业收入占总收入比重的平方之和
	固定资产比例	= 固定资产占总资产的比例
	无形资产比例	= 无形资产占总资产的比例
	经营现金流	= 经营活动现金流占主营业务收入比例

续表

因素	变量名称	变量定义
总经理权威、人力资本特征	持股比例	=（总经理个人持股×1000/公司总股本）×‰
	继任来源	来自公司内部晋升则令该变量取1，否则为0
	在股东单位任职	如果在股东单位任职则令该变量取1，否则为0
	兼职情况	如兼任本公司的董事长则令该变量取3，兼任副董事长取2，兼任董事取1，否则为0
	担任总经理任期	担任总经理的完整年度数
	担任董事任期	在董事会中任职的完整年度数
	官员背景	曾担任过政府官员或行业协会的负责人则令该变量取1，否则为0
	性别	男性则该变量取1，否则为0
	年龄	=年龄
	学历	具有博士学位则令该变量取4，硕士学位则令该变量为3，学士学位则令该变量为2，专科学历则令该变量为1，否则为0
董事会治理	董事人数	=董事会的总人数
	内部董事人数	=经理董事占内部董事的比例
	独立董事人数	=独立董事人数
	监事人数	=监事会总人数
	"四委"设立情况	=四委设立个数
	薪酬委员会	设立薪酬委员会则令该变量为1，否则为0
股权结构	赫芬指数	前五大股东持股集中度的H指数，数据来源于国泰安数据库
	第一大股东持股	=第一大股东持股百分数
	基金持股	=基金公司持股比例百分数之和
组织内部竞争	副总经理人数	=公司担任副总经理的人数
	高管人数	=公司年报中披露的高级管理人员人数
行业和社会管制	发行B、H股	如公司发行了B股或H股，或海外上市，则令该变量取1，否则为0
	行业管制	如公司属于金融、石油、电力、供水供气、公路桥梁和传媒行业，则令该变量取1，否则为0
	国有控股	如其最终控制人为国家机构或国有法人则令该变量取1，否则为0
	民营控股	如最终控制人为民营企业或个人则令该变量取1，否则为0
	集体与社团控股	如最终控制人为集体或社团则令该变量取1，否则为0

续表

因素	变量名称	变量定义
社会比较	参照同地区报酬	确定高管薪酬时参照同地区企业水平,则令该变量取1,否则为0
	参照同行业报酬	确定高管薪酬时参照同行业企业水平,则令该变量取1,否则为0
	同行业企业总经理平均报酬	=同行业[④]企业披露的总经理年度报酬的平均数
	同行业同规模企业总经理报酬	=同行业同规模[⑤]企业的总经理年度报酬的平均数
	地区在岗职工平均收入	根据《中国统计年鉴》披露的上市公司所在城市的在岗职工平均收入确定

注:①根据证监会行业分类指南,第一位字母相同的表示同一行业大类,分别以字母 A～M 标识。
②因为该地区包含国内前四大城市和归属长江三角、珠江三角经济圈的省市。
③按照行业大类分别汇总计算同行业加权平均公司业绩指标,包括营业利润净利率、净资产收益率和股票回报率。
④为行业大类。
⑤按照同行业企业资产中位数分类,确定同行业规模大和小企业。

三、样本筛选和变量描述性统计

本文选择上市公司总经理[①]为研究对象,以沪深上市公司 2004～2006 年样本为基础,剔除总经理任期为非完整样本年度的样本和公司业绩指标异常的样本,获得最终样本为 2632 家。通过查阅年报、统计年鉴和公开出版数据获得总经理薪酬、报酬确定依据、行业数、国际化、政府官员背景、城市在岗职工收入和地区市场化指数等变量值;通过国泰安和色多芬数据库获取财务数据、公司治理、总经理权威、人力资本特征等样本变量值;根据基本数据计算得到超额净资产收益率与股票回报率、行业平均薪酬数据、经理持股金额、基金持股比例、关联交易、多元化 H 指数等样本变量值。

部分样本变量的描述性统计见表 2。总经理现金报酬平均为 28 万元。总经理的持股比例均值为 1.41‰,平均持股金额为 269 万元。有一半以上的总经理持股为 0,总经理持股比例最高达 29%,持股金额近 10 亿元。有 28.33% 的公司总经理来自于公司内部晋升,大部分总经理从外部聘任。20.3% 的总经理在股东单位担任职务。具有政府机构任职背景的上市公司总经理达到 19.07%,政府官员是我国上市公司聘用总经理的重要来源。绝大部分公司总经理兼任了公司董事,1/4 总经理

① 总经理是公司权力最高的经营决策者,等同于西方企业的 CEO。

兼任了董事长。96%以上总经理为男性。总经理的平均年龄为46岁，主要集中在40~51岁。1/4以上总经理具有硕士以上学历，不足1/4的总经理学历在专科以下。一半以上总经理的任期为3年以上，1/4以上总经理连续任职在5年以上，说明上市公司高管团队相对稳定。3/4以上总经理担任董事的年限在2年以上，一半以上总经理担任董事的任期为4年以上，说明绝大部分总经理都参与董事会决策。董事会规模集中在9~11人，内部董事的人数集中在2~5人。独立董事人数集中在3人，大部分公司的监事会为3~5人组成。有1/4公司董事会下未设立任何委员会，而有1/4公司董事会下设立了"四委"，有一半以上的公司董事会下未设立薪酬委员会。第一大股东平均持股达43%，近3/4公司的第一大股东持股超过30%，上市公司股权非常集中。一半以上公司有基金持股，基金平均持股为3.8%，基金持股最高的公司[1]达到74.53%。有国际业务的公司仅占34%。一半以上上市公司都有关联交易，关联交易占资产的比重平均为14.23%。有一半以上公司经营涉及的行业为2个以上，1/4以上公司经营所涉及的行业数为4个以上。分散化H指数的均值为0.76。近3/4公司的副总经理人数在2人以上，近1/4公司的副总经理人数在4人以上，平均为3人。上市公司的高管人数平均为6人，集中在5~7人。国有控股[2]占上市公司的76%，个人或民营企业控股占18%，集体和社团控股占2.67%。同行业企业总经理报酬的平均值为20.6万元，同行业同规模企业总经理报酬的平均值为20.8万元。地区在岗职工收入的均值为1.6万元。

表2　　　　　　　　　　　　　描述性统计

变量	1/4分位点	中位数	3/4分位点	均值	变量	1/4分位点	中位数	3/4分位点	均值
总经理报酬	98 000	150 000	280 000	281 235	四委设立情况	0	1	4	1.718
持股百分比	0	0	0.02845	1.416	薪酬委员会	0	0	1	0.468
继任来源	0	0	1	0.283	第一大股东持股	29	42.22	57.19	43.066
在股东单位任职	0	0	0	0.203	基金持股百分比	0	0.15	2.7675	3.805
官员背景	0	0	0	0.191	国际化	0	0	1	0.341
兼职情况	1	1	2	1.337	关联交易	0	0.02	0.1	0.142
年龄	40	46	51	46.036	行业数量	1	2	4	2.781
学历	2	2	3	2.158	行业数量	0.54	0.84	1	0.762
担任总经理任期	2	3	5	3.437	副总经理人数	2	3	4	3.072
担任董事任期	2	4	6	4.058	高管人数	5	6	7	6.117
董事人数	9	9	11	10.005	参照同行业报酬	0	0	0	0.051
内部董事人数	1	3	4	3.52	参照同地区报酬	0	0	0	0.078
独立董事人数	2	3	3	3.007	同行业总经理平均报酬	183 628	209 207	219 814	206 671
监事人数	3	5	5	4.309	同行业同规模企业总经理报酬	162 465	201 820	265 950	208 493

[1] 2004年样本公司中基金持股最高的是上海机场。
[2] 包括国家机构直接控股、国有法人直接和间接控股。

四、总经理报酬决定综合模型的检验

我们以总经理报酬的对数作为因变量,检验各报酬决定因素对报酬横截面差异的解释力。行业、规模、成长性和公司业绩对总经理报酬的回归结果见表3。由方程1可以发现,行业可以解释4.3%的报酬横截面差异。其中房地产(J)、通信技术业(G)和传播与文化产业(L)行业的公司总经理报酬较高;由方程2可知,地区D变量和地区市场化程度对报酬的增量解释力为14.4%(方程2的$Ad-R^2$减去方程1的$Ad-R^2$);由方程3可知,公司资产规模变量对报酬的影响显著为正,公司员工人数对报酬的影响显著为负。可能的解释是:我国是社会主义国家,政府与公众对收入分配公平和收入差距非常关注,所以公司员工越多,往往不利于企业支付总经理高水平的报酬。两个规模变量对报酬的增量解释力为7.6%;由方程4可知,托宾对报酬有显著正的影响,但是Beta对报酬的影响不显著,托宾对报酬的增量解释力仅为0.4%。综合看,地区变量对报酬的解释力最高,达14.4%;其次是公司规模,解释力为7.6%;最后是公司所属行业,解释力为4.3%;公司成长性对报酬的解释力最低,仅为0.4%。这表明总经理报酬水平的确定主要取决于所在地区、规模和行业,三者对报酬的解释力达到26%。

表3　行业、地区、规模和成长性对总经理报酬的解释力

变量	方程1	方程2	方程3	方程4
截距	11.77(155***)	10.94(109***)	5.15(14***)	5.11(14***)
行业B	0.219(1.32)	0.286(1.88*)	0.201(1.33)	0.208(1.37)
行业C	0.092(1.18)	0.006(0.09)	0.028(0.41)	0.024(0.35)
行业D	0.145(1.27)	0.063(0.60)	−0.083(0.83)	−0.084(0.84)
行业E	0.336(2.4**)	0.178(1.38)	0.125(1.02)	0.133(1.09)
行业F	0.318(3.01***)	0.118(1.21)	0.027(0.29)	0.021(0.23)
行业G	0.531(5.34***)	0.266(2.9***)	0.350(4.04***)	0.353(4.1***)
行业H	0.301(3.17***)	0.134(1.52)	0.191(2.3**)	0.196(2.35**)
行业I	1.277(6.40***)	1.021(5.5***)		
行业J	0.574(5.33***)	0.277(2.76***)	0.255(2.69***)	0.254(2.7***)
行业K	0.365(3.2***)	0.193(1.84*)	0.252(2.54**)	0.249(2.51**)
行业L	0.261(1.21)	0.179(0.90)	0.333(1.78*)	0.329(1.76*)
行业M	0.259(2.66***)	0.016(0.18)	0.081(0.95)	0.088(1.03)

续表

变量	方程1	方程2	方程3	方程4
地区D变量		0.244（5.3***）	0.216（4.94***）	0.223（5.1***）
地区市场化进程		0.130（9.8***）	0.117（9.21***）	0.111（8.7***）
资产规模			0.278（17.32***）	0.280（17.3***）
雇员人数			-3.4E-06（3.15***）	-3.6E-06（3.3***）
托宾Q				0.011（3.5***）
Beta系数				-0.0002（0.26）
F	10.90	44.06	62.897	56.350
Ad-R^2	0.043	0.187	0.263	0.266

注：括号内为t值，***表示在1%水平显著，**表示在5%水平显著，*表示在10%水平显著。

公司业绩、公司战略对总经理报酬的回归结果见表4。为考察业绩操纵可能对总经理报酬产生的影响，我们选择了营业利润净利率（OROE）和净资产收益率（ROE）两个会计业绩度量，为消除系统风险对公司业绩的影响，我们采用剔除了行业平均会计和股价业绩后的超额业绩度量。由方程1可知，营业利润净利率和股票回报率系数都显著为正，两者对总经理报酬的增量解释力仅为1.4%；由方程2可知，净资产收益率和股票回报率系数都显著为正，两者对报酬的增量解释力为1.1%；由方程3可知，超额营业利润净利率和超额股票回报率系数都显著为正，两者对报酬的增量解释力仅为0.4%；由方程4可知，超额净资产收益率和超额股票回报率系数都显著为正，两者对报酬的增量解释力为0.2%。综合方程1~4，发现公司业绩对报酬的解释力极低。但是营业利润净利率的系数要高于净资产收益率的系数，而股票回报率的系数要低于会计业绩的系数。超额会计业绩和股价业绩对报酬的影响比较接近。由于公司业绩对报酬的解释力极低，所以就业绩操纵与系统风险对公司业绩从而总经理报酬的影响都可以忽略。

由表4的方程5可知，5个代表公司经营战略的变量中，国际化战略对总经理报酬有显著的正的影响，与预期一致。固定资产和无形资产占总资产的比重对报酬有显著负的影响，与预期相反。可能解释是：我国上市公司对经理的报酬激励是基于本期公司业绩，当期的高比例固定资产或无形资产投资往往能提升公司未来期间的业绩，但是对公司本期业绩可能产生不利的影响，结果未来导向的投资对当期现金报酬有负的影响。上市公司固定资产无形资产比重分别为36.6%、3.6%，长期性资产投资和研发投资偏低。战略变量对报酬的解释力仅为0.7%，公司战略的解释力严重不足，说明总经理的报酬激励缺乏长期考虑。

表4 公司业绩和公司战略对总经理报酬的解释力

	方程1	方程2	方程3	方程4	方程5
营业利润净利率	0.646（6.16***）				
净资产收益率		0.577（5.8***）			
股票回报率	0.151（2.5**）	0.18（3.01***）			
超额营业利润净利率			0.186（3.12***）		0.191（3.2***）
超额净资产回报率				0.136（2.76***）	
超额股票回报率			0.19（3.15***）	0.21（3.49***）	0.197（3.2***）
国际化					0.059（1.85*）
关联交易					0.002（0.06）
行业数量					0.007（0.63）
多元化H指数					0.033（0.41）
固定资产比例					-0.357（4.4***）
无形资产比例					-0.672（2.7***）
经营现金流					0.003（0.25）
F	53.343	52.627	50.953	50.37	38.268
Ad-R^2	0.28	0.277	0.27	0.268	0.277

说明：表中的回归方程包含常数项和行业D变量和公司地区、规模和成长性变量，该变量参见表3，由于篇幅的限制，省略了该变量的回归系数。

总经理个人权威、人力资本特征和公司治理变量对总经理报酬的回归结果见表5。由方程1可知，总经理持股对报酬有正的影响。总经理来源对报酬有负的显著影响，公司内部晋升的总经理的报酬水平要低于外部聘任的总经理。在股东单位任职对报酬有显著正的影响，说明在股东单位任职会提高总经理的权威；也可以理解为，当股东与总经理利益一致时，股东更有可能会支持总经理的报酬计划。总经理担任董事的年限对报酬有显著正的影响，因为越长的董事任期说明总经理在公司的地位牢固，更有可能获得较高的报酬。总经理的政府官员背景对报酬有显著正的影响，担任过政府官员的总经理大多具有一定的社会关系和垄断性资源，能增加其个人价值，从而对报酬有正的影响。总经理的性别对报酬有显著正的影响，96%的总经理为男性，男性总经理的报酬显著高于女性总经理，说明上市公司总经理报酬存在性别歧视。总经理学历对报酬有显著正的影响，高学历将增加总经理报酬，但由于企业高层经理"再镀金"[①]现象比较普遍，因此很难判断高学历代表经理人力资本的提升，还是仅仅起到装饰作用。总经理在公司兼职、担任总经理的任期和年龄对报酬没有显著影响。总经理个人权威与人力资本对报酬的解释力为1.1%，解释力较低。我们认为总经理报酬具有象征主义色彩[②]，担任该职位并不意味其具有更

[①] 指的是在获取企业高层职位，或取得一定社会地位后再攻读专业学位。

[②] 根据象征主义观，经理所作的许多工作是无形的，象征或者印象有助于形成他们是否有价值或有效的理解（Feldman and Klich, 1991）。让别人理解他是胜任的，有助于协调利益相关者和改善公司业绩。

高的人力资本，相反较高的报酬水平是为了提升总经理权威，起到帮助其协调各方利益，经营管理公司的需要。可能解释是，我国经理人才的市场化程度较低，缺乏合理的定价机制，使得人力资本在经理报酬确定中的影响非常低。

表5 总经理个人权威、人力资本特征和公司治理变量对总经理报酬解释力

	方程1	方程2	方程3	方程4	方程5
持股比例	0.002 (2.31**)				0.001 (0.50)
继任来源	−0.059 (1.68*)				−0.078 (2.26**)
在股东单位任职	0.088 (2.48**)				0.118 (3.4***)
兼职情况	−0.017 (0.85)				−0.011 (0.59)
担任总经理任期	0.014 (1.45)				0.011 (1.20)
担任董事任期	0.013 (1.64*)				0.012 (1.50)
官员背景	0.080 (2.13**)				0.070 (1.90*)
性别	0.133 (1.82*)				0.161 (2.25**)
年龄	−0.003 (1.40)				−0.002 (0.76)
学历	0.042 (2.4**)				0.046 (2.7***)
董事人数		−0.005 (0.67)		−0.008 (1.06)	−0.008 (1.01)
内部董事人数		0.004 (1.80*)		0.004 (1.82*)	0.005 (1.83*)
独立董事人数		0.067 (3.7***)		0.061 (3.4***)	0.063 (3.4***)
监事人数		−0.018 (1.73*)		−0.017 (1.71*)	−0.015 (1.47)
四委设立情况		−0.021 (1.24)		−0.021 (1.27)	−0.026 (1.46)
薪酬委员会		0.211 (3.3***)		0.203 (3.3***)	0.210 (3.3***)
赫芬指数			0.0004 (0.07)	0.000 (0.02)	0.001 (0.14)
第一大股东持股			−0.007 (7.8***)	−0.006 (7.5***)	−0.006 (7.0***)
基金持股			0.011 (6.5***)	0.011 (6.3***)	0.011 (6.2***)
F	32.930	43.234	50.405	43.407	31
Ad-R^2	0.281	0.286	0.300	0.312	0.321

说明：本表中的回归方程均包含常数项和行业 D 变量，地区、规模、成长性、公司业绩变量，变量的显著性同表4，由于篇幅的限制，表5中的回归结果省略了这些变量的回归系数，下表相同。

由表5的方程2可知，内部董事人数对总经理报酬有显著正的影响，内部董事人数越多，更有利于经理为个人牟利。公司的独立董事人数对总经理报酬有显著正的影响，表示公司的独立董事人数越多，总经理报酬水平相应会更高。我们借用西方文献中的人口相似性[①]来解释，公司所聘请的独立董事与总经理具有人口相似性，更有可能同意支付总经理较高的报酬。公司监事人数对总经理报酬水平有负的显著影响，因为上市公司所设立的监事会是代表股东利益对经营者进行监督，监事会规模代表高的监督水平，可以适度替代对总经理的激励和抑制总经理操纵个人报

---

① 如具有相同的任职经历和受教育背景等，因此他们更加可能互相支持。

酬。设立报酬委员会的公司总经理报酬水平显著较高，这与社会比较理论①一致。公司的董事会规模和"四委"设立对报酬无显著的影响。独立董事人数、监事人数、薪酬委员会设置对报酬的增量解释力为1.5%。

由表5的方程3可知，第一大股东持股对总经理报酬有显著负的影响，大股东治理一定程度上替代了对总经理报酬激励的需要。基金持股比例对报酬有显著正的影响，因为基金持股的公司往往是业绩和成长性较好的公司，与之对应的是总经理的报酬水平较高。代表公司股权集中度的赫芬指数对报酬无显著的影响，说明对公司治理和经理监督起到主要作用的是第一大股东。股权结构对报酬的增量解释力为3%。从方程4可以看出公司治理结构变量对总经理报酬的解释力仅为4.2%，解释力也是偏低。由方程5可知，经理权威、人力资本和公司治理对报酬的解释力为5.1%。总经理人力资本与个人权威对报酬的解释力（1.1%）加方程4的Ad – R^2（31.2%）很接近方程5，说明变量之间并无显著的替代性。

公司内部竞争、行业与社会管制、社会比较对总经理报酬的回归结果见表6。由方程1可知，公司副总经理人数对总经理报酬无显著影响，由于上市公司一般仅设置1~3个副总经理职位，仅少数公司副总经理人数在3人以上，副职与正职的竞争性不是很强，因此副总经理人数对总经理报酬影响不显著，不支持锦标赛理论。相反，高管团队人数对总经理报酬有显著正的影响，说明组织内部的竞争更多来源于高管团队。公司内部竞争对报酬的增量解释力为0.2%，解释力非常低，可能原因是我国上市公司高管团队相对稳定，来自内部竞争的压力不大。

由表6的方程2可知，发行B、H股或在海外上市的公司总经理报酬更高，该类上市公司往往受到海外上市地区资本市场的监管，受到更多的社会关注和监督，国际化程度更高，所以总经理报酬较高。行业管制对报酬的影响并不显著，与西方文献中所预测的受管制行业聘任能力较低的经理，同时支付较低报酬的现象不符。② 在我国，受管制行业往往是一些垄断性行业，而这些垄断行业企业通常获取超额利润，因此担任该行业的总经理报酬当然不会低。就上市公司股权性质而言，国有控股的公司一般受到更多的政治管制，包括经理报酬，受到管制较少的依次是集体或行业协会控股、民营控股企业。三个股权性质的代表变量中，仅民营控股对报酬有显著正的影响，说明民营企业的总经理报酬水平较高。由于民营企业市场化程度更高，为吸引经理人才愿意支付更高的报酬。行业和社会管制对总经理报酬的解释力为1.3%，对报酬的影响不足。由于我国上市公司总经理报酬绝对与相对水平都低于市场化程度高的西方企业，因此政府与公众对经理报酬管制的要求不强烈，相反可能进一步放松管制。

---

① 社会比较理论强调经理报酬的公正和公平，因此公司薪酬委员会在制定企业经理报酬时常常参照同行的报酬水平，这样导致棘轮效应的产生，推动报酬水平的不断上涨。
② 乔斯科等（Joskow et al., 1993）指出，受管制行业倾向于聘用能力较低的经理，受管制行业的经理需要较少的自主判断。

表6　组织内部竞争、行业与社会管制、社会比较对总经理报酬解释力

变量	方程1	方程2	方程3	方程4
副总经理人数	0.0002 (0.017)			0.0012 (0.10)
高管人数	0.0184 (1.84*)			0.0201 (2.04**)
发行B、H股		0.1858 (3.42***)		0.2183 (4.01***)
行业管制		0.0991 (1.48)		0.0640 (0.96)
国有控股		0.0211 (0.33)		-0.0042 (0.07)
民营控股		0.2158 (3.42***)		0.1818 (2.88***)
集体与社团控股		-0.1009 (1.03)		-0.1020 (1.04)
参照同地区报酬			-0.1993 (3.90***)	-0.2153 (4.18***)
参照同行业报酬			0.1791 (2.79***)	0.1457 (2.28**)
同行业总经理平均报酬			2.51E-06 (4.05***)	2.4E-06 (3.79***)
同行业同规模企业总经理报酬			1.15E-06 (3.82***)	1.22E-06 (4.03***)
地区在岗职工平均收入			2.86E-06 (0.67)	3.3E-06 (0.77)
F	46.1540	42.9760	45.4520	37.4200
$Ad-R^2$	0.2720	0.2830	0.2940	0.3090

由表6的方程3可知，参照同地区企业报酬水平会降低上市公司总经理报酬，可能解释是：在同一地区，上市公司的经理报酬一般要高于非上市公司，因此参照同地区企业报酬会降低上市公司总经理报酬水平。同行业上市公司总经理报酬均值、同行业同规模上市公司总经理的报酬均值都对总经理报酬有显著正的影响，说明参照同行业报酬水平会提高总经理报酬，报酬棘轮效应存在。社会比较因素对总经理报酬的解释力为2.4%。由方程4可知组织内部竞争、行业与社会管制、社会比较这三项非经济因素对报酬的综合解释力为3.9%。

最后，我们将所有经济和非经济因素的代表变量与总经理报酬变量进行回归，回归结果略。我们得到综合模型的$Ad-R^2$为34.8%，与根据表3~表6的逐步回归方程中各因素的解释力之和38.1%存在一定差距，进一步表明部分变量之间存在一定的替代性。与分步回归相比，有几方面的变化：(1)托宾Q和超额股票回报率的回归系数变得不显著；(2)总经理持股、学历和政府官员背景的回归系数变得不显著，总经理兼职身份的回归系数变得显著；(3)内部董事人数，独立董事人数，监事人数变量回归系数变得不显著，"四委"设立情况变量的回归系数变得显著；(4)行业管制变量的回归系数变得显著。我们认为总经理兼职身份是其个人权威的合适度量，其对总经理报酬的影响超过学历、个人背景。行业管制和"四委"设立情况两变量替代了董事会的治理、股票回报率和成长性对总经理报酬的影响，表明公司业绩和董事会治理受到行业管制的影响，而且"四委"设立可能是董事会治理的更好体现。

五、小结

根据对上市公司总经理报酬决定模型的检验，我们总结了各经济和非经济因素对报酬的解释力发现：地区、规模、行业、股权结构和社会比较对报酬的解释力分布在 2.4% ~ 14.4% 之间；而公司业绩、经理权威与人力资本、董监事薪酬委员会治理、行业与社会管制对经理报酬的解释力很弱，不足 2%；公司战略、成长性和组织内部竞争对报酬的解释力不足 1%，几乎可以忽略。值得关注的是，报酬决定综合模型的解释力不足 38%，而还有 62% 的报酬横截面差异不能被模型所解释。

我国是国有经济占主体的国家，国有上市公司经理人才的聘任和激励仍保留行政和政治烙印。此外，我国经济正处于转型时期，各种制度，包括经理的报酬激励制度的建设都不太完善，在这种非完全市场化的背景下，很难保证经济因素对报酬的决定和解释力如西方企业那么显著。但非经济因素对报酬的解释力也很缺乏。我们认为，可能由于所设计的报酬决定因素的代表变量存在遗漏，遗漏其他对报酬有重要影响的非经济因素代表变量，如象征主义或领袖观、政治管制等。由检验结果看，经理的人力资本变量对其报酬的解释力不足 1%，说明上市公司总经理的报酬并不是其能力的反应，更多的是象征作用。因此，今后研究可以更多关注象征主义对总经理报酬的影响。

参考文献

1. Augustine Duru, Raghavan J. Iyengar, Alex Thevarnjan, The Shielding of CEO compensation from the effects of strategic expenditures, Contemporary Accounting Research, 2002, (19).

2. Bebchuk, L. A., and J. M. Fried, Executive compensation as an agency problem, Journal of Economic Perspectives, 2003, (17).

3. Conyon M J, and Lerong H., Compensation committee and CEO compensative incentive in US entrepreneurial firms, Journal of Management Accounting, 2004, (16).

4. Eli Talmor, James S. Wallance, A unified analysis of executive pay: the case of the financial sector, Working paper, 2001, London Business school and University of Conifornia, Irvine.

5. Franclin G. Mixon, Jr., The impact of agency costs on Regulator Compensation and the size of Electric Utility Commissions, The Energy Journal, 2001, (22).

6. John M. Bizjak, Michael L. Lemmon, Lalitha Naveen, Has the use of peer groups contributed to higher levels of Executive Compensation? Working paper, 2000, Portland State University, University of Utah, Arizona State University.

7. K. D. Harvey, R. E. Shrieves. Executive compensation structure and corporate governance choices, The Journal of Financial Research, 2001, (26).

8. Rose, N. L., Shepard, A., Firm diversification and CEO compensation: Managerial ability or

executive entrenchment, Rand Journal of Economics, 1997, (28).

9. Sanders, W. M Gerard and Carpenter, Mason A.. Internationalization and firm governance: the roles of CEO compensation, top team composition and board structure, Academy of Management Journal, 1998, (41).

10. William T. Rupp and Alan D. Smith. Study of the Dispersion of CEO Compensation in the Metals Industry, American Business Review, 2002, June, pp. 57–66.

11. 杜胜利、翟艳玲：《总经理年度报酬决定因素的实证分析》，载《管理世界》2005 年第 8 期。

12. 李增泉：《激励机制与企业绩效———一项基于上市公司的实证研究》，载《会计研究》2000 年第 1 期。

13. 肖继辉：《我国上市公司经理报酬水平的制度特征研究》，载《财贸研究》2005 年第 10 期。

中国改革开放中的就业挑战

宁光杰[*]

摘　要：本文分析中国改革开放30年在就业领域面临的主要挑战和难题，对就业体制改革的绩效和问题进行评价，为我国就业问题的解决提供建议。改革开放给就业带来冲击，但也带来机遇。要扩大就业，需要继续深化改革，在经济发展过程中，要注重以人为本，转变经济发展方式，使人口、资源与环境能够协调地发展。

关键词：改革　就业　失业　所有制　经济发展方式

改革开放30年以来，我国的就业面临着巨大的挑战，就业问题日益复杂多样化。各种各样的就业难题错综复杂，困扰着政府官员和普通百姓：城市下岗职工和失业人员逐年增多，他们的生活状况令人担忧；大量的农村剩余劳动力亟待寻找就业出路，农民就业成为解决"三农"问题的一个关键。从就业结构上看，也存在着诸多难题：技术工人缺乏使得失业和空位同时并存；大学毕业生初次就业困难，高学历劳动者也难逃失业的命运；不同地区就业问题的严重程度存在差异，东北老工业基地和西部地区的失业问题尤其突出；由于行业的垄断竞争程度不同，不同行业的工资和失业率存在着较大的差异。

就业是百姓生存的关键，是国家经济发展和社会稳定的根本。我国的就业矛盾和失业率上升不完全是劳动者个人的过错，也不仅仅是宏观经济周期运动的结果，而在很大程度上与体制变革、产业结构调整以及经济增长模式有关。从长期看，我国的就业形势依然严峻，要切实解决就业问题，仅仅依靠宏观政策的局部调整是不够的，需要对社会经济发展战略做出重大调整。在经济发展过程中，要注重以人为本，转变经济发展方式，树立科学的发展观，使人口、资源与环境能够协调地发展。

---

[*] 宁光杰，南开大学经济学系，副教授；E-mail：seanning@163.com。

一、难字当头——就业方面的诸多难题

(一) 城镇公有制部门就业的职工人数减少，失业人口大幅增加，再就业困难

从20世纪90年代开始，随着经济体制改革的深入发展，城镇公有制单位开始注重提高经济效率，不仅对原有职工实行减员增效，而且对新增加雇佣劳动力的数量进行限制，就业增长缓慢。用工自主权贯彻执行后，企业可以自主地雇佣和解雇工人，就业的减少更加明显。

国有企业的职工减少尤为突出，这与国有企业的改革是分不开的。国有企业实行减员增效、企业转制、破产倒闭，都产生了大量的下岗职工。按照政府公布的统计数据，1995~2001年，国有部门的职工数量从1.13亿人下降到6700万人，大约减少了4600万人，约占原来职工数量的40%（国家统计局，2002）。同一时期，城镇集体部门的职工减少了1860万人，接近原来职工总数的60%。正是在这个时期，4300万名职工成了政府登记的下岗者，其中3400万来自国有部门（劳动和社会保障部，2002）。下岗职工会逐渐转化为失业人口，2002年城镇登记失业人数为770万，2005年失业人数高达839万，失业率不断上升，2003年和2004年曾达4.3%和4.2%。

城市下岗人员的增多既与国有企业提高效率有关，又与我国的产业结构调整有关。从长期看，国有企业改革依然面临着各种困难，国有企业的破产、重组也会继续发生，由此必然会产生失业人员。随着我国城市体制改革的继续深入，国有企业的数量还会减少。国有资本将主要集中在关系国计民生的行业和重要的支柱产业，其他产业的企业需要进行战略性改组，引进外资和民营资本等其他资本形式。城市经济体制改革归根到底是所有制的改革，它对就业的影响是劳动者在国有企业和非国有企业之间流动、在就业和失业之间转换。它影响着劳动者的经济地位，劳动者由原来的国有企业的主人翁地位转变为民营企业、外资企业的被雇佣者地位。在国有部门就业的劳动者在不断减少，民营企业和外资企业中就业的劳动者在逐渐增多。2005年底城镇就业人员中在国有单位就业的有6488.2万，在集体单位就业的有809.9万，在其他单位就业的有4105.9万。体制调整带来的就业冲击在很长一段时间内都会存在。

我国的产业结构升级也是一个长期的过程，目前，城市产业结构仍不合理，第三产业所占的比重偏低，需要进一步提高。第二产业内部的比重仍需要进一步调整——从传统低技术产业向现代高技术产业转移。产业结构的调整必然要求就业结构做出相应调整。一方面，就业结构要迅速做出调整，需要劳动者的技能结构发生

变化。我国劳动者的技能结构不能做出相应的调整,以适应产业结构的变化,因而结构性失业问题也会随之出现。另一方面,从现代经济的发展特征来看,产业结构的变化是经常发生的。所以,城市失业人口也会随着产业结构的变化而变化,在产业结构变动剧烈的时候,还会出现大的就业波动。

在地区分布上,东北老工业基地和一些资源型工业城市的下岗、失业职工数量最多。东北作为我国产业工人的密集区,职工下岗数量众多,就业和再就业的压力最大,直接关系到改革、发展和稳定的大局。以辽宁为例,仅2002年国有企业下岗职工就达76.5万人,城镇登记失业人员达74万人。①

下岗职工的再就业非常困难,1999~2002年我国国有企业下岗职工人数分别为618.6万、445.5万、234.3万、162.1万人,而再就业人数分别为490.5万、360.5万、226.8万、120.2万人,还有相当一部分人没有实现再就业。即使实现了再就业,他们的工作也非常不稳定。下岗职工中以中老年劳动者为主,其中女性劳动者又占很大的比重。这主要是由于他们大多没有技能或技能过时,在劳动力市场上缺乏竞争力,这些特征又会影响其重新就业,他们会长期处于失业状态,甚至丧失信心转而退出劳动力市场。根据中国社会科学院在五大城市的抽样调查结果,在1996年1月,女性的失业率(8.2%)高于男性(6.3%),2001年11月调查时,女性的失业率上升了6.7个百分点达到14.9%,男性上升了5.1个百分点达到11.4%。女性退出劳动力市场者更多,在这6年里,女性的劳动参与率从73.4%降到62.8%,下降了10.6个百分点;而男性只下降了6.9个百分点,在2001年11月仍高达85.7%。失业和退出劳动力市场的冲击尤其沉重地打击了那些接近法定退休年龄者和大龄职工。就男性而言,50~54岁年龄段的人失业率上升最为迅速(从2.5%上升到11.5%);其次是40~49岁阶段的人(从3.9%上升到10.4%)。对女性而言,也是大龄职工的失业率上升最为迅速,40~49岁女性的失业率从4.6%上升到17.2%。② 这些下岗职工大多是20世纪40年代中期~50年代中期生人,年轻时他们的教育被"文革"打断,很多人曾上山下乡插队多年,70年代末才回城当上国有或集体企业的职工,到了90年代初期就陆续下岗。他们的退休金不多,又是第一代独生子女的父母,依靠子女解决养老也不太现实。因此,他们未来的老年生活缺乏足够的保障。

(二) 大量农村剩余劳动力需要转移,转移存在障碍

早在20世纪90年代初,就有学者对我国的农村剩余劳动力做出估计,认为大约有1.5亿农村剩余劳动力,这些剩余劳动力约占农村劳动力的30%,或者说农

---

① 陈耀:《振兴老工业基地要做到八个转变》,载《中国经济时报》2003年7月28日。
② 蔡昉、吴要武等:《经济重组如何影响城市职工的就业和福利》,载《中国劳动经济学》2004年第1卷。

村的真实失业率高达30%。大规模的剩余劳动力亟待寻找就业的出路，由于转移存在着障碍，很大一部分剩余劳动力不得不继续留在农村，留在土地上。这些剩余劳动力实际上形成隐性的失业人口。目前中国的失业统计仍然只包括城镇失业人口，农村剩余劳动力被排除在外。如果将农村剩余劳动力统计在内，中国的整体失业率将会超过20%。一方面，农村剩余劳动力不能顺利转移，使得农业中聚集了过多的不必要的就业人口，因而影响了农民的平均收入，农民收入长期得不到改善和提高。另一方面，由于对农业采取的不合理政策，农业收益在很长一段时期非常之低，城乡收入差距不断扩大，从事农业生产对农民来说缺乏吸引力，越发促使农民向城市非农产业转移（即使仍存在着转移的障碍），甚至出现了农民撂荒现象。"三农"问题归根到底是农民的就业问题。

真正实现转移的农村劳动力虽然在比例上并不高，但每年向城市、向东部地区流动的农村剩余劳动力的绝对规模都有几千万人，对城市设施、公共交通等都形成了很大的压力。2006年底农业普查公报表明外出农村劳动力达13 181万人。大量流动的农村剩余劳动力在20世纪80年代和90年代形成了所谓的"民工潮"。他们在向城市转移的过程中并非一帆风顺，受到各种的限制和制约。城市工往往认为农民工抢走了他们的饭碗，极力阻止农民工到城市就业。农民工即使在城市中找到工作，在工资和待遇上也遭遇歧视。有的农民工因为找不到工作，被迫重返家乡。

近年来，农民工外出打工的收入得不到保证，阻止了一部分农村劳动力的外出，使得东部地区出现所谓的"民工荒"。福建省企业调查队一项调查显示，2004年春节后晋江市工业企业开工率只有80%~85%，其中陶瓷行业的开工率不足50%，在这背后，工人短缺是一个重要因素。据统计，珠三角加工制造类企业的工人缺口高达200万人。① 这说明，依靠剥削廉价劳动力的经济增长方式受到质疑，提高农民工的工资、制定和执行最低工资标准非常迫切。

未来十几年我国的就业压力依然很大，估计到2020年我国人口将接近15亿，我国城镇目前每年大约增加1700万劳动力，减去退出劳动力队伍的700万~800万人，实际新增1000万人左右。就农业而言，假定农业劳动力总量不再增长，从近期来看，如果按照每一劳动力平均耕种10亩地的标准，将有1.2亿以上的农村剩余劳动力需要转移，而目前农村劳动力的转移规模大约为每年1000万左右。即使每年经济增长7%，就业人口也只能增加800万左右。② 因此，今后若干年内，城镇工作岗位缺口在1200万左右，城镇失业率将大幅提高。按照常规方式很难吸纳全部新增劳动力，必须寻找新的解决途径。

我国的农村剩余劳动力规模巨大，而城市吸纳劳动力的能力有限，农村劳动力需要寻找其他的就业出路。农业产业化和农村工业化、城镇化可以让剩余劳动力实

---

① 戴敦峰等：《中国遭遇二十年来首次"民工荒"》，载《阅读文摘》2004年9月，上半月刊。
② 高永、成谢军：《解决失业问题的根本出路》，载《中国企业报》（网络版）2004年12月28日。

现就地转移。所以在我国这样一个农业人口众多的国家，解决农村剩余劳动力不能单纯依靠城市工业的发展。

(三) 技术工人和高技能人才短缺、失业和空位并存

虽然我国劳动力的供给数量规模巨大，但从结构上看，大部分劳动力属于低技能或无技能劳动力，一般技术工人缺乏，高技能劳动者明显不足。生产发展需要的各种类型技术工人不能得到很好的满足，形成我国经济发展的"瓶颈"。我国生产的产品质量低劣，在国际市场上缺乏竞争力与技术工人的缺乏不无关系。

劳动和社会保障部就技工短缺情况在2004年4月份对全国40个城市技能人才状况进行问卷调查。结果表明，目前全国技术工人供不应求的局面普遍存在，尤其是高技能人才严重短缺。抽样调查的结果显示，技师和高级技师占全部技术工人的比例不到4%，而企业需求的比例是14%以上，供求之间存在较大差距。调查还发现，企业当前最急需的前三位人才依次是：营销、高级技工、技师和高级技师，分别占调查企业需求比例的14.4%、12.1%和10.9%。值得注意的是，一般技术工人的需求也较强烈，排第六位，占调查企业需求的8.9%，加上企业对高级技工、技师和高级技师的需求，企业对技术工人的需求比例占31.9%。劳动和社会保障部2004年第二季度对全国113个城市劳动力市场监测数据分析表明，各技术等级的劳动者在劳动力市场上都处于供不应求的状况，技师和高级技师严重短缺。企业对高级技师、技师、高级工、中级和初级工的需求人数与求职应聘人数之比分别是2.4∶1、2.1∶1、1.8∶1、1.5∶1和1.5∶1。

在制造业发达的地区，技术工人尤其是高级技能人才的短缺状况更加严重。作为中国重工业基地的东三省，技术工人也严重短缺。据2003年底调查，高级工、技师、高级技师占技术工人的比重，辽宁为8.8%，吉林为7.1%，黑龙江为6.1%。即使在装备制造业实力雄厚的上海，此比例也只有9.4%。[①]

2006年我国城镇单位专业技术人员为3256.8万人，而同期从业人员为28 310万人。随着我国经济的快速发展、经济全球化不断深入和科学技术的日新月异，对技术人才特别是高技能人才的需求呈现出日益强劲的势头。虽然各级政府和行业、企业在高技能人才培养方面做了一些工作，但是，我国高技能人才的总量、结构还不能很好地适应经济的快速发展，高技能人才培养还没有形成全社会的系统工程，高技能人才的开发、激励机制和环境建设有待加强，企业急需的高技能人才不能更多更快地培养出来，与生产发展的需求还存在极大的差距。

技术人才的长期缺乏会严重制约我国经济的发展，导致经济发展的后劲不足。

---

① 劳动和社会保障部课题组：《关于技术工人短缺的调研报告》，江苏省江阴华姿职业学校网站，2004年11月9日。

探究技术工人短缺的深层原因,主要有以下几方面:

首先,现行教育体制重学历教育、轻技能培训是技术工人短缺的主要原因。近几年,我国经济高速发展,产业结构不断升级换代,对技术工人和高技能人才需求量大大增加,技术工人的培养却远远不能满足企业需求。尽管技术工人的短缺早已出现,但职业技术教育培训的发展还没有做出足够的反应。目前各类职业学校已达2万多所,但以培养后备高技能人才为主要目标的只有200多所高级技工学校和技师学院,且由于经费不足、规模有限、培训设备设施老化、毕业生待遇未得到很好解决,难以在短期内迅速培养出大批高技能人才。一些普通高校的专业及课程设置没有能够以市场需求为导向进行规划,有较大盲目性,专业趋同现象十分严重,造成很多专业的供给严重大于需求、就业率下降,而市场真正需要的人才则出现供不应求。对于普通高等教育而言,他们尤其缺乏培养和提高学生实际技能的动力。很多人认为教育的功能就是发现人才,在大学里学什么知识都无所谓,只要获取文凭就可以找到好工作。在观念上,很多学生不考虑兴趣和未来的就业市场,普遍不愿意学习职业技术,不愿意进职业技术学院,认为只有进入普通大学才是正途。

其次,企业对员工的培训投入不够,只使用、不培养的做法进一步加剧了技术工人的短缺。长期以来我国国有企业对技能培训的投入严重不足,在向市场经济转轨过程中,一些企业转换经营机制后,存在着急功近利的短期行为,对职工重使用轻培训,甚至只使用不培养。把培训工作转嫁给其他企业,自己只愿意接受有经验有技能的应聘者。许多非公有制企业尤其是私营企业和外资企业更是缺乏对员工进行培训。技术培训不足带来的后果是技术工人缺乏,它影响了就业的稳定。劳动和社会保障部2004年4月对全国40个城市技能人才状况抽样调查的结果显示,大多数企业名义上开展了培训,但实际上用于职工培训方面的花费并不高,2003年企业用于就业人员的人均教育经费投入仅为195元,企业职工教育经费投入占职工工资总额的1.4%,未达到国家规定1.5%的最低比例。这次调查还显示,一半以上的企业用于技术工人培训的费用不到职工教育经费的20%。[①] 企业不愿意花成本培训工人,一条重要的原因是接受培训的劳动者"跳槽"后会对企业造成损失。所以,对于不同类型的技能(一般技能、特殊技能),应该在企业和劳动者之间建立合理的培训费用分担方案,从而使双方的利益得到保护。

最后,没有形成高技能人才的评价、激励和流动的机制,这也限制了劳动者自身进行技能培训的投资。在技能人才评价方式上,存在比例、年龄、资历和身份界限,没有建立以职业能力为导向、以工作业绩为重点并注重职业道德和职业知识水平的技能人才评价新体系。在技能人才的激励上,企业多数没有建立鼓励生产操作一线技能劳动者钻研技术业务、努力提高自身素质的收入分配机制。在企业外部,

---

① 劳动和社会保障部课题组:《关于技术工人短缺的调研报告》,江苏省江阴华姿职业学校网站,2004年11月9日。

由于没有给技能人才创造灵活的流动环境，高技能人才在流动中不能实现应有价值，人力资本投资的回报率得不到保证。例如，东北三省具有大学学历的劳动者比例在全国排位中处于前列，按说技术人才并不缺乏，但是缺乏的是技术人才的创新机制，缺乏发挥才能的环境。如果有良好的体制保证，鼓励有技术的人才自主创新、自我创业，就业问题就不会像目前这样突出。

（四）大学毕业生、高学历劳动者就业难

当前大学毕业生的就业问题日显突出，许多大学毕业生找不到理想的工作，长期处于待业状态。2004年普通高校毕业生达280万人，是2000年的3倍。2006年高校毕业生总量大幅增加，全国普通高校毕业生达413万人，毕业总数为2001年的3倍多。2008年的毕业生数更是高达559万人。近年高校毕业生一次就业率仅为70%左右。① 在失业者中具有大专以上学历的比例在上升。大学生就业难表面上看是自1999年大学"扩招"的后续影响，但更深层的原因在于教育体制、大学生就业观念。虽然大学招生的规模不断扩张，但我国受过高等教育的人口比例仍偏低，经济发展需要更多的高素质人才。之所以产生供给过剩，是因为高等教育培养的人才与经济发展的需要不相适应，这与高等教育体制、高校课程设置、高等教育质量紧密相关。大学生在学校里学到的知识以基础理论为主，缺乏实践应用能力，所学专业知识与社会的需要脱节。毕业后，大学生寻找工作会连连受挫。企业也存在着一定的误区，认为大学生就应该具备具体的能立竿见影的专业技能，能立即为企业创造效益。实际上，尽管高等教育存在着这样那样的问题，大学生所学也并非一无是处，他们的能力只有在较长的时间内才能够显示和发挥出来。

另一方面，就业难是局部的和地区性的，大学生就业难主要集中在东部沿海大城市。西部地区经济发展急需大量高学历的人才，却不能得到满足。大部分大学生不愿到西部地区就业，不愿到乡镇企业和民营企业就业。2005年的高校毕业生在大中城市就业的占70.7%，在县城和乡镇就业的占27.4%，在农村的占1.9%。②

从对教育的认识来看，许多人将受过高等教育与获得更高收入直接挂钩，也在一定程度上误导了大学生。大学生的高期望值与我国固有的就业体制有关，在20世纪90年代以前，高学历的劳动者相对较少，国家对大学生实行就业包分配的政策。在供求关系的作用下，许多高学历的劳动者获得了高收入。在人们的心目中，大学生始终应该获得较高的收入，无论其是否具有企业需要的才能。正是在这样的观点支配下，才产生了大学生的高期望值。他们对自己的期望太高，也为教育投入了过多的不必要的成本③，一旦找不到高收入的工作，就开始考研究生，期待研究

---

① 《中国青年报》2007年12月14日。
② 张彦宁、陈兰通主编：《2006中国企业劳动关系状况报告》，企业管理出版社2006年版，第64页。
③ 例如参加各种收费高昂的培训班。

生毕业后会获得更高收入的工作。抱着这样的幻想,许多大学毕业生涌入"考研"大军。当他们毕业时,因为有更高的心理期望值,结果发现工作更加难找。目前这种状况已经延续到博士生,近年博士生就业的形势也不容乐观,难道说博士也出现供过于求的局面吗?其实不然,造成这一结局与高学历劳动者的就业观念有关。从企业的角度看,他们不愿意花力气和成本去考核、甄别人才,只依靠人为提高招聘条件(要硕士、博士而不要本科生)来达到获取高素质人才的目的,这也在一定程度上刺激了学生进行过度教育投资和大学毕业生的就业难。

许多企业不愿意雇佣应届大学毕业生的一条重要原因是他们缺乏工作经验。企业不愿意为大学生提供技能培训、积累经验的机会,只愿意接受具有工作经验的劳动者。殊不知,如果所有的企业都不提供技能培训,具有工作经验的劳动者将从何产生?同时,这也反映了工作经验在我国就业中的重要性,而且这种"经验"有时不完全与学历相关,而与家庭背景、社会关系有关。高学历者即使工作若干年也不一定能获取这样的经验。

(五) 非正规雇佣劳动者增多,摩擦性失业增多

前些年,在人们的心目中,就业就意味着稳定的终身雇佣。而今,就业的稳定性开始下降,终身雇佣制度被打破,即使就业于国有企业的职工也经常面临下岗失业的风险。在就业人口中相当一部分劳动者从事的是临时工工作,甚至是非法的地下经济。非正规雇佣主要集中在个体、私营经济和一些非正规部门中,此外,传统的国有企业也开始实行灵活的雇佣方式,雇佣大量的临时工。非正规雇佣的具体形式包括租赁工、契约工、外包工、自我雇佣工、季节工、零工等。有关资料表明,我国目前城镇非正规就业率约在45.5%[①],也就是说,有近一半的就业人口从事的不是正规部门的职业,这是一个非常庞大的数字,远远高于发达国家20%的非正规就业水平。它反映了我国正规部门就业创造能力有限以及劳动力市场的不完善。有的非正规雇佣是劳动者自主选择的结果,有的是企业追求雇佣成本节约的结果。[②] 在当前就业压力很大的情况下,非正规雇佣不失为扩大就业的次优选择。但是还要看到非正规雇佣的局限性,例如:劳动者的工资较低,就业不稳定,缺乏劳动保险,劳动关系问题也时常出现紧张的局面。

由于劳动力市场上的信息障碍和制度摩擦,劳动者寻找工作花费的时间延长,

---

① www.zei.gov.cn。
② 在我国,企业使用非正规就业者可以节约的边际福利包括如下方面:养老保险金占职工工资比例约为22%,医疗费用相当于工资总额度的12%,住房公积金占5%,失业保险相当于职工工资的1%,工会费用占2%,5项合计相当于工资总额的42%。跟发达国家不同的是,我国企业使用非正规就业还可以降低直接工资成本,与正式雇工相比,非正规就业者的基本工资也是比较低的。参见黄如良:《非正规就业与福建省城市化发展战略》,福建省社会科学院网站,2004年9月11日。

因而长期处于失业状态，这被称为摩擦性失业。其中制度性摩擦对失业的影响更大，例如户籍制度的摩擦。国际经验认为，失业一年以上的长期失业者比例以不超过50%为宜。从我国失业者的结构来看，长期失业者占很大比例。全国青联和劳动社会保障部2005年联合进行的调查显示，15~29岁年轻人的失业率为9%，其中72%的人失业一年以上。在中高年龄失业者中，长期失业者的比例也很高，失业时间更长，有的达5、6年之久。据武汉、沈阳的调查，下岗职工下岗的延续时间平均接近5年，其中，1/3的职工下岗6年以上；下岗转为失业的平均失业周期为18个月。很多劳动者即使有良好的技能，也由于缺乏就业信息或制度限制不能顺利地实现就业。长期失业者会逐渐丧失原有的劳动技能，而且自立的意识也会逐渐淡薄，也就越难以找到工作。就业难的一条重要原因是劳动力市场不健全。劳动就业的信息交流不顺畅，各种中介机构不能发挥应有的作用。一些不合理的政策、法规也限制了劳动力的自由流动。

从中国的劳动力流动情况来看，首先在职寻找工作的比例在逐渐上升，即在劳动力市场上寻找工作的人有一部分是拥有工作的在职者，他们希望获得更满意的工作。这反映了我国劳动力的流动性在增强，这有利于资源的优化配置，也有助于降低失业率。因为，如果在职寻找不可能，那么，劳动者或者要求初次就业一步到位，直至找到满意的工作才就业；或者自愿失业去寻找，结果都会加大就业的难度。此外，由于户籍制度的影响，不同身份的劳动者流动的状态不同。非户口迁移人口就业转换比较频繁，从事现在工作的时间较短，因此，摩擦性失业的可能性较大。而户口迁移和常住人口就业相对稳定，从事现有工作的时间较长。

在寻找的途径方面，不同于西方国家主要通过中介机构或直接与企业见面，我国的寻找方式中通过关系介绍占有较大的比重。李玲和C. 辛迪·范（C. Cindy Fan, 2000）的调查结果表明：一方面，自己联系工作成为就业的主要途径，反映了我国劳动力就业的市场化程度在提高，尤其对于流动人口来说更是如此。另一方面，就业的信息来源仍主要靠亲友关系介绍，却说明就业的信息流动是不充分的，劳动力中介服务机构没有发挥应有的作用，"假中介"坑骗劳动者的现象还大量存在。在亲友关系中获得的就业信息，就其数量和质量来说，远远不能与专业的中介机构拥有的信息相比。通过亲友介绍是在流动人口（打工者）中普遍采用的就业途径，且也凭借其优势发挥了重要的配置劳动力的作用。但随着就业规模的扩大，劳动力市场化的程度不断加强，这种方式已经不能适应经济发展的需要，不可能成为最主要的就业途径。①

另外，随着互联网技术的发展，网上招聘也逐渐兴起。它能够充分发挥网上信息广泛、更新速度快的优势，克服传统劳动力市场上的信息摩擦。但网上招聘并不

---

① 此外，在中国，社会关系、家庭背景在就业中发挥很大的作用，个人能力没有得到应有的重视，也会打击没有"关系"劳动者的积极性，降低他们进行人力资本投资的热情，甚至也把有限的资源用于疏通关系。

能独立存在，否则，会出现信息不真实、不安全等问题，它应该作为传统劳动力市场招聘的辅助手段。

从劳动力市场的制度摩擦看，由于各种制度限制，劳动者在市场上不能充分地进行流动，形成了劳动力市场分割。制度摩擦包括城乡分割、地区分割、部门分割以及内部劳动力市场等方面。消除各种限制劳动力流动的规定，才能更充分地解决就业问题。

（六）劳动力市场上存在歧视

歧视问题也是劳动就业的重要问题。具有相同技能的劳动者，只是由于性别、种族、年龄、社会身份的差异，实现就业的难易程度不同，获得的工资不同。歧视的根源在于社会习俗和传统观念。从歧视的主体看，有雇主歧视、雇员歧视和消费者歧视三种。

我国劳动力市场上的歧视问题较严重，主要表现为性别歧视、年龄歧视和农民工歧视。三种类型歧视的歧视主体又有所不同。从性别歧视来看，前面已经论及大学生就业困难，而女大学生就业尤其困难。在国有企业下岗职工中，以女性职工为主。我国的性别歧视主要体现在以下几个方面。第一，女性劳动者的收入明显低于男性。第二，女性职业结构层次低。女性职业结构是指女性就业者在各种职业中所占的比例和状况，是衡量女性就业质量和就业程度、体现男女在就业领域公平性的重要指标。第三，女性就业难。用人单位在招聘过程中打出"男性优先"或"限招男性"的招牌，企业在同等条件下将优先权赋予男性。而且近年高学历高素质的女性劳动者找工作也越来越难，女大学生、女研究生因性别原因被单位拒之门外的现象屡见不鲜。第四，女性失业现象严重。近年来，因经济结构调整被精简的职工中，女性占大多数。

对于女性的歧视，表面上看是雇主出于雇佣成本角度的考虑，深层原因却反映了我国劳动和社会保障制度的不完善，女性劳动者的生育保险不健全、退休年龄早于男性，增加了企业雇佣女性劳动者的成本。

年龄歧视也是如此，在企业负担退休金的条件下，如果雇佣中老年劳动者，企业会很快面临职工退休后的退休金支付问题。企业不愿意承担高的雇佣成本，所以在招聘时只接受年轻的劳动者。特殊行业的年龄歧视则是由于企业迎合消费者的需要。

农民工歧视来自于城市工的集体行动，他们为了维护自身的利益，影响城市政府的政策，限制外来农民工来城市就业。从1996年起，北京市劳动局每年发布公告，公布限制使用外地劳动力的行业、工种。这些受到限制的行业和工种从1996年的15个，增加到1997年的34个和1998年的36个，以至2000年的103个。[①]

[①] 张刚：《清除歧视性的制度环境，促进农村人力资本的形成和积累》，载《经济学消息报》2000年11月10日。

受政府管制的影响,当时北京许多企业的招聘要求应聘者必须具有北京市户口。城市企业因而不敢违反法规去雇佣农民工,一旦雇佣也要以支付农民工较低工资为前提条件。蔡昉等人的研究表明,农村迁移劳动力和城市本地劳动力的工资差异中,只有24%能够被个人特征的差异所解释,而剩余的76%是被歧视解释的部分。[①] 2003年发生的孙志刚事件暴露了一些地方对外来工的歧视、一些城市人对外来人员生存权利的践踏和蔑视。

(七)劳动关系趋于紧张,冲突时有发生

今天,有相当一部分劳动者就业于非国有部门,与国有企业相比,非国有部门的劳动关系更加复杂。在外资企业和民营企业,劳动者作为被雇佣者,与作为资本所有者的企业主存在着利益上的冲突。劳动者处于被剥削的地位,获得的工资较低,工作环境较差,各种福利措施也不到位。近年发生的劳动争议事件逐年增多,也主要来自非国有部门。2004年广东、福建等东南沿海地区发生的"民工荒",一个很重要的原因是民工获得的工资太低。改革开放20多年,中国的经济增长速度每年平均达8%~9%,但是农民工的实际工资水平一直增长缓慢,甚至出现负增长。工资拖欠现象严重,农民工的权益得不到保护。在利益权衡下,农民工不愿意向东南沿海地区转移。"民工荒"是长期漠视农民工利益的代价。即使在国有部门,由于国有企业改革引发的劳动关系恶化也时有发生。许多退休职工的退休金不能按时得到发放,下岗职工的利益得不到保护。

缺乏工会组织是一条非常重要的原因,许多外资企业和私营企业还没有组建工会。甚至连沃尔玛这样的国际知名大公司在中国的企业也没有组建工会,更不要说一些中小外商投资企业。为此,沃尔玛也受到指责和质疑,并引发广泛讨论。从1994年开始,我国基层工会组织数下降(1998年最低时仅为50.4万个),2000年以后又大幅度上升,2000年、2001年、2002年分别为85.9万个、153.8万个、171.3万个。工会会员在1999年为8689.6万人,2005年增为15 029.3万人,而2005年城镇就业人口为27 331万人,可以看出工会组织率并不高。在以公有制为主体的社会主义国家,要保证劳动者获得应得的劳动收入,必须在法律上保证工会的正常活动,让它真正发挥作用。在非公有制企业,要组织起强有力的工会,代表工人的利益,参与到企业的各项决策中。

(八)对外开放与就业

改革开放以来,国际贸易和国际投资不断发展,外商投资企业不断增多。外商

[①] 蔡昉、都阳、王美艳:《劳动力流动的政治经济学》,上海三联书店、上海人民出版社2003年版,第220页。

投资企业的增多表面上看确实增加了就业机会,但是我们不应忽视的是,许多国有企业的倒闭和下岗职工的增多是与外资的大量涌入同时进行的。也就是说外资进入既有就业创造的功能,也有就业毁灭的功能。其就业创造的净影响并不大,尤其与外商投资在中国资本积累中的地位不相称(余永定,2004)。①

中国加入 WTO 后,国际贸易和国际投资的规模会进一步扩大,许多产业会受到冲击,产业结构的调整会更加剧烈,对就业的影响也是不言而喻的。据预测,中国加入 WTO 后,农业就业人口每年将减少 3.8% 即 966.2 万人,机械仪表工业每年将减少 2.5% 即 58.2 万人,汽车工业每年将减少 14.5% 即 49.8 万人,与此同时,纺织、服装行业的就业增长率也可得到大幅增长,新增就业人数预计将达 500 万人左右。由于加入 WTO 对中国经济的整体影响较大,受到冲击的行业恰恰集中在我国的弱势产业,这就更加大了就业的压力。②

近年受贸易制裁、人民币升值等因素的影响,出口部门的就业受到威胁,而劳务输出等形式的劳动力跨国界流动还受到很大的限制,因而对外开放对就业的积极影响需要重新评价。

(九)人口老龄化与老年就业

我国是一个人口大国,从人口的年龄结构看,目前老龄化的趋势越来越明显。人口老龄化必然对就业产生影响,人口老龄化一方面增加需要照顾抚养的人口数量,另一方面减少劳动年龄人口的比例。如果就业人口不能抚养过多的退休老年人,退休年龄就需要推迟。相应地在就业人口中,中老年劳动者的比例将增加,整体的失业率和平均工资也会发生变化。按照国际通行的标准,一个社会 65 岁以上人口占总人口的比重达 7% 时,这个社会即已进入人口老龄化阶段。2000 年我国 65 岁以上人口已达 7.13%,表明中国已经进入人口老龄化社会。根据人口统计学推测,到 2010 年,老年人口将突破 1 亿,占全国总人口的 8.38%;到 2020 年,老龄人口将超过 1.5 亿,占总人口 10% 以上;到 2030 年,这一人口将超过 2.5 亿,占总人口的 16%。③

人口老龄化社会大都发生在高收入国家,它们有较多的经济资源来解决老年人口问题。作为发展中国家的中国也进入了人口老龄化社会,则意味着要面临着更严峻的挑战。一般而言,老年劳动者的劳动能力较低,在老年就业人口增加的条件下,要实现经济的快速增长,就必须提高劳动者的技能。老年劳动者的技能要不断地更新,以适应新技术的发展,避免长期人力资本贬值。此外,在当前阶段,人口老龄化也是一个两难:一方面养老金储备不足要求人们推迟退休年龄,另一方面劳

---

① 《FDI 对中国经济的影响》,载《国际经济评论》2004 年第 3~4 期。
② 《中国失业问题与财政政策研究》,财政部网站。
③ 林毅夫:《人口老龄化及对中国人口政策的思考》,载《中国劳动经济学》2004 年第 1 卷。

动者推迟退休又会加重已有的就业压力。

二、中国"特色"的就业难——就业问题的复杂性与特殊性

我国的就业问题具有复杂性,与其他发达国家和发展中国家相比,呈现出一些不同的特征。这加大了解决我国就业问题的难度。

(一)农村剩余劳动力和城市失业人员之间的矛盾

我国就业问题的一个重要特征是农村剩余劳动力和城市失业人员同时并存,且二者存在一定的矛盾和摩擦。

发展经济学认为,在发展中国家,农村剩余劳动力的出现是由于农业生产率的提高、农业现代化的发展。农村剩余劳动力转移到城市后,能够被城市的工业部门充分吸纳。由此,发展中国家由农业社会向工业社会转变,农村剩余劳动力也实现了充分就业。但是在中国,一方面农村劳动力向外流动并非完全由于农业生产率的提高,而在很大程度上是由于农业的落后、缺乏农业保护政策导致农民的收入低下。改革开放之初,另一方面联产承包制的实行调动了农民的积极性,农业中产生大量的剩余劳动力,隐性失业逐渐地显性化。再一方面对农民进城的限制也逐渐地松动,农村剩余劳动力不断地向城市转移。但20世纪80年代后期以后,农业的欠发展是推动农村劳动力转移的动因。不同于其他发展中国家,中国农村剩余劳动力转移的另一个特点是就地转移,即就业于农村的乡镇企业。但是进入20世纪90年代,由于体制原因,我国乡镇企业的发展出现停滞,吸纳劳动力的能力减弱。在西部边远地区,乡镇、村级的集体收入不足,没有能力创建乡镇企业,大量农村剩余劳动力仍要依靠外出打工来获取收入。此外,农村城镇化的发展使得占用的农业耕地面积大幅度增加,失地农民激增,7年来我国有近亿亩耕地被征用,失地农民总数已超过4000万,并仍在以每年约200万人的速度递增。[①] 这些城市郊区的农民需要重新寻找就业出路。但城镇化并没有带动服务业的发展,没有创造出更多的就业机会。由于不合理的征用制度,失地农民获得的补偿金非常有限,自主创业的能力不足,更多的人需要被雇佣。根据九三学社2003年的调查,60%的失地农民生活处于十分困难的境地。

当农村剩余劳动力转移到城市中去时,又遭遇城市经济改革带来的城市职工大量下岗,因而就业机会是不充分的。大量农村剩余劳动力只能在城市中的非正规部门就业或处于半就业状态。城市大量下岗职工的出现与城市体制改革和产业结构调

---
① 新华网,2005年3月13日。

整有关，城市国有企业改革需要减员增效，工业化的发展需要产业的升级换代，因而产生大量的下岗失业人员。作为发展中国家，我国的二元经济结构具有特殊性，且二元之间的差距非常悬殊。也有学者认为我国经济是三元结构，不仅存在着农村农业和城市工业之间的巨大差距，在城市内部也存在着传统工业部门和新兴工业部门之间的巨大差距。在前一个二元经济和后一个二元经济中都产生大量的过剩劳动力，因而我国的就业问题解决起来非常棘手。

城市下岗职工和农民工都要在城市寻找就业机会，不可避免地会产生一定的矛盾和摩擦。对于从事相同职业的城市工来说，农民工的加入增加了劳动力供给，在需求不变的条件下，平均工资势必会下降。如果工资因存在黏性不能降低，则就业数量就会减少，被解雇的有可能是城市工。如果农民工愿意接受较低的工资，城市工的就业就更不稳定，因为追求利润最大化的企业会选择用农民工来代替城市工。城市工自然不欢迎农民工进入城市，因而会采取各种方式影响城市政府的政策，要求制订限制或禁止农民工进城的政策，以保护自己的利益。地方政府为了自己的政绩需要，也会满足城市工的要求。

事实上，城市工和农民工并非完全是竞争和替代的关系。城市工由于有一定的经济基础，不愿意从事一些脏、累、差的工作，工资要价较高，这些工作只能由农民工来完成。城市工与农民工还存在着互补性关系，城市为农民工提供了就业的机会，农民工进入城市同样可以为城市工创造新的就业机会。协调好双方的关系，有利于就业问题的整体解决。

与其他发展中国家不同，由于存在着制度上的限制，农村剩余劳动力不能真正转移到城市中，融入城市生活，他们在城市中的就业也是暂时的。为了能在城市打工，农民不得不完成繁琐的登记，提供许多证明文件，并缴纳城市管理费及各类的办证费。在20世纪80年代一些小城镇进行了户口制度改革，出现了所谓的"自理口粮户口"（主要条件是农民必须是在企业务工或经商，并在城镇有自己的住所，他们的粮食自理。）和"蓝印户口"（资格主要根据个人对地方的"贡献"，根据投资额或教育程度来计算，要缴纳城市增容费），但是这两类户口的拥有者并没有获得与本地常住居民同样的权利，他们更多地被作为"临时性"居民或"预备"居民。[①] 许多农民工在城市就业多年，也没有获得合法的身份，他们没有城市户口，不能像城市居民那样享受城市基础设施。农民工在城市获得收入后，不能像城市人那样消费，尤其是不能进行购房等长期消费。城市不是他们长久的栖身地，工作几年后他们大多会重返故里。如果真正意义的农村剩余劳动力转移存在困难，中国的城市化就无法实现。改革开放30年，我国城市化的步伐依然缓慢，城市化与就业问题紧密相关。

综上所述，要考虑农业发展在农村就业和城市就业问题中的重要地位。20世

---

① 陈金永：《中国户籍制度改革和城乡人口迁移》，载《中国劳动经济学》2004年第1卷。

纪80年代承包制带动农业生产率的提高,要求剩余劳动力进行就业转移,但由于存在制度障碍使得转移不能充分进行,农业中积压了过多的劳动力,加之农业政策的不利,影响了农业的进一步发展并导致其衰退。农业的衰退迫使更多的农村剩余劳动力希望转移,尤其是有技能的农业人才流失严重。农业发展的整体下滑也影响了其他产业的发展,农业成为国民经济发展的"瓶颈",这导致宏观经济的不稳定,并产生大量的周期性失业,即使转移到城市中的农民也发生就业困难。还应看到,农民由于收入有限连转移的成本都支付不起。"不能简单地认为放开户籍,农民就可以顺利进城。只有那些有足够能量贮备的农民,才能实施迁徙行动。对于家底还不够厚实的农民来说,必须得从农业产业做起,不断积累财富,贮存能量"。[①]因而解决农业问题成为摆脱这一怪圈的出路,要重视农业,减少农业耕地的过度流失,让农业能吸收足够的劳动力,以支撑宏观经济的发展,并采取各种扶植措施保证剩余劳动力的顺利转移。

(二) 经济高速增长与就业缓慢增加之间的矛盾

我国自改革开放以来,平均每年都保持着较高的经济增长速度,但是就业问题却日趋严峻。经济增长为什么没有带来就业的充分增长呢?按照西方国家的经验和所谓的"奥肯法则",失业率每超出自然率1%,产出就将下降约2.5%。反之,如果经济增长率提高,失业率会下降。我国的经济增长就业弹性和投资就业增长弹性却呈现下降的趋势,经济增长就业弹性由改革前(1953~1978年)的0.426下降到改革后(1979~2002年)的0.277,1998~2002年的平均数更进一步下降,只有0.143。从单个年份比较来看,1981年的经济增长就业弹性为0.619,投资就业增长弹性为0.67,而2002年的经济增长就业弹性为0.123,投资就业增长弹性为0.061。[②] 在中国,经济高速增长与就业缓慢增加、失业率上升并存有内在的原因。在一段时间里,经济增长的重要推动力量是民营经济和乡镇企业,国有企业出现大面积亏损,下岗职工不断增加。国有企业的就业减少数量抵消了很大一部分非国有部门的就业增加数量,而非国有部门的产值增加远大于国有企业的产值减少,因而出现整体上的高经济增长和低就业增长。单从国有企业内部来看,就业的减少是由于长期存在着过多的冗员,就业减少后,反而有利于国有企业减员增效、扭亏为盈。这也使得国有企业的产值增加与就业减少同时并存。

1. 要素价格扭曲与就业创造不足。从经济增长方式来看,以扩大资本投入为主的粗放增长方式也会带来就业的减少。出现这种现象是不正常的,因为我国要素禀赋的条件是劳动力资源丰富,而资本相对稀缺,更多地发展劳动密集型技术才是

---

① 党双忍:《探索就业优先的"三农"治理机制》,经济学家网站,2004年3月29日。
② 经济增长就业弹性为从业人员增长率/GDP增长率。投资就业增长弹性为从业人员增长率/固定资产投资增长率。资料来源:王延中:《中国的劳动与社会保障问题》,经济管理出版社2004年,第81~83页。

适当的选择。从地区来看，受产业转型和就业体制改革等因素的影响，东北地区的产出增长与就业变动之间呈现出较大的非对称性，即经济增长的就业弹性大幅下降。从2001年的统计看，辽宁、吉林和黑龙江经济增长率分别在9.0%、9.3%和9.3%，而就业增长率则分别为1.15%、-2.01%和-0.24%，就业弹性系数分别为0.128、-0.216和-0.026，均低于全国0.18的水平。从中我们可以分析其原因。一方面，虽然资本是稀缺的，但由于资本没有完全市场化，利率不能真正反映资金供求状况。许多国有企业仍可通过各种关系获得较低的利率，因而其资金成本并不高，这助长了企业采取资本密集型技术。另一方面，在很长一段时间里，国有企业只能被动接受分配来的职工，而不能自主选择，这也迫使企业以资本密集型技术来逃避过多的劳动力分派。过快用资本替代劳动会增加不必要的结构调整，也会带来结构性失业。在乡镇企业和民营企业，近年也出现了过快发展资本密集型技术的趋势。资本密集型技术的发展和生产率的提高推动了经济增长，但是就业却增长缓慢甚至不增长。

经济增长快的时期就业增长缓慢，而在经济增长慢的时期就业更加困难。改革开放30年，我国没有出现大的经济周期波动，周期性失业不明显，就业问题却非常严峻。解决就业问题似乎只能片面依靠过高的经济增长速度，而高增长速度带来许多负面后果，如环境污染、资源浪费。所以要解决就业问题，需要协调好经济增长和就业增长之间的关系。

2. 发展劳动密集型产业之争。从我国人口众多的资源禀赋和目前失业人口增加的现实条件看，发展劳动密集型产业是我国的适当选择，这也是改革开放以来我们坚持走的发展道路。但是从长远看，一味发展劳动密集型产业并不足取。

发展中国家在用劳动密集型商品与发达国家的商品进行交换的过程中，常会处于不利的地位，其价格被过分压低，利润也非常微薄，因此，我们的利益常常会受损。出口劳动密集型产品还会受到发达国家需求的制约。现实情况是，以发展劳动密集型产业为主的发展中国家之间存在着激烈的竞争，这也会使以此为导向的发展战略失灵。

其实，即使在发展的初始阶段，在资金短缺的情况下，发展中国家也需要进行技术的研究和经验的积累。如果发展中国家缺乏资金，可以到国际金融市场上获得融资，或者吸引外商直接投资。发展早期的技术选择并不一定是劳动密集型的。经济全球化使得发展中国家与发达国家的资源禀赋出现更多的相似性，技术类型也将具有更普遍的适用性，这有助于发展中国家的追赶过程。

最后，从目前我国资源禀赋的实际状况来看，其实，我国劳动力成本低的优势也并非像人们想象的那么大。一方面，劳动密集型产业建立的基础是劳动者的工资被过分压低，而不完全是劳动力供求作用的结果。另一方面，资金短缺的约束逐渐地减弱，资金成本也得到下降。所以发展资本和技术密集型技术是将来的趋势。而考虑到产业类型对就业的影响，资本和技术密集型技术又会对就业造成更大的冲击。

似乎形成了发展的两难,国际竞争和产业升级要求发展资本和技术密集型产业,而人口和就业压力又要求发展劳动密集型产业。摆脱这种困境的选择是转变经济增长方式,无论是发展劳动密集型产业,还是资本和技术密集型产业,经济增长方式都要由粗放式增长方式向集约式增长方式转变。经济增长方式的转变可以提高全要素生产率、提高经济的竞争力,实现就业增长和经济增长更好地结合。

3. 产业升级与结构性失业。技术革新、劳动生产率的提高会减少对劳动力的需求,从而出现技术性失业和结构性失业。但是另一方面技术革新会带动一系列相关部门的扩张和宏观经济的增长,从而会使失业的劳动者重新实现雇佣。所以,认为技术革新能够实现就业补偿的观点也比较普遍。从实践上看,西方国家的技术进步并没有实现就业的充分补偿,技术进步成为资本获得更高利润的手段,而没有提高社会福利、增加就业。现代工业的发展使生产的自动化水平不断提高,劳动密集型的生产逐步为技术密集型的生产所代替,劳动力需求减少。例如,1980~1992年,法国化学工业的生产率提高了51%,而职工人数则减少了12%。[①]

在国际竞争的环境下,技术革新是各国竞争的焦点。于是出现了两难:要实现经济快速增长和就业增长,就必须加快技术革新;但是技术提高后,如果没有充分的补偿机制,就业增长就成为问题,从我国的要素禀赋看,发展劳动密集型技术又是现实的需要。所以,在公有制的中国,只有合理地解决技术革新与就业增长之间的矛盾,才能在新经济时代实现就业的稳定增长。

许多学者认为我国目前出现的大量失业主要是由于结构性原因造成的,包括技术结构和制度结构两个方面。由技术结构和产业结构调整带来的失业,这在任何国家经济发展过程中都会出现。例如,1975~1990年,法国冶金工业用工减少60%,纺织和制衣行业减少45%,机械制造工业减少25%,制革行业减少44%。[②] 但是我国的技术和产业结构演进受特有的经济体制影响。从企业内部的技术选择来看,长期以来国有企业倾向于采用资本密集型技术,使得投资的扩张不能吸纳足够多的劳动力。正是由于体制的不合理,导致要素价格不反映供求,经济增长方式出现粗放式发展趋势。当前东北老工业基地的大量下岗职工问题就是与长期资本密集型技术发展模式分不开的。

国有企业遭遇发展的困境与产业、产品结构落后有一定的关系,并不完全是产权关系的问题。但是,另一方面,之所以出现产业结构的落后、不合理,出现与经济发展阶段不相适应的产业结构,还要与国有企业的产权问题相联系。传统体制下企业预算的软约束,使得企业进行了不必要的重复建设,集中投资于当时政府重点扶持的产业。改革开放以来,重复建设的问题更加突出,投资的重点转向短期内能够获得高额利润的项目,各地区产业结构同化现象严重。企业为追求短期利益而新上项目,随之市场很快饱和,企业不能盈利,就要进行大规模的结构调整。例如,

---

[①][②] 《法国解决失业问题的做法和经验》,外交部网站,2004年3月10日。

1995年全国彩电生产能力利用率为46.1%,冰箱为50.4%,洗衣机为43.4%。[①]过低的生产能力利用率是与20世纪80年代各地盲目发展家电生产企业分不开的,生产能力利用不足使一些企业亏损、倒闭,结构调整带来的一个阵痛即是企业职工下岗。在没有合理的产业结构发展方向的指导下,企业产权不明晰带来投资的盲目,会人为加大产业结构的不合理、扭曲,为以后的结构调整埋下隐患。

结构调整意味着劳动力要从衰落产业转移到其他产业中去。这一过程一般要伴随着失业现象,因为劳动力的技能结构限制,使其很难立即找到其他工作。我国目前国有企业职工知识技能普遍匮乏,尤其是未来经济发展需要的计算机、金融、管理等知识严重缺乏,下岗后面对众多的招聘机会只能望而兴叹,出现了失业与空位同时并存的现象。

技术进步和经济发展需要产业结构做出相应的调整,就业结构也相应发生变化。我国目前的产业结构还不合理,不利于经济的进一步高速增长。在就业结构上主要表现为:农业、工业的就业比重过高,而第三产业从业人员相对较少。工业中,一些传统部门如采掘业、纺织业从业人员较多,新兴的高科技产业就业明显不足。

结构性失业也表现为不同地区失业率的差异:东北地区和西部地区的下岗职工多,就业压力大;东南沿海地区的失业问题较轻。这与不同地区的经济发展速度有关。从体制环境看,不同的经济发展速度又是不同的地区经济发展政策所造成的。例如,长期以来将东北地区作为老工业基地,导致许多城市产业结构单一,企业规模庞大,在产业结构调整和国有企业改革的双重压力下,产生大量的下岗职工就成为不可避免的问题。东北老工业基地的衰落不单纯是老企业的技术改造问题,也是一个体制调整的问题。

(三) 二元结构劳动力市场问题突出

二元结构劳动力市场理论认为劳动力市场存在着分割,劳动者不能在部门之间进行自由流动,从而形成两个相对独立的劳动力市场。在头等劳动力市场(Primary Labor Market)上,劳动者获得较高的工资、失业率较低、就业比较稳定。而在另一极——次等劳动力市场(Secondary Labor Market)上,劳动者的工资水平较低,经常受到失业的威胁。表面上看,头等劳动力市场上的就业者的技能较高,次等劳动力市场上的劳动者的技能较低,工资和失业率的差异似乎是技能差异的结果。实际上,即使次等劳动力市场上的劳动者提高了技能,也不能在头等劳动力市场上找到工作,这使他们长期从事低工资的工作,陷入贫困陷阱。二元结构劳动力市场的根源在于部门或行业的垄断,垄断力量限制外来劳动力流入本部门。

---

① 《中国统计年鉴(1997)》,中国统计出版社1997年版。

在我国，一些垄断行业的劳动者的确获得较高的工资，就业也比较稳定，例如，电信行业、银行保险业。而在过度竞争的制造业，劳动者的工资很低，就业也不稳定。从具体行业来看，2005年工资较高的行业为信息传输、计算机服务和软件业（40 558元）、金融业（32 338元）、科学研究、技术服务和地质勘查业（27 434元）、电力燃气及水的生产和供应业（25 073元）。工资较低的行业为农业（8309元）、住宿和餐饮业（13 857元）、建筑业（14 338元）、批发零售业（15 241元）。最高行业工资是最低行业工资的4.88倍。从纵向比较来看，1980年农业的平均工资约为电力煤气及水的生产和供应行业的60%，但是到了2005年农业工资只相当于电力燃气及水的生产和供应行业的33%。这说明虽然改革开放30年市场化进程在加快，但不同行业的市场化速度存在差距。

除了行业的垄断外，我国的二元结构劳动力市场还表现为国有部门和非国有部门的就业差异。不同的所有制企业会面临不同的发展政策和机遇，因而它们的获利能力不同。而由于劳动力市场在不同所有制部门之间的分割，劳动者也会面临不同竞争程度的劳动力市场。所以，劳动者的工资也会出现差距。从中国不同所有制企业的工资差异看，一般情况是其他所有制部门的工资 > 国有部门的工资 > 集体部门的工资，2002年平均工资分别为13 212元、12 869元、7667元。2005年发生改变，国有部门工资超过其他所有制部门，平均为19 313元、其他所有制18 244元、集体部门为11 283元。集体部门的工资与其他所有制部门和国有部门的工资差距很大，一方面说明集体部门的经济效益不如其他所有制部门，另一方面它也缺乏政策保护，不像国有部门那样工资长期固定不变、与企业经营状况联系较少。

而其他所有制企业的较高经济效益是与政策的宽松和企业承担的义务相对较少分不开的。如果考虑到很多其他所有制企业对劳动者的福利费用支出不足，则其相对较高的工资就包含了补偿社会保障的部分。在其他所有制部门中，2005年的排位依次为：外商投资企业 > 股份制 > 联营 > 港澳台 > 有限责任 > 股份合作制企业 > 其他。外商投资企业和港澳台企业由于其政策优惠和较强的竞争力，经营效益较高，因而有能力支付较高的工资。股份制企业一般规模较大，很可能在行业中处于垄断地位，所以其工资水平也较高。有限责任公司规模相对较小，而股份合作制企业主要是中小企业，很多是由原来亏损的国有或集体企业改制成职工持股而形成的，他们所处的行业是充分竞争的行业，面临的劳动力市场是供给过剩的劳动力市场，因而其工资水平较低。

此外，还存在着地区工资差距。地区垄断往往与政府对不同地区的发展政策有关。地区经济发展政策的差距导致企业的获利能力的不同，而地区经济发展水平也使劳动力市场的发育状况不同，在劳动力不能在不同地区自由流动的情况下，工资差距就会出现。在中国不仅存在有东部、中部和西部的劳动力市场分割，而且存在有城乡劳动力市场分割。2005年上海和北京的平均工资较高，分别为34 345元、

34 191元，而江西、河南的工资较低，分别为13 688元和14 282元。上海的平均工资是江西的约2.5倍。

二元结构劳动力市场导致同样技能的劳动者因所处的行业、企业所有制不同，收入出现较大差异，就业稳定性也不同，这导致一部分劳动者可以通过"寻租"进入高报酬行业，而忽视了自身技能的提高，不利于劳动者之间的公平竞争。从社会效率的角度看，分割的劳动力市场不利于实现充分就业和均衡工资，会带来大量的社会福利损失。

工资黏性与失业、工资差距与不同部门的就业差异。如果工资变化不灵活，存在黏性使劳动力市场出清发生困难，则就业不足和失业问题就会产生。从我国目前的情况看，工资调整长期以来都受到严格限制，无论是向下调整还是向上调整。尤其在国营企业，虽然整体工资水平偏低，但相对于职工的劳动生产率来说，工资水平并不低，且具有向下的黏性。

让我们具体分析一下，首先国有企业存在工资差额控制，即企业内部最高工资和最低工资之间的差距控制。这类控制主要对职工的努力程度造成消极影响，工作能力强的职工因为得不到充分的报酬，会降低努力水平。另外，国有企业也有工资总额的控制，这种控制在企业经营景气的时候会对就业数量产生正向的影响，因为工人的工资水平相对降低。但同样要考虑对职工激励机制的影响，如果职工的积极性受到较大的打击，则企业的经营也会由盛转衰，就业效果也会发生逆转。而且，如果企业经营不景气，工资也不会做大幅度向下调整，则会形成工资的黏性。名义工资黏性主要是行政控制和劳动合同等造成的。

从实际工资黏性来看，改革开放以来，大部分年份我国企业的实际工资水平是上升的，而且增长速度高于劳动生产率的增长速度，在国有企业中表现得更为明显。这不可避免地对企业的经营效益和就业量产生负面影响。在20世纪90年代初期工资上涨幅度较大，这种超过劳动生产率的增长，一方面导致了1994年的通货膨胀，另一方面也使1994年以后下岗职工激增。实际工资黏性主要是体制造成的，国有企业职工在就业方面受到一定的保护，作为非国家正式职工的劳动者很难进入国有企业工作，即国有企业存在着"局内人控制"现象。

工资的不可调整会迫使企业通过解雇工人来应付经营的衰退，而我国又对下岗职工的规模实行控制。降低工资不能由企业自主进行，解雇工人又受到控制，在双重的压力下，必然会加速企业的亏损，这也是我国国有企业长期经营欠佳的原因。作为一种缓和的权宜之计，利用内部劳动力市场进行工时调整、内退下岗等就成为很多企业的唯一选择。

另一方面，即使职工下岗，企业仍要给其支付一笔工资，这也会对企业的经营产生负面影响。因此，政府应该承担一部分国有企业下岗职工的工资费用。另外，下岗职工的工资高于失业人员的待遇，这实际上加重了企业的负担，使下岗劳动力长期依附于企业，下岗与失业之间存在着分割，不利于就业问题的彻底解决。所以，如果能逐步缩小下岗职工待遇与失业者待遇之间的差距，就能够在保持国有企业效率水平不变的前提下，降低企业的劳动力成本，增加企业的盈利水平，对在岗职工也会产生良好的激励。[①]

综上所述，一方面，由于存在着工资黏性，企业面临需求下降时，只能采取数量调整，通过减少雇佣劳动者来缓解压力。另一方面，政府对国有企业下岗职工的规模进行限制，以及存在其他的制度约束，企业又退而采取内部劳动力市场来解决矛盾。这样的内部劳动力市场并非基于效率原则的真正意义上的内部劳动力市场，它加重了企业的效率下降，甚至把企业推向破产的境地。国有企业破产倒闭则会带来更大的失业冲击。

（四）隐性失业和隐性就业并存

我国就业问题的另一个特征是隐性失业和隐性就业并存。隐性失业主要指在国有企业中存在着大量的冗员、在农业中存在着大量亟待转移的剩余劳动力。这些劳动者表面上处于就业状态，但生产率较低，对产出的贡献较小甚至为零。在充分竞争的劳动力市场环境下，企业是不会雇佣这些劳动者的。但由于我国的就业体制，国有企业不能自由地解雇工人，农业剩余劳动力不能自由地向城市转移，他们依然处于就业的状态。由于积累了过剩的劳动力，无论是国有企业还是农业的经济效益都不高，劳动者获得的收入有限。在国有企业推行改革和逐渐取消对农村剩余劳动力流动限制之后，隐性失业逐渐显性化。国有企业不断让过多的冗员下岗，转移到城市的农村剩余劳动力找不到工作也形成失业人口。但是国有企业改革的任务依然没有完成，农村剩余劳动力转移也任重道远，因而目前我国的隐性失业仍大量存在。

隐性就业是指失业人口重新实现就业，但在统计上没有得到反映。隐性就业造成官方公布的失业率高于实际的失业率水平。这一现象在城市下岗职工中表现得尤为突出。许多下岗职工没有和原企业脱离关系，但已经找到其他工作。有的失业者虽然已经找到工作，却依然领取失业救济。据社会保障部的调查资料显示，约有70%的下岗职工从事有收入的劳动，其总的实际收入要高于一般在岗职工，出现了保障对象收入与一般在岗工人工资倒挂现象。隐性就业的出现是由于这些劳动者大部分从事非正规部门的工作，统计上很难将其涵盖在内。隐性就业导致劳动力市场上的无序，模糊了就业和失业之间的界限。隐性就业本身也反映了我国劳动力市场的不完善，在一个完善的劳动力市场上，就业信息是充分的，政府可以准确地获取市场的信息。

---

① 到2005年底我国各地已经取消下岗职工基本生活保障，完全向失业保险并轨。

三、充分就业不是梦

就业问题是一个长期而复杂的经济与社会问题，就业是劳动者获得基本生活资料的手段，也是每个劳动者的基本权利。但是，受社会体制和劳动者个人因素的影响，并非每个劳动者都能获得工作岗位，劳动者的权益也不能得到充分的保障。完全依靠市场机制不能实现充分就业，政府应采取适当的政策来保证有工作需要的劳动者都能够得到就业机会。

（一）转变经济体制，落实科学发展观，走新型工业化道路

党的十六届三中全会提出了"坚持以人为本，树立全面发展、协调发展和可持续发展，促进经济社会和人的全面发展"的科学发展观，进一步指明了新世纪我国现代化建设的发展道路、发展模式和发展战略，明确了为什么发展和怎样发展的重大问题。经济增长要有效地提高人民的物质生活水平，而不能以失业和收入差距扩大为代价。在计划经济体制和向市场经济过渡的时期，我国的经济增长方式以粗放式为主，没有充分集约地使用各种资源，资源的利用没有充分考虑资源禀赋和要素价格。当前，要推动经济体制转换和政府职能的转变。使企业的技术选择以市场要素稀缺状况为依据，减少地方政府对投资活动的干预，避免产业结构的重复和同构，以减少不必要的产业结构调整给就业带来的冲击。

新型工业化的特点包含这样几方面：一是科技含量高；二是经济效益好；三是资源消耗低；四是环境污染少；五是人力资源优势得到充分发挥。前四方面是为了适应世界科技进步日新月异以及经济可持续发展的要求。第五方面则是根据中国人力资源特别丰富的国情提出来的。在着力发展高新技术产业的同时，要用信息技术和其他高新技术、先进适用技术改造传统产业，实现产业结构的优化升级。形成以高新技术产业为先导、基础产业和制造业为支撑、服务业全面发展的产业格局，处理好发展高新技术产业和传统产业、资金密集型产业和劳动密集型产业的关系。

新型工业化道路追求更人性（而非生产线上的机械部件）、更有创造力的生产方式，这样的产业结构和分工方式有利于劳动者的直接参与，并增加就业机会，降低工业化给劳动者身心带来的负面影响。针对我国的劳动力资源丰富的状况，应大力发展技术含量多的劳动密集型产业以及高新技术产业中的劳动密集型生产环节。此外，还要鼓励发展为满足个性化和多样化的市场需求而需采用人工作业的劳动密集型产业。所有这些都需要合理的产业结构调整来完成。

(二) 将就业作为一个系统工程，综合治理

科学发展观的根本要求是"五个统筹"。"五个统筹"，就是统筹城乡发展，统筹区域发展，统筹经济社会发展，统筹人与自然和谐发展，统筹国内发展和对外开放。

就业问题也是一个需要统筹的系统工程。要将农村的就业问题与城市的就业问题综合治理。目前我国片面注重城市的就业问题，例如没有将农村的剩余劳动力纳入失业的统计口径。在统计上，无论是失业率还是劳动参与率，都要建立全国统一、全面的统计体系，对于城镇失业问题和农村失业问题应同样对待。改革户籍制度，逐步取消对劳动力流动的限制。规范地方政府在管理劳动力流动中所充当的角色，使其决策更多地从全局利益，而不是基于地方利益采取保护性政策。不同地区的就业问题与不同地区的经济发展状况有关，要给东中西部地区、老工业基地和新兴经济开放地区同样的经济政策，要允许劳动力在不同地区自由流动。就业问题不仅是一个经济问题，也是一个社会问题。解决就业问题要与保持社会安定紧密相连。就业问题也是一个长期的问题，如果只注重解决当前的就业问题，忽视环境问题，会导致可持续增长能力不足。不注重培养技术后备人才，会影响长期经济增长的后劲。忽视人口老龄化带来的危机，也会使劳动就业成为棘手的问题。就业问题还要统筹国内发展和对外开放两个方面。对外开放对就业的影响包括出口部门吸纳大量的劳动力、在外商投资企业就业的劳动力不断增加、劳务输出和移民的增加。在强调对外开放对就业扩张的积极作用的同时，更要注重发挥国内经济部门的就业创造能力。

(三) 加强高等教育发展和技能培训

要提高劳动者的技能和素质，解决技术工人不足的问题，减少技术性失业和结构性失业。主要应在以下几个方面做出努力。

第一，加快技能人才队伍建设，培养高素质的劳动者。改革高等教育体制，使高校的人才培养更好地适应社会的需要。大力发展职业技术教育，在职业教育培训中大力推行学历文凭和职业资格证书并重制度，促进职业教育与就业相结合。落实"2003~2010年全国农民工培训规划"，抓好农村劳动力职业技能培训，以增强其就业竞争力。坚持"就业引导培训"、"以输出带培训，以培训促输出"的原则，推进培训就业一体化，抓好"农村劳动力转移培训阳光工程"的组织实施。

第二，增加企业和政府的技能培训投入，加大培训力度。要引导企业落实职工工资总额1.5%~2.5%用于职工教育的社会责任，在企业普遍实行先培训后就业，先培训后上岗。要多渠道筹集资金，建立国家、企业和劳动者个人三方分担的技能

人才培养投入机制。解决培训费用的分担问题，使支付培训费用的一方能够获得投资的回报。要发挥老技师的带动作用，发挥高级技工学校、技师学院和高等职业院校等培训基地作用，扩大培训规模和培训效果。由于农民的收入水平还较低，各级政府应当增加农民工技能培训方面的投资，设立农民培训专项资金。扶贫资金要更多地用于就业技能培训，增加贫困农民的就业能力，以使农村劳动力能够顺利地转移。

第三，改进技能人才评价方式。加快建立以职业能力为导向，以工作业绩为重点，并注重职业道德和职业知识水平的技能人才评价新体系。要突破比例、年龄、资历和身份界限，促进高技能人才更快更好地成长。同时，改革不合理的工资体系、建立激励机制、充分发挥高技能人才的重要作用。逐步建立职工凭技能和职业资格得到使用和提升、凭业绩贡献确定收入分配的使用待遇机制。当前，尤其要充分利用大学毕业生这一宝贵的人力资源，解决大学毕业生的就业问题，让他们的才能得到更好地发挥。

（四）以人为本，协调劳动关系，实行劳动重组

建立保证劳动者基本收入的最低工资保障制度，使最低工资标准能够真正贯彻实行，并能够随着经济发展水平不断提高标准。建立健全社会保障体系，将所有的劳动者（城市各类型企业的劳动者、农民）都涵盖在内，以解决劳动者的后顾之忧，提高其在劳动力市场上的谈判力量。对于非正规雇佣劳动者也要同样对待，吸收临时工、季节工加入工会。消除劳动力市场上的歧视，尤其是对农民工的歧视。

保证劳动者的就业权利，维护其基本权益。在私营企业和外资企业组建工会，协调劳资关系，促使企业尊重劳动者的基本权利，使劳动者通过劳动不仅能够获得生存的收入，而且能够与企业主和同事建立起和谐的经济合作关系。

给不同所有制企业以公平的待遇，尤其是要鼓励发展个体私营经济，发挥其就业创造的功能，增加就业机会。要允许劳动者在不同部门、不同所有制企业自由流动，以消除不合理的工资差距。关心马路摊点等自我雇佣的非正规就业者，为他们创建经营场所和市场，不能以影响市容为由而到处驱赶。

要从根本上解决就业问题，需要进行劳动重组，即在全社会重新配置劳动和就业，使每个有劳动能力并希望就业的人都有就业机会。这需要建立共同参与、人人劳动、反对剥削的社会价值。"试想如果法定的四十小时工作周能不折不扣地实行——最小限度超时作业、关闭各地的血汗工厂，将能腾出多少工作机会？如果真正在边远农村地区实行九年教育网和建成初级医疗设施，会需要多大数量的教师、医护人员、技术员？如果在消除污染、保护资源的原则下积累财富，又可能出现多少新的工种和工作？"[①] 这也意味着许多劳动者从事的是非传统意义的工作，例如，

---

① 林春：《劳动重组：参与、尊严及小康社会主义》，载《读书》2004年第12期。

在非营利部门从事志愿者活动等各种社会必要的物质与精神活动。要让大量的社会性生产和服务的参与者也能获得基本收入,这需要为全体公民提供社会保障。劳动重组意味着对生产、服务、贡献和消费的重新理解,劳动者真正可以摆脱失业之痛,摆脱异化劳动之苦,这在社会主义的中国是可能实现的。

(五) 实行积极的劳动政策,进行创业扶持

对下岗失业人员创业和再就业实行优惠政策,在工商登记、贷款、税收、行政收费等方面进行支持和鼓励。同时要进行创业培训,提高下岗失业人员的经营管理素质和创业技能,引导其进行积极创业。

扩大创业扶持政策的服务对象,不能只局限于城镇国有企业下岗职工和登记失业人员,还要包括城镇集体企业和非正规部门的下岗失业人员以及长期在城镇就业的农民工。对于就业日益困难的大中专毕业生,也要采取一定的措施鼓励其自主创业。要加大资金的扶持力度、调整支出结构,提高创业扶持与岗位开发资金的效益。要将积极的劳动政策与市场机制很好地结合,要通过发展经济、营造中小企业公平竞争的市场环境以及培育劳动力市场,来推动就业的创造,形成以市场调节就业为基础、政府促进就业为动力的就业机制。

参考文献

1. Borjas G. J. (1996), Labor Economics, McGraw-Hill.
2. Bean Charles, Layard Richard and Nickell S. J. (1987 ed.) The Rise in Unemployment, Basil Blackwell.
3. Booth Glynn (1987), The Road to Full Employment, London Allen & Unwin.
4. 蔡昉、都阳、王美艳:《劳动力流动的政治经济学》,上海三联书店、上海人民出版社2003年版。
5. 厉以宁、吴世泰:《西方就业理论的演变》,华夏出版社1988年版。
6. 宁光杰:《失业问题研究——一个微观分析框架》,陕西人民出版社2004年版。
7. 舒尔茨:《论人力资本投资》,北京经济学院出版社1990年版。
8. 王延中:《中国的劳动与社会保障问题》,经济管理出版社2004年版。
9. 杨宜勇:《失业冲击波》,今日中国出版社1997年版。
10. 袁志刚:《失业经济学》,上海三联书店、上海人民出版社1997年版。
11. 胡鞍钢:《中国就业状况分析》,载《管理世界》1997年第3期。
12. 钱小英:《我国失业率的特征及其影响因素分析》,载《经济研究》1998年第10期。
13. 宋小川:《无就业增长与非均衡劳工市场动态学》,载《经济研究》2004年第7期。
14. 张彦宁、陈兰通主编:《2006中国企业劳动关系状况报告》,企业管理出版社2006年版。
15. 《中国劳动经济学》2004年第1卷,中国劳动社会保障出版社2004年版。

全球化、技术进步与就业技能结构：
来自中国制造业的证据

黄 乾[*]

摘　要：随着融入全球经济步伐的加快和深入，我国正在经历高技能劳动力需求旺盛甚至短缺的时代，其原因是多方面的。本文利用我国制造业企业调查数据考察了国际贸易、外国直接投资和技术进步对高技能劳动力需求的影响。研究发现，全球化对高技能劳动力的需求存在双重作用，进口贸易和外国直接投资与高技能劳动力需求之间存在显著的正相关关系，而出口对高技能劳动力需求呈现显著的负向作用。企业技术进步具有技能偏向型特点，导致企业对高技能劳动力的需求增加，而对低技能劳动力需求相对下降，企业的研究与开发强度对增加高技能劳动力的需求有显著作用。同时，全球化和技术进步对就业技能结构的影响在行业和区域上表现出强烈差异。

关键词：全球化　技术进步　就业技能结构

一、引言

20世纪80年代以来，大多数发达国家的劳动力就业技能结构发生了显著变化，其突出表现就是企业对高技能劳动力需求的增加，对低技能劳动力需求的下降，高技能劳动力所占的就业比重和工资收入比重不断上升，高低技能劳动力间的工资收入不均等现象不断加重。令人感兴趣的是，随着全球化进程的深入，作为发展中国家的中国近几年也经历着与发达国家同样的就业技能结构转换，甚至出现了"技工荒"现象，劳动和社会保障部发布的全国劳动力市场供求状况表明，2000年以来，我国中高级技能劳动力一直呈现供不应求的状态，有迹象表明这种就业结构转换仍将持续下去。中国作为发展中大国，二元经济和处于工业化过程中是其显著的经济特征，我们的问题是：中国就业技能结构转换的背后原因是什么？是否与发达国家或其他发展中国家就业技能结构转换的原因相同？

虽然现有文献对高技能劳动力需求上升的原因进行了多角度的研究，但主要有两种理论解释，即全球化理论和技能偏向型技术进步（Skill-biased Technology

---

[*] 黄乾，南开大学经济学院人口与发展研究所，副教授；E-mail：lucash@126.com。

Change）假说。在全球化过程中，发展中国家凭借廉价劳动力的竞争优势和由外国直接投资获得的资本与先进技术，使得发达国家通过贸易从发展中国家进口低技能劳动密集型产品，导致发达国家劳动密集型产业比重大幅减少，技术密集型产业比重上升，而技术密集型产业对高技能劳动力的需求大，由此，在发达国家的劳动力市场上，高技能劳动力的需求上升，低技能劳动力需求相对下降，劳动就业技能结构随即改变。因此，全球化理论认为，国际贸易、外国直接投资（FDI）不仅是高技能劳动力需求上升的一个重要原因（Wood，1994；Feenstra and Hanson，1996；Markusen and Venables，1996）。而且该理论更强调中间产品（多指材料）贸易对高技能劳动力需求的影响，一方面是因为中间产品生产既是熟练劳动密集型的，又是一种过程贸易，另一方面是因为中间产品贸易对高技能劳动力需求的影响比最终产品贸易要大很多（Feenstra and Hanson，2003）。对于发展中国家而言，中间产品的进口对高技能劳动力需求产生两种效应：一种是如果这种产品体现了技术含量，而在进口国无法获得，那么它是一种技术扩散的通道（Grossman and Helpman，1991；Keller，2004；Lumenga-Neso et al.，2005），通过使用这种中间产品而获得的技术一般是技能偏向型的。另一种是发展中国家低技能劳动力丰富，使用进口中间产品的企业更重视具有比较优势的生产过程，企业往往进口技能密集型中间产品，使用非技能密集型生产线。因此，使用进口中间产品的企业对高技能劳动力需求的影响取决于技术扩散效应和根据比较优势所形成的专门化生产效应。出口对发展中国家高技能劳动力需求也产生两种效应：首先，由于出口企业受到国际市场的高质量要求和进口国市场反馈而提高技术水平，出口是一种技术扩散渠道；其次，由于发展中国家的比较优势，出口企业倾向于更多地使用低技能劳动力。因此，出口对高技能劳动力需求的影响也取决于技术扩散效应和比较优势形成的专门化生产效应。由于存在从跨国公司母国向东道国的技术扩散，FDI 预期对高技能劳动力需求产生正效应。但有学者认为，技术扩散存在非市场的障碍（如技术许可证），吸引 FDI 的主要原因是东道国的区位优势，特别是低技能劳动力的低成本优势，因此，FDI 的技术扩散效应及其产生的高技能劳动力需求效应比想象的要小（Keller，2004）。但相对于本土企业，FDI 企业对高技能劳动力需求仍相对较高。总之，对于发展中国家企业，贸易和 FDI 一方面承担技能偏向型技术扩散的通道，另一方面要充分利用比较优势。因此，它们对高技能劳动力需求的效应依赖于技术扩散效应和比较优势所形成的专门化生产效应。

技能偏向型技术进步假说认为，20 世纪 70 年代以来的技术进步对劳动力提出了更高的技能要求，技能与技术间呈现不断互补的关系，导致企业对高技能劳动力需求的扩大，因而提高了就业结构中高技能劳动力的比例，并加剧了高低技能劳动力之间的收入不均等现象（Berman，Bound and Griliches，1994；Aghion and Howitt，1998）。

有许多文献对两种理论进行了实证检验，伯曼、邦德、格里奇斯（Berman，

Bound and Griliches, 1994)对美国制造业就业技能结构变动和收入不均等的原因做了分析,研究发现技术进步是就业技能结构从低技能劳动力向高技能劳动力转移的重要原因,这种转移主要发生在产业内而不是产业间,计算机使用和研发(R&D)支出与高技能劳动力需求增加有很强的正相关关系,而贸易和国防对就业技能结构转换的影响很小。而菲恩斯彻和汉森(Feenstra and Hanson, 1999)研究发现,美国1979~1990年间高技能劳动力和低技能劳动力的需求和工资差异20%~35%归因于计算机技术的采用,15%~25%归因于贸易。梅钦和里南(Machin and Reenen, 1998)的研究利用了7个OECD国家的制造业行业数据,并以R&D数据变量来代替技术进步变量,通过建立成本函数来验证就业技能结构变动与技术进步的关系,结果发现,技术进步与就业中高技能劳动力比重的增加有着很强正相关关系。霍兰德和巴斯特维尔(Hollanders and Basterweel, 2002)运用相同方法验证了荷兰制造业的技术进步与高技能劳动力需求的关系,结果表明荷兰制造业的技术进步明显表现出技能偏态的特点并对高技能劳动力需求具有显著的正效应。莱恩·拉普兰和斯通(Laine Laplagne and Stone, 2000)对澳大利亚制造业的实证研究也得出了同样的结论。关于发展中国家的实证研究,坦和巴特(Tan and Batra, 1997)运用企业调查数据考察了哥伦比亚、墨西哥和中国台湾的技术进步与技能需求的关系,研究发现R&D和培训对技能需求的影响明显强于出口。菲恩斯彻和汉森(1997)对墨西哥的实证研究表明,实行贸易和FDI制度自由化改革后,FDI的增加伴随对高技能劳动力需求的增加。哈里森和汉森(Harrison and Hanson, 1999)研究发现,墨西哥出口企业或外资企业,以及使用进口材料或机器的企业倾向使用更多的高技能劳动力。佩维里克(Pavcnik, 2003)运用固定效应方法对智利企业的时间序列数据研究发现,进口材料的使用、专利技术和外国技术援助与高技能劳动力需求不相关,但企业截面数据表明三者对高技能劳动力需求具有正效应影响。

目前国内对低技能劳动力向高技能劳动力的就业技能结构转换问题的研究很少,姚先国等人(2005)利用浙江省制造业企业数据分析了技术进步对高技能劳动力需求的影响,发现企业的技术进步呈现技能偏态型特点,在一定程度上解释了高技能劳动力需求的增加。

从现有文献来看,就业技能结构转换的原因主要源于国际贸易、FDI或技能偏向型技术进步,但实证研究中主要是将两种因素分开进行的。本文试图将国际贸易、FDI、技能型技术进步置于一个模型中,利用世界银行关于中国制造业企业的调查数据,实证检验全球化、技术进步对中国企业高技能劳动力需求的影响,具体而言,本文要回答以下两个问题:中国制造业企业的技术进步是否呈现技能偏向型特点?全球化、技术进步和中国制造业企业就业技能结构转换有什么关系?并比较不同地区、不同行业之间的差异。

本文的安排如下:第二节介绍计量模型和变量及数据的说明;第三节报告实证研究结果;第四节总结全文。

二、计量模型、变量与数据来源

本文建立一个计量模型,将国际贸易、FDI 和技术进步放在一个模型里,考察这些因素对高技能劳动力需求的效应。

假定企业用三种生产要素从事生产,即高技能劳动力、低技能劳动力和资本,则企业的生产函数为:$Y = f(l, h, k, z)$,其中 l 为低技能劳动力、h 为高技能劳动力,k 为资本,z 为其他变量。从短期看,假定企业资本是固定的,企业的决策是在一定产量的情况下选择高技能劳动力和低技能劳动力雇用量,以最小化企业劳动力成本。企业 i 的劳动力成本函数是:

$$VC_i = f(w_i^l, w_i^h, k_i, Y_i, z_i) = \min(w_i^l l_{i,n} + w_i^h h_{i,n}) \tag{1}$$

w_i^l、w_i^h 是企业 i 支付给低技能劳动力和高技能劳动力的工资,$l_{i,n}$、$h_{i,n}$ 分别是企业 i 的低技能劳动力和高技能劳动力数量,k_i、Y_i 表示企业 i 的资本和产值增加值。我们利用 Berman 等(1994)方法,对成本函数取对数形式,得到高技能劳动力相对需求的计量方程:

$$\frac{w_i^h h_{i,n}}{VC_i} = \phi_0 + \phi_1 \ln\left(\frac{w_i^h}{w_i^l}\right) + \phi_k \ln\left(\frac{k_i}{Y_i}\right) + \phi_Y \ln Y_i + \phi_z z_i \tag{2}$$

变量 z_i 包括进口、出口、FDI 和技术进步。由于高、低技能劳动力相对工资受到很难观测到的企业间劳动力质量的影响,因此在方程(2)中很难估算高、低技能劳动力的相对工资对高技能劳动力需求的效应,因此绝大部分文献都是按照 Berman 等(1994)方法省略了相对工资变量,本文也如此,但本文加入了地区和行业虚拟变量,以控制地区和行业差异对被解释变量的影响。因此,本文的最终计量方程是:

$$\frac{w_{ijr}^h h_{ijr}}{VC_{ijr}} = Wshare_{ijr}^h = \alpha + \beta_1 \ln\left(\frac{k_{ijr}}{Y_{ijr}}\right) + \beta_2 \ln Y_{ijr} + \beta_3 I_{ijr} + \beta_4 \left(\frac{X_{ijr}}{Y_{ijr}}\right) + \beta_5 FDI_{ijr}$$
$$+ \beta_6 \left(\frac{R\&D_{ijr}}{Y_{ijr}}\right) + \phi D^j + \varphi D^r + \varepsilon_{ijr}$$

按照国外文献的研究方法,我们也考虑另一个被解释变量,即高技能劳动力就业比重,也即高技能劳动力占企业总劳动力数的比重。计量方程是:

$$Eshare_{ijr}^h = \alpha + \beta_1 \ln\left(\frac{k_{ijr}}{Y_{ijr}}\right) + \beta_2 \ln Y_{ijr} + \beta_3 I_{ijr} + \beta_4 \left(\frac{X_{ijr}}{Y_{ijr}}\right) + \beta_5 FDI_{ijr} + \beta_6 \left(\frac{R\&D_{ijr}}{Y_{ijr}}\right)$$
$$+ \phi D^j + \varphi D^r + \varepsilon_{ijr}$$

在方程中,j、r 分别表示区域和行业,I、X、FDI、R&D 分别代表进口、出口、外国直接投资和研发经费,劳动力工资定义为劳动力总收入(包括工资、奖金和福利等)。国际上高低技能劳动力的划分方法一般有两种:一种是按教育程度来划分,受过大学及以上教育的劳动力为高技能劳动力,其他为低技能劳动力;另一种是按工作性质来划分，非生产性工人为高技能劳动力，生产性工人为低技能劳动力。本文采用后一种划分方法，其中非生产性工人包括管理人员和专业技术人员。众多文献表明两种划分方法的估计结果是基本一致的。

两个最终计量方程的变量包括：

（1）W_{share}：高技能劳动力工资总额占企业工资总额比重；E_{share}：高技能劳动力占企业总劳动力数的比重。本文中 W_{share}、E_{share} 为被解释变量，其余变量均为解释变量。

（2）$\ln(k/Y)$：企业资本与增加值的比例的自然对数值，反映企业的资本水平，由于调查数据没有直接的资本和产值增加值数据，本文用固定资产代替资本，用企业销售收入代替增加值。

（3）$\ln Y$：产值增加值的自然对数值，反映企业规模。

（4）I：进口材料价值占原材料总价值的比重，反映企业的进口水平。

（5）X/Y：产品出口值占增加值的比重，反映企业的出口水平。

（6）FDI：外国直接投资占企业总资产结构的比重。

（7）R&D/Y：研发经费与企业增加值的比例，国外文献一般用电脑的投入、机器设备的投入、专利的引用数或 R&D 代替技术进步，本文用企业研发费用占产值增加值的比重反映技术进步。

（8）虚拟变量 D^j、D^r：分别表示区域和行业的差异。

在上述方程中，β_1 捕捉资本对高技能劳动力需求的效应，如果 $\beta_1 > 0$，表示资本与技能是互补关系。β_2 捕捉企业规模对高技能劳动力需求的效应，许多研究发现随着企业规模的扩大，对高技能劳动力的需求也增加，因此预期 $\beta_2 > 0$。β_3 捕捉企业中间产品进口对高技能劳动力需求的效应。β_4 捕捉出口对高技能劳动力需求的效应，如果出口产品属于低技能劳动力密集型，则 $\beta_4 < 0$，这种情况符合 Heckscher-Ohlin 贸易模型对劳动力丰富的发展中国家的分析；如果出口产品属于高技能劳动力密集型，则 $\beta_4 > 0$，新贸易模型（Feenstra and Hanson，1996）认为发展中国家的跨国公司的出口产品往往是高技能劳动力密集型而不是低技能劳动力密集型。β_5 反映外国直接投资对高技能劳动力需求的效应。β_6 是技术进步对高技能劳动力需求的效应，它反映了技术进步的要素偏向性，如果 $\beta_6 > 0$，表明技术与技能互补，技术进步属于技能偏向型技术进步；如果 $\beta_6 = 0$，表明要素中性技术进步；如果 $\beta_6 < 0$，技术进步偏向低技能劳动力。

本文所采用的数据来源于世界银行 2003 年的中国企业微观调查，调查范围覆盖了中国不同地理和经济特点的 15 个省（包括辽宁、吉林、黑龙江、陕西、甘肃、重庆、贵州、云南、广西、河南、湖北、湖南、江西、浙江、广东），涉及制造业和服务业的 2400 家企业，由于本文研究的对象是制造业企业，因此去掉服务业以及制造业一些数据填写不完整的企业，最终企业样本数为 1533 家，表 1 说明了样本企业的分布情况。

表 1　企业分布情况

	数量（个）	比例（%）
地区分布		
东部地区	381	24.9
中部地区	596	38.9
西部地区	556	36.2
行业分布		
服装皮革业	335	21.9
食品加工业	67	4.4
冶金业	152	9.9
化工业	59	3.8
电子制造业	498	32.5
生物制药业	34	2.2
汽车船舶制造业	388	25.3
总计	1533	100.00

三、实证结果与分析

（一）所有企业回归结果分析

本文首先分别单独引入进口、出口、FDI 和技术进步作为解释变量，然后将四者同时引入模型。同时，为了控制地区、行业变量对回归结果的影响，我们在模型中引入了这两个虚拟变量。具体结果见表 2、表 3。

表 2　所有企业回归结果

	（1）		（2）		（3）	
	W_{share}	E_{share}	W_{share}	E_{share}	W_{share}	E_{share}
$\ln(k/Y)$	0.018** (0.003)	0.013** (0.003)	0.026** (0.012)	0.022* (0.018)	0.024** (0.002)	0.02** (0.003)
$\ln Y$	-0.008 (0.002)	-0.001 (0.002)	-0.002 (0.016)	-0.001 (0.003)	-0.004 (0.002)	-0.001 (0.002)
I	0.077*** (0.028)	0.019** (0.022)				
X/Y			-0.085*** (0.019)	-0.094*** (0.015)		
FDI					0.067*** (0.02)	0.052** (0.016)
R&D/Y						

续表

	(1)		(2)		(3)	
	W_{share}	E_{share}	W_{share}	E_{share}	W_{share}	E_{share}
常数项	0.3*** (0.024)	0.217*** (0.019)	0.298*** (0.023)	0.22*** (0.014)	0.302*** (0.024)	0.215*** (0.018)
R^2	0.127	0.175	0.134	0.195	0.129	0.174
F检验值	20.03	29.24	21.29	33.47	20.4	29.16
样本数	1533	1533	1533	1533	1533	1533

注：括号内的数值为估计系数的标准差。***、**、*分别表示在1%、5%和10%的显著性水平上显著。所有回归都包括地区、行业虚拟变量，但为了简洁略去了回归结果。

表3　　　　　　　　　　所有企业回归结果

	(4)		(5)	
	W_{share}	E_{share}	W_{share}	E_{share}
ln(k/Y)	0.016** (0.002)	0.014** (0.003)	0.014** (0.003)	0.013** (0.003)
ln Y	−0.004 (0.002)	−0.002 (0.002)	−0.01 (0.002)	−0.005 (0.002)
I			0.092** (0.003)	0.056** (0.024)
X/Y			−0.128*** (0.02)	−0.113** (0.016)*
FDI			0.086** (0.021)	0.025** (0.017)
R&D/Y	0.021** (0.019)	0.018** (0.015)	0.02*** (0.019)	0.016** (0.015)
常数项	0.292*** (0.024)	0.214*** (0.019)	0.318*** (0.023)	0.228*** (0.019)
R^2	0.123	0.175	0.154	0.201
F检验值	19.34	29.3	19.72	27.28
样本数	1533	1533	1533	1533

注：括号内的数值为估计系数的标准差。***、**、*分别表示在1%、5%和10%的显著性水平上显著。所有回归都包括地区、行业虚拟变量，但为了简洁略去了回归结果。

在回归（1）中单独引入进口变量，结果显示，进口变量的估计系数为正并且在1%或5%显著水平上显著，说明中间产品的进口增加了高技能劳动力需求并且在我国起着一定的技术扩散作用。在回归（2）中单独纳入出口变量，出口的估计系数在1%水平上显著为负，显示出口对高技能劳动力需求具有显著的负向作用，这表明我国企业根据自身的比较优势，生产和出口的产品多为低技能劳动力密集型产品，这种比较优势效应在一定程度上抵消了出口的技术扩散效应。在回归（3）中单独纳入FDI变量，估计结果显示，FDI对高技能劳动力的需求具有显著的正向作用，这表明 FDI 是技术扩散的来源之一，在一定程度上促进了制造业技术进步。回归（4）报告了企业技术进步对高技能劳动力需求的影响，技术进步的估计系数在 5% 水平上显著为正，说明企业的技术进步表现为技能偏态型特点，技术进步增加了对高技能劳动力的需求，同时也提高了高技能劳动力的工资比重。在回归（5）中同时引入进口、出口、FDI 和技术进步变量，各变量的回归系数的符号与单独引入模型时的回归系数的符号及显著性一样，只不过回归值的大小有差异。对所有回归进行异方差和多重共线性检验结果表明，不存在异方差和多重共线性问题。

在回归（1）至回归（5）中，资本变量的回归系数均显著为正，表明资本和高技能劳动力呈现互补关系，资本深化程度与就业技能结构提高正相关。同时，企业产值的增加值的回归系数为负，但并不显著，表明从制造业整体上看，产值的增加即企业规模的扩大对高技能劳动力没有显著的影响。

（二）行业分析

表 4、表 5 报告了各行业的计量结果，为了控制地区变量对行业回归结果的影响，我们在模型中引入了地区虚拟变量。对所有回归进行异方差和多重共线性检验结果表明，不存在异方差和多重共线性问题。

表 4 分行业的估计结果

	服装与皮革业		食品加工业		电子业		化工业	
	W_{share}	E_{share}	W_{share}	E_{share}	W_{share}	E_{share}	W_{share}	E_{share}
ln(k/Y)	0.012 (0.007)	0.01 (0.005)	0.036 (0.015)	0.007 (0.013)	0.017** (0.006)	0.013** (0.006)	0.038** (0.017)	0.024** (0.016)
ln Y	-0.011*** (0.006)	-0.015*** (0.004)	-0.016*** (0.014)	-0.012*** (0.004)	-0.008 (0.005)	-0.002 (0.004)	-0.005 (0.013)	-0.002 (0.012)
I	0.067 (0.05)	0.048 (0.034)	0.572* (0.365)	0.54* (0.319)	0.111*** (0.046)	0.105*** (0.04)	0.509 (1.071)	0.533 (1.01)
X/Y	-0.104*** (0.026)	-0.064*** (0.018)	-0.112*** (0.148)	-0.094*** (0.13)	-0.192*** (0.043)	-0.215*** (0.037)	0.13 (0.088)	0.171 (0.083)
FDI	0.033 (0.037)	0.021 (0.025)	0.367*** (0.123)	0.259** (0.108)	0.059 (0.039)	0.037 (0.034)	0.21** (0.099)	0.176* (0.093)
R&D/Y	0.008 (0.069)	0.003 (0.047)	0.755** (0.379)	0.423** (0.332)	0.326*** (0.089)	0.285*** (0.077)	0.217 (0.8)	0.142 (0.754)
常数项	0.337*** (0.047)	0.207*** (0.032)	0.565*** (0.139)	0.372*** (0.122)	0.397*** (0.05)	0.345*** (0.043)	0.364*** (0.124)	0.313*** (0.117)
R^2	0.09	0.163	0.309	0.239	0.084	0.13	0.19	0.164
F 检验值	4.02	7.91	3.24	2.28	5.57	9.16	1.47	1.23
样本数	335	335	67	67	498	498	59	59

注：括号内的数值为估计系数的标准差。***、**、* 分别表示在 1%、5% 和 10% 的显著性水平上显著。所有回归都包括地区虚拟变量，但为了简洁略去了回归结果。

表5　　　　　　　　　　　　分行业的估计结果

	汽车船舶制造业		冶金业		生物制药业	
	W_{share}	E_{share}	W_{share}	E_{share}	W_{share}	E_{share}
ln(k/Y)	0.038** (0.004)	0.027** (0.003)	0.031** (0.01)	0.014* (0.007)	0.078** (0.01)	0.015** (0.018)
lnY	0.016** (0.005)	0.011** (0.002)	-0.012 (0.008)	-0.011 (0.005)	0.072** (0.07)	0.104** (0.098)
I	0.122*** (0.082)	0.119** (0.064)	0.108 (0.233)	0.042 (0.163)	—	—
X/Y	-0.007 (0.065)	-0.047 (0.051)	0.226 (0.148)	0.061 (0.104)	0.303** (0.146)	0.252** (0.167)
FDI	0.095** (0.045)	0.025** (0.035)	0.227*** (0.072)	0.118*** (0.05)	0.285*** (0.334)	0.301** (0.382)
R&D/Y	0.032*** (0.018)	0.022** (0.014)	0.32** (0.172)	0.172** (0.12)	0.709** (0.294)	1.032*** (0.336)
常数项	0.28*** (0.038)	0.223*** (0.029)	0.454*** (0.064)	0.344*** (0.045)	0.52*** (0.153)	0.385** (0.175)
R^2	0.139	0.113	0.204	0.141	0.536	0.492
F检验值	1.91	0.65	4.55	2.97	4.3	3.59
样本数	388	388	152	152	34	34

注：括号内的数值为估计系数的标准差。***、**、*分别表示在1%、5%和10%的显著性水平上显著。所有回归都包括地区虚拟变量，但为了简洁略去了回归结果。

从进口的效应看，服装与皮革行业、化工业、冶金业的中间产品进口的估计系数为正，但不显著，表明这些行业的中间产品进口对高技能劳动力的需求没有显著影响。食品加工业、电子业和汽车船舶制造业的中间产品进口的估计系数显著为正，显示这些行业的中间产品的进口增加了对高技能劳动力的需求，也说明这些行业的中间产品进口的技术扩散效应在一定程度上得以显现。

从出口的效应看，化工业、冶金业的出口估计系数为正，汽车船舶制造业的出口估计系数为负，但均不显著，表明这三个行业的出口对高技能劳动力的需求没有显著影响。服装与皮革业、食品加工业、电子业的出口估计系数显著为负，表明出口的增加导致高技能劳动力需求的下降，也说明这些行业利用比较优势，生产并出口低技能劳动力密集型产品，出口的技术扩散效应被比较优势效应所抵消。生物制药业的出口估计系数在5%水平上显著为正，表明该行业产品出口促使了就业技能结构的提高。

从FDI的效应看，服装与皮革业、电子业的FDI的估计系数为正，但都不显著，说明这两个行业的FDI对就业技能结构没有显著影响。食品加工业、冶金业、化工业、汽车船舶制造业和制药业的FDI的估计系数显著为正，表明这些行业的FDI增加了对高技能劳动力的需求。

从技术进步的效应看，服装与皮革业、化工业的技术进步的估计系数为正，但均不显著，表明这两个行业的技术进步没有明显的技能偏向特点。食品加工业、电子业、汽车船舶制造业、冶金业和生物制药业的技术进步的估计系数显著为正，表明这些行业的技术进步具有明显的技能偏向特点，技能偏向型的技术进步是高技能劳动力需求增加的重要原因。

表 4、表 5 也显示，服装与皮革业、食品加工业的资本的估计系数为正，但不显著。电子业、冶金业、汽车船舶制造业、化工业和生物制药业的资本的估计系数显著为正，表明这些行业的资本与高技能劳动力具有很强的互补关系，即资本存量的增加将导致高技能劳动力需求的增加。服装与皮革业、食品加工业的产值增加值的估计系数显著为负，表明随着企业规模的扩大，对高技能劳动力的需求下降，对低技能劳动力的需求增加。汽车船舶制造业、生物制药业的产值增加值的估计系数为正，这表明该两个行业企业规模越大对高技能劳动力的需求也越大。其他行业的产值增加值的估计系数为负，但不显著。

(三) 区域分析

我们按传统口径将制造业企业分为东、中、西三个区域进行分析，同时，为了控制了行业变量对回归结果的影响，我们在模型中引入了行业虚拟变量。对所有回归进行异方差和多重共线性检验结果表明，不存在异方差和多重共线性问题。表 6 报告了各地区的计量结果。

东部、中部地区进口的估计系数显著为正，说明中间产品的进口对两个地区高技能劳动力的需求有正向作用，西部地区的估计系数为正，但并不显著，说明西部地区进口的技术扩散效应并不明显。东、中、西部地区出口的估计系数均显著为负，表明各地区都利用了低技能劳动力丰富的优势而出口低技能劳动力密集型产品。东、中部地区 FDI 的估计系数显著为正，西部地区的估计系数为正，但不显著，说明东、中部 FDI 的技术扩散效应在一定程度上得到体现，而西部地区 FDI 的技术扩散效应尚未完全显现。东、中部地区技术进步的估计系数显著为正，显示两个地区的技术进步具有技能偏向的特点，而西部地区技术进步的估计系数虽然为正，但不显著。东部地区资本的估计系数在 5% 水平上显著为正，而中、西部地区不显著为正，说明东部地区资本和技能具有很强的互补关系，资本投入的增加提升了对高技能劳动力的需求。东、中、西部三个地区产值增加值的估计系数均不显著为负。

表 6　　　　　　　　　　　　分地区的估计结果

	东部		中部		西部	
	W_{share}	E_{share}	W_{share}	E_{share}	W_{share}	E_{share}
ln (k/Y)	0.145** (0.008)	0.116** (0.006)	0.101 (0.004)	0.088 (0.003)	0.036 (0.004)	0.025 (0.003)
ln Y	-0.017 (0.005)	-0.036 (0.004)	-0.01 (0.004)	-0.014 (0.004)	-0.012 (0.005)	-0.007 (0.004)

续表

	东部		中部		西部	
	W_{share}	E_{share}	W_{share}	E_{share}	W_{share}	E_{share}
I	0.192*** (0.043)	0.164** (0.032)	0.17*** (0.052)	0.109*** (0.043)	0.123 (0.081)	0.11 (0.068)
X/Y	−0.175*** (0.033)	−0.114*** (0.025)	−0.067** (0.031)	−0.09*** (0.025)	−0.106** (0.05)	−0.115** (0.042)
FDI	0.035** (0.025)	0.031** (0.024)	0.063* (0.037)	0.069** (0.031)	0.018 (0.014)	0.012 (0.007)
R&D/Y	0.142*** (0.225)	0.117*** (0.166)	0.265*** (0.75)	0.213*** (0.061)	0.034 (0.007)	0.027 (0.016)
常数项	0.317*** (0.056)	0.155*** (0.042)	0.236*** (0.036)	0.175*** (0.029)	0.349*** (0.053)	0.263** (0.03)
R^2	0.172	0.222	0.223	0.257	0.151	0.156
F检验值	6.38	8.75	13.97	16.83	8.03	8.32
样本数	381	381	596	596	556	556

注：括号内的数值为估计系数的标准差。***、**、*分别表示在1%、5%和10%的显著性水平上显著。所有回归都包括行业虚拟变量，但为了简洁略去了回归结果。

四、结论与政策含义

随着融入全球经济步伐的加快和深入，我国已经并正在经历高技能劳动力短缺的时代，全球化和技术进步不仅对就业总量产生影响，而且对就业技能结构转型具有根本作用。本文利用制造业企业调查数据考察了国际贸易、外国直接投资和技术进步对高技能劳动力需求的影响。我们得出以下结论：

1. 全球化对高技能劳动力的需求存在双重作用。我国的进口贸易和外国直接投资与高技能劳动力需求之间存在显著的正相关关系。进口贸易和外国直接投资明显与我国对高技能劳动力的需求增长有关。出口对高技能劳动力需求呈现显著的负向作用，随着出口的增长，对高技能劳动力的需求反而下降，这充分说明我国利用了低技能劳动力丰富的比较优势。

2. 企业技术进步显著影响就业技能结构的转型，技术进步呈现技能偏向型特点，导致企业对高技能劳动力的需求增加，而对低技能劳动力需求相对下降。企业的研究与开发强度对增加高技能劳动力的需求与就业有显著作用。

3. 全球化和技术进步对就业技能结构的影响在行业和区域上表现出强烈差异。从行业看，劳动密集型行业和技能密集型行业的出口扩张降低了对高技能劳动力的需求，相对增加了对低技能劳动力的需求，但有些技能密集型行业如生物制药业的出口已开始对高技能劳动力的需求增大。劳动密集型行业的进口、出口和外国直接投资，如服装与皮革业、食品加工业，对高技能劳动力需求影响不大，而对低技能劳动力需求强烈，表现出了明显的国际比较优势。同时，这些行业的技术进步没有明显的技能偏向型特点。而技能密集型行业，如电子业、汽车船舶制造等行业的进口和外国直接投资增加了对高技能劳动力的需求，其技术进步表现出明显的技能偏向型特点，从而成为高技能劳动力需求增加的重要原因。

从区域看，东、中、西部的出口效应均表现为对低技能劳动力需求的增加，东、中部进口和外国直接投资增加了对高技能劳动力的需求。同时，东、中部的技术进步呈现出明显的技能偏向特点，而西部则相反。

上述结论具有明显的政策含义。

1. 充分发挥进口和外国直接投资的技术扩散作用。进口和外国直接投资作为国际间技术外溢的主要渠道，对于提高我国的技术水平和促进经济发展有着极其重要的作用。应进一步调整和优化进口结构，引进合适的中间产品、合适的先进机器和设备，以便更好的利用国际技术外溢来提升自身的技术水平和促进经济增长质量，对于中国这样一个发展中大国具有极其重要的意义。

2. 加大对技能的投资，提升劳动力供给的技能结构。可以预见，全球化对我国劳动力技能结构变化的影响仍将持续进行，这一方面表现为在全球化竞争趋势下、根据国际比较优势的变动而进行的产业结构调整，另一方面表现为技能偏向型的技术进步，受两者影响，我国劳动力技能需求结构的变动势必更加明显，即高技能劳动力的需求增加、低技能劳动力需求下降。如果不及时应对全球化和技能偏向型技术进步对劳动力需求结构的影响，既可能导致高技能劳动力的严重短缺，对产业结构调整和经济增长造成负面影响，也可能导致低技能劳动力就业困难或失业人数持续增加，结构性失业趋于严重。因此，调整劳动力市场高、低技能劳动力的供给结构，将低技能劳动力转变为高技能劳动力，已成当务之急。为此，一是要制定劳动力技能提升的战略，二是要实施积极的劳动力市场政策，激励劳动者本人和企业加大对技能的投资。

3. 根据行业和地区比较优势的变动调整行业和区域就业技能结构。丰富的劳动力资源是我国参与全球化和国际产业分工最大的比较优势，因此，对于服装与皮革业等劳动密集型行业，一方面要充分利用进口和 FDI 的技术扩散效应，另一方面要充分发挥劳动力的比较优势，技术进步不能过快地体现为技能偏向型。而对于生物制药等技术密集型行业，应该加大研发的投入，其技术进步逐步转变为技能偏向型，加快就业技能结构的转变以提高增长质量、应对全球化的竞争。当前，我国东、中、西部之间比较优势呈现不同特点，东部地区发展迅速，劳动力质量相对较高，但劳动力成本已经开始上升；中、西部地区经济发展相对滞后，低技能劳动力资源丰富。在劳动力成本上升的情况下，东部地区的产业结构调整和升级势在必然，产业升级必然伴随技能含量的提高，要求提高劳动力的技能水平。因而东部地区应该首先加大技能投资，提升劳动力就业技能结构，以应对产业结构的调整和升级；同时，东部地区应更多引进体现高技术水平制造业的 FDI，企业也应加大研发和人力资本的投入。而中、西部地区应更多引进以加工贸易为主的 FDI，大力发展劳动密集型产业，技术进步应该更有利于低技能劳动力的使用，技能偏向型技术进步、过快的产业结构调整与升级显然不利于中、西部地区比较优势的发挥。政府应利用地区发展不均衡和各地区比较优势的变动来调整 FDI 政策，逐步将东部地区的低端、加工贸易类制造业的 FDI 吸引、转移到中、西部地区。

参考文献

1. Aghion P. and Howitt P., 1998, "Endogenous Growth Theory", Cambridge: The MIT Press.

2. Berman, Eli, John Bound and Zvi Griliches, 1994, "Changes in the Demand for Skilled Labor within U. S. Manufacturing: Evidence from the Annual Survey of Manufactures," Quarterly Journal of Economics, 104, 367 – 398.

3. De Laine C., Laplagne P. and Stone S., 2000, "The Increasing Demand for Skilled Workers in Australia: The Role of Technical Change", Productivity Commission Staff Research Paper.

4. Feenstra, Robert C. and Gordon H. Hanson, 1996, "Foreign Investment, Outsourcing and Relative Wages," in R. C. Feenstra, G. M. Grossman and D. A. Irwin, eds., the Political Economy of Trade Policy: Papers in Honor of Jagdish Bhagwati, MIT Press.

5. Feenstra, Robert C. and Gordon H. Hanson, 1997, "Foreign Investment and Relative Wages: Evidence from Mexico's Maquiladoras," Journal of International Economics, 42, 371 – 393.

6. Feenstra, Robert C. and Gordon H. Hanson, 1999, "The Impact of Outsourcing and High-Technology Capital on Wages: Estimates for the United States, 1979 – 1990," Quarterly Journal of Economics, 114 (3), 907 – 940.

7. Feenstra R. C. and G. H. Hanson, 2003, "Global Production Sharing and Rising Inequality: A Survey of Trade and Wages", Handbook of International Trade (K. Choi and J. H. Harrigan, eds.) Basil Blackwell, 146 – 187.

8. Grossman G., Helpman E., 1991, "Innovation and Growth in the World Economy", MIT Press Cambridge, MA.

9. Harrison, Ann and Gordon H. Hanson, 1999, "Who Gains from Trade Reform? Some Remaining Puzzles," Journal of Development Economics, 59, 125 – 154.

10. James R. Markusen & Anthony J. Venables, 1996, "Multinational Production, Skilled Labor and Real Wages", NBER Working Papers 5483, National Bureau of Economic Research Inc.

11. Keller W., 2004. International Technology Diffusion, Journal of Economic Literature, forthcoming.

12. Lumenga-Neso, Oliver, Marcelo Olarreaga and Maurice Schiff, 2005, "On 'Indirect' Trade-Related R&D Spillovers," European Economic Review, 49 (7): 1785 – 1898.

13. Machin, Stephen and John Van Reenen, 1998, "Technology and Changes in Skill Structure: Evidence from Seven OECD Countries," Quarterly Journal of Economics, November, 1215 – 1244.

14. Pavcnik, Nina, 2003, "What Explains Skill Upgrading in Less Developed Countries?" Journal of Development Economics, forthcoming.

15. Tan, Hong and Geeta Batra., 1997, "Technology and Firm Size-Wage Differentials in Colom-

bia, Mexico and Taiwan (China)", World Bank Economic Review 11, No. 1: 59 – 83.

16. Wood, Adrian, 1994, "North-South Trade, Employment and Inequality: Changing Fortunes in a Skill-Driven World", Oxford: Clarendon Press.

17. 姚先国等:《技术进步、技能需求与就业结构——基于制造业微观数据的技能偏态假说检验》,载《中国人口科学》2005 年第 5 期。

《劳动经济评论》投稿体例

《劳动经济评论》（集刊）2008年创刊，由经济科学出版社每年定期出版。创刊伊始，初设"论文"、"综述"和"动态"等投稿栏目。"论文"发表原创性的劳动经济研究成果；"综述"发表关于劳动经济学各分支领域的综述性文章，以助国内学者全面、及时掌握国际与国内劳动经济学研究进展；"动态"发表有关劳动经济最新的会议摘要和新书评介。

《劳动经济评论》诚挚地邀请您惠赐佳作，不收版面费，不付稿酬。本刊发表论文主要包括但不局限于以下研究内容：

- 就业与社会保障研究；
- 人力资本与经济增长研究；
- 劳动关系研究；
- 收入分配问题研究；
- 劳动力流动问题研究；
- 政府管理与劳动法规研究。

本刊投稿体例说明如下：

1. 除海外学者外，稿件一般使用中文。作者投稿时请发送电子邮件至：ldjj_pl@sohu.com 或 ldjjpl@163.com。

2. 文章首页应依次包括：（1）中文文章标题；（2）200字左右的中文摘要；（3）3~5个中文关键词。

3. 稿件一律用 Microsoft Word 编辑。文章的正文标题、表格、图形、公式须分别连续编号。一级标题居中，用一、二、三编号；二级标题左齐，用（一）、（二）、（三）编号；其他编号使用阿拉伯数字。

4. 文章末页应依次包括：（1）参考文献（按照作者姓名的汉语拼音或英文字母顺序排列）；（2）英文文章标题；（3）与中文摘要和关键词对应的英文摘要和关键词；（4）2~4个 JEL（Journal of Economic Literature）分类号；（5）作者姓名、职称、通信地址、邮编、联系电话和 E-mail 地址。

参考文献参考体例如下：

1. Murply Kevin M., Amdrei Shleifer & Robert W., Vishy, 1989：Industrialization and the Big Push, Joural of Political Economy, Vol. 97, No. 5.
2. Williams, Oliver E., 1975：Markets and Hierarchies, New York：Free Press.
3. 蔡昉、都阳、王美艳：《中国劳动力市场转型与发育》，商务印书馆2005年版。
4. 曾湘泉、王剑：《社会伙伴关系理论与我国人力资源管理实践》，载《中国人民大学学报》2007年第3期。

5. 稿件不做严格的字数限制，"论文"、"综述"栏目的文章宜在6000字以上，欢迎长稿。

6. 译文需注明原文出处，是否取得原文作者授权；译文可以不提供中英文摘要，参考文献不必译成中文；所有的外文人名和重要的专有名称必须在"中译名"括号内注上原文全名。

7. 《劳动经济评论》不采用已经发表过的学术成果；在收到稿件后，即认定您已授权刊出。稿件一经发表，作者论文著作权即受到保护，如有转载需注明来源。本刊将在收到稿件后3个月内给予作者是否录用的答复，因工作量大，稿件恕不退还，请自留底稿。作者也可以在稿件发出两个月之后，通过E-mail询问审稿信息。

中国劳动经济学的发展需要大家的努力和智识，《劳动经济评论》的成长离不开您的鼎力支持，希望我们的共同努力能够奉献出中国劳动经济学丰硕的果实！

《劳动经济评论》编辑部